Kritische Stadtforscher wie David Harvey, Peter Marcuse oder Niels Boeing beziehen sich in ihrer radikalen Gesellschaftskritik auf Henri Lefebvre, der das Konzept 1968 entworfen hat – in einer Schrift, die hier nun zum ersten Mal in deutscher Übersetzung vorliegt.

»Das Recht auf Stadt« ist mehr als die individuelle Freiheit, auf städtische Ressourcen zugreifen zu können. Es ist das Recht auf ein erneuertes urbanes Leben. Angesichts der sozialen Probleme in den desolaten Hochhaus-Vorstädten und anderer Folgen des rasanten Städtewachstums nach dem Zweiten Weltkrieg stellte Lefebvre schon in den sechziger Jahren fest, dass der Urbanisierungsprozess einhergeht mit einem Verlust der Stadt als Ort der kreativen Schöpfung, zugunsten einer bloßen industriellen Verwertungslogik. Er postuliert aber keine Abkehr von der Stadt – etwa in die zeitgleich entstehenden amerikanischen Mittelklasse-Vororte –, sondern macht in der Stadt ein enormes Potenzial aus, das zu einer emanzipierten urbanen Gesellschaft führen kann. Das Recht auf Stadt ist ein gesamtgesellschaftliches Anrecht auf Begegnung, Teilhabe, Austausch, das große Fest und einen kollektiv gestalteten und genutzten städtischen Raum.

HENRI LEFEBVRE, 1901–1991, französischer Soziologe und Philosoph. 1928 trat er in die KPF ein, aus der er später ausgeschlossen wurde. 1940 ging er in die Résistance. Nach dem Krieg arbeitete er beim Kulturradio und am *Centre national de la recherche scientifique* (CNRS); seit den frühen 1960er Jahren lehrte er Soziologie an der Universität Straßburg, der Reformuniversität Nanterre und zuletzt am Institut d'Urbanisme in Paris.

HENRI LEFEBVRE

DAS RECHT AUF STADT

AUS DEM FRANZÖSISCHEN VON BIRGIT ALTHALER

MIT EINEM VORWORT VON CHRISTOPH SCHÄFER

EDITION NAUTILUS

Die Originalausgabe des vorliegenden Buches
erschien unter dem Titel *Le droit à la ville*
bei Éditions Anthropos, Paris 1968

Der deutschen Übersetzung liegt zugrunde:
Henri Lefebvre, *Le droit à la ville*, 3. Auflage,

Nachwort aus: Henri Lefebvre, *Espace et politique*,

Edition Nautilus GmbH
Schützenstraße 49 a · 22761 Hamburg
www.edition-nautilus.de

Deutsche Erstausgabe März 2016
Autorenfoto Seite 2:

Umschlaggestaltung: Maja Bechert
www.majabechert.de
Druck und Bindung:
CPI – Clausen & Bosse, Leck
4. Auflage Juli 2023
ISBN 978-3-96054-006-9

Vorwort

Auf dem Weg vom CAMP-Studio durch die eng vertreppten Gassen des Chuim Village in Bombay[1] entschlüsselt uns Ashok Sukumaran die Spuren an Wänden und Bauten. Unterschiedlichste Migrationsgruppen, Klassen und Anschauungen haben sich in die Stadt eingeschrieben, und der enthusiastische Hochtempovortrag des Künstlers legt Zeitschichten, städtische Kämpfe, Politiken und Aneignungen an den Mauern frei. Mir schwirrt noch etwas der Kopf, weil ich ein paar Stunden vorher aus Hamburg angekommen bin und Schwierigkeiten hatte, den beschriebenen Weg hierher zu finden. Der Taxifahrer kannte die Adresse nicht und navigierte nach auffälligen Landmarken durch die Millionenstadt wie ein Seefahrer des 15. Jahrhunderts durch ein unkartografiertes Südseearchipel, hatte mich an einem Markt ohne lesbares Schild abgesetzt, in einem mir unbekannten unübersichtlichen Viertel – ein Umherschweifparadies. Wenn ich nur wacher wäre und Zeit hätte! Schließlich war es mir gelungen, mich zu Ahmed's Bakery durchzufragen, von wo es hinauf ins Studio geht, auf dessen Dachterrasse Ashok und Shaina Anand nächtliche Vorführungen piratierter Filme arrangieren.

Jetzt sind wir auf dem Weg zum Essen, es ist eine Spätsommernacht im Jahr 2015, bald wird die Regenzeit einsetzen, der Sommer war außergewöhnlich heiß, und ich kann auch mitten in der Nacht mein schickes Leinenjackett nicht tragen, als die zwischen uns laufende Künstlerin, für die die geistreichen Schnellausführungen meines Freundes nicht in erster Linie gedacht waren, fragt *Why do you know so much about the city?*, und ich antworte an Ashoks Stelle, *Because he went to the International Lefebvre School of Urban Research*, was ich lieber nicht hätte sagen sollen, denn die neuerdings erfolgreiche Kollegin hat weder den Witz noch den Inhalt verstanden und fühlt sich durch die Bemerkung veranlasst, einen zehnminütigen Vortrag darüber zu halten, dass sie solche Dinge in der Kairoer Schule, die sie besucht hat, nicht gelernt habe, und über den beklagenswerten Zustand des Schulsystems im Allgemeinen. Shaina und Ashok schweigen, wie ich, höflich. Natürlich wissen die beiden, was mit der internationalen Schule gemeint ist. Schließlich unternehmen sie schon seit 2003 Interventionen in das urbane Gewebe indischer, englischer und palästinensischer Städte, programmieren die Video-Datenbank pad.ma[2], voller footage aus dem explodierenden indischen Metropolenleben. Außerdem haben sie gerade mit *Pleasure: A Block Study*[3] ein Buch vorgelegt, das aus einer genauen Beobachtung des Alltags der Kinos, Vergnügungspaläste, Cafés, Pubs, Videotheken und Internetcafés heraus einen Londoner Häuserblock in der Edgware Road beschreibt und das zugleich eine Mikrogeschichte der Technik und des Begehrens, der Migration, der arabischen Wunschwelten und der aktuellen Einwanderung in miserable Metropolenverhältnisse erzählt – eine inspirierende Herangehensweise, die urbanen Alltag und Imagination auf eine Weise verknüpft, die Lefebvre im Sinn gehabt haben könnte, als er in den Sechzigerjahren damit begann, über Stadt zu schreiben.

Im Kapitel *Recht auf Stadt* in diesem Buch fordert und umreißt er eine solche *urbane Wissenschaft*: »Die Theorie, die legitimerweise Urbanismus genannt werden könnte, die an die Bedeutungen der alten Praxis namens *Wohnen* (also dem Menschlichen) anknüpfen würde, die diesen Teilwirklichkeiten eine allgemeine Theorie der *städtischen Zeiten/Räume* hinzufügen würde, die eine neue Praxis anzeigen würde, die sich aus dieser Erarbeitung ableiten ließe, einen solchen Urbanismus gibt es *virtuell.*«

Ich kenne eine Menge Leute, es sind mir die liebsten, die an diesem virtuellen Urbanismus arbeiten, die das Urbane, einerseits, aus Versatzstücken herauslesen müssen, weil die Stadt eigentlich nicht mehr existiert, als Wissenschaft also ihren Gegenstand verloren hat, und die andererseits gleichzeitig daran arbeiten, diese herzustellen. Es sind Leute, die eine schmutzige, urbane Praxis betreiben, die Städte durchstreifen und Wände decodieren, die filmen, zeichnen, kartografieren, archivieren, programmieren, Töne aufnehmen, Situationen analysieren – und konstruieren. Die *International Lefebvre School of Urban Research* existiert, sie ist eine vielköpfige Hydra. Sie beflügelt urbane Auseinandersetzungen, startet Projekte, besetzt Häuser und soziale Zentren, plant Parks von unten, organisiert Wunschproduktionen; sie hält Kongresse ab, macht AnArchitektur[4], Ausstellungen, schreibt Bücher in Sydney, Delhi, Wien, New York City, Stuttgart; sie gründet neue Studiengänge mit seltsamen Namen an echten Universitäten. Das von Lefebvre beschriebene *Recht auf Stadt* bildet Plattformen und Netzwerke in Istanbul und Leipzig, Freiburg und Frankfurt, München, wird zu Bewegungen in Hamburg, in Boston, in Durban. Es beginnt, die Städte zu verändern. Und es wächst.

Doch halt! Wie kann das sein? Bis zu dieser Veröffentlichung gab es keine Übersetzung von *Recht auf Stadt* ins Deutsche. Und doch haben die Ideen aus dem Buch derzeit erstaunlich viel Wirkung, sind Kampfruf und Slogan, beflügeln Diskussionen. Trotz Filterung durch Unvollständigkeit, bisher etwas schräge Übersetzungen, Zitate und verteilte Artikel, entwickeln Lefebvres Gedanken verblüffend viel Kraft.

Das hat mit ihrer Aktualität zu tun: Die Verhältnisse haben zu Lefebvres Schriften aufgeschlossen. Die Situation in den

Städten hat sich zugespitzt, der Verwertungsdruck nimmt zu, die Warenform erfasst das ganze Leben – und vielfältige widerständige Praxen treten dem entgegen. Die *urbane Revolution* ist eben nicht nur eine Idee, sondern eine reale Entwicklung, und die Beschreibungen Lefebvres sind abstrakt genug und genug nach vorne gedacht, um das Denken all jener zu munitionieren, die auf der Suche nach Wegen aus dem stärker werdenden Druck auf das Alltagsleben der heutigen Städte sind.

Doch zum verblüffenden impact-before-publication gehört noch etwas anderes: Lefebvres Texte über Stadt entstanden keineswegs in der Isolation – im Gegenteil, sie entstanden in einem abenteuerlustigen, radikalen, durch Kunst geprägten Milieu. Lefebvre hatte engen Kontakt mit Künstlern der COBRA-Gruppe, beeinflusste Constant, der Lefebvres *Theorie der Momente* aufnahm und bereits 1953 in einem Text *Für eine Architektur der Situation* weiterentwickelte[5] und später die utopische Stadt *New Babylon* entwarf, die er zunächst *Dériville* nannte – Umherschweifstadt. Lefebvres Liebesaffäre mit dem Kreis der Situationist*innen begann etwa zur Zeit seines Bruchs mit der Kommunistischen Partei, als eine Kritik des Stalinismus und neue Möglichkeiten linksradikaler Politik außerhalb von Partei, Gewerkschaft und Arbeiterklasse auftauchten.[6] Raoul Vaneigem war von Lefebvres *Kritik des Alltagslebens* und schließlich von Lefebvres Abrechnung mit der Partei, *Die Summe und der Rest* (1959), so eingenommen, dass er ihm einen Essay über Poesie und Revolution schickte.[7] In ihrer experimentierfreudigsten Zeit, zwischen 1957 und 1961, interessierten die Situationist*innen sich für die Stadt, für die Konstruktion von Situationen und für Urbanismus, erfanden das Umherschweifen und spielten Ideen-Pingpong mit Lefebvre, mit Künstlermitgliedern wie Asger Jorn, Ralph Rumney, Attila Kotányi oder Constant.

Diese explosiven Partikel schießen durch den Raum, die

Malerei der COBRA-Gruppe, die Erinnerung an den Surrealismus, die verspielten Stadtentwürfe, die leidenschaftlich durchsoffenen Nächte in Pariser Kneipen, die Attacken der holländischen Provos, die frühen situationistischen Schriften – nicht zufällig erschien 1973 eine erste Flugschrift der Edition Nautilus, als sie noch MAD-Verlag hieß, mit Texten der Situationistischen Internationale, bevor der Verlag in kollektiver Fleißarbeit 1976/77 die gesamten Ausgaben der Zeitschriften der SI in zwei Bänden auf Deutsch publizierte –, all das klingt in Lefebvres Denken über Stadt nach, bildet seinen Hintergrund, war schon Teil der Sub- und Popkulturen, bevor das Buch zu greifen war.

Trotz Lefebvres Interesse an Kunst, Poesie und ausgreifendem, systemsprengendem Denken kommt selbst in den ängstlich um Absicherung bemühten heutigen Wissenschaften keiner mehr an ihm vorbei. Seit 1991 wird Lefebvre zunehmend rezipiert. Damals wurde *La production de l'espace* ins Englische übersetzt[8], und die Übersetzung hat einen Paradigmenwechsel eingeleitet: Die Wiederentdeckung des *Raums* als Kategorie des Denkens.

Auf dem Höhepunkt des Booms der linken Flucht in den *Diskurs* ist dies eine wichtige Wiederentdeckung, mit immer größer werdender Relevanz für widerständige Gruppen. Relevant, weil der städtische Raum ökonomisch und sozial wichtiger wird, nicht mehr nur Ort der Realisierung von Wert ist, sondern auch der Ort der Produktion von Wert, von Ideen, Innovation, Beziehungen. Dadurch erhöht sich nicht nur der Druck auf die Zentren, dadurch erschließen sich sozialen Bewegungen ebenfalls neue Möglichkeitsräume und Handlungsfelder, die einen noch viel zu wenig verstandenen Bruch anzeigen: Mit schwächelnden, traditionellen Politikformen, die sich um die gewerkschaftliche Organisation am Arbeitsplatz, parlamentarische Repräsentation oder direkte Demokratie à la Volksabstimmung bemühen.

Denn durch die *Verknüpfung verräumlichter Kämpfe* werden neue Formen außerparlamentarischer Politik möglich. Beeindruckende Beispiele sind die Occupy-Bewegungen der letzten Jahre, vor allem Occupy Gezi, das den Beginn eines ganz grundsätzlichen Bruchs mit der (noch, und nur noch, mit unverhohlener Gewalt) herrschenden Politik in der Türkei ankündigt, und in der die kreativ, prekär und immateriell arbeitenden Stadtbewohner*innen erkannt haben, dass die Stadt als Raum der Produktion von Mehrwert auch ein lebenswichtiger Angriffspunkt ist, den lahmzulegen und mit neuen Praxen und Sprechweisen vielfältig zu besetzen ähnlich zentrale Bedeutung hat wie früher der Generalstreik. Occupy Gezi ging in den 2000er Jahren ein Versuch voraus, die Kämpfe der einzelnen Viertel in Istanbul zu vernetzen – unter dem Slogan *Recht auf Stadt*. Auch solche gescheiterten Versuche sind wichtige Erfahrungen auf dem Weg – vielleicht ist das Erdbeben Occupy Gezi auch wegen dieser Erfahrungen (mit) in Gang gekommen. Der gleiche Slogan (und Kampfruf) hat dafür an einem anderen Ort, in etwas kleinerem Maßstab, verblüffend gut funktioniert – in Hamburg.

Der dortigen Recht-auf-Stadt-Bewegung ist es ab 2009 gelungen, Allianzen hinzubekommen, die in der Vergangenheit unmöglich erschienen: zwischen musikalischen Subkulturen, Fußballfans, Künstler*innen, Autonomen, Mieter*innen aus Arbeiter- und Bürgervierteln und, neuerdings, Refugees. Bisher temporär und fragil, ist es dennoch keine Kleinigkeit, dass sich Hafenarbeiter in der wie ein Rave organisierten Besetzung-durch-Ausstellung des Hamburger Gängeviertels wiederfinden konnten und dass die jungen Leute Unterstützung durch pensionierte Rollstuhlfahrerinnen aus den Großraumsiedlungen am Stadtrand, durch bürgerliche Damen mit Perlenkette ebenso bekamen wie durch die Tochter türkischer Einwanderer, die ihre Kindheit in den heruntergekommenen Häusern verbracht hatte. Eine ähnliche Bandbreite (im

Lefebvre-Speak: *Unterschiedlichkeit*) kennzeichnet viele der erfolgreicheren Projekte und Bewegungen, mit stark migrantisch geprägter Gewichtung etwa *Kotti & Co* in Berlin-Kreuzberg. In dem Sinne ist das diesem Band anstelle eines Nachworts angefügte Vorwort von Lefebvre selbst zu *Raum und Politik* von 1972 essentieller Stoff, der das *Recht auf Stadt* und das *Recht auf Zentralität* messerscharf umreißt.

Augsburg. In der bayerischen Fuggerstadt haben ein paar junge Leute, Künstler*innen die meisten, keine Lust mehr, zur Zwischennutzung verwendet zu werden. Zu oft haben sie in den vorangegangenen Jahren erlebt, dass ihre künstlerische Aktivität in den günstig gewährten Wohn- und Arbeitsräumen nur der Aufwertung eines runtergerockten Viertels diente, und dass diese Instrumentalisierung obendrein nach kurzer Zeit mit ihrem Rauswurf beendet wurde. Sie überlegten, ihr künstlerisches Eigeninteresse mit einem langfristigen, sozialen Mehrwert zu verknüpfen. Mitten im Altstadtkern finden sie ein leerstehendes Objekt, ein aufgegebenes Seniorenheim, und schlagen der Besitzerin, der Diakonie, ein kühnes Projekt vor: Sie wollen ein künstlerisch gestaltetes Hotel daraus machen, ein *Hotel für Menschen mit und ohne Asyl.* Die Eigentümerin macht mit. Die Künstler*innen bauen das Haus um, erzählen der Nachbarschaft von dem Projekt. Wie zu erwarten, gibt es Unmut wegen der Geflüchteten. Doch die Künstler*innen machen weiter, performen, verkleiden sich, renovieren, machen keine Kompromisse, aber mit einladender Haltung, über ein Jahr lang. Und sie kippen die reservierte Stimmung: Die ersten Nachbar*innen bringen alte Möbel und Lampen vorbei, jedes Stück hat eine Geschichte, sie eignen sich das Gebäude an, werden zum Teil des Projekts: *Grandhotel Cosmopolis.* Das ganze Versprechen der Stadt steckt in diesem Namen. Die Zimmer werden unterschiedlich gestaltet, ausgemalt. Als feuerpolizeiliche Auflagen dem Projekt den Garaus zu machen drohen, packt einen Chirurgen der Ehrgeiz: Er nimmt sich einige Wochen frei, ersinnt ein ungewöhnliches, absolut die gesetzlichen Normen übererfüllendes Stromnetz, legt feinste Kanäle ins Haus und baut alles ein, ohne dass die statische Struktur des Gebäudes auf den Kopf gestellt werden muss.

Ins Hotel rein geht es über eine schicke Lobby, an der Wand ein genialer Claim: Welcome to your Lobby! Das Hotel ist Lefebvre galore: Überall steht die Kunst im Vordergrund, bestimmt Räume und Atmosphären. Und eine neu erfundene Alltagspraxis, die Produktion des Raums, nicht das Helfen oder die vordergründige Politik. Deshalb ist die Lobby ein anregend gestaltetes Café, zum Lesen oder als Treffpunkt für alles Mögliche, für Musiker*innen, für Künstler*innen. Bezahlt wird, was die Gäste für angemessen halten – so können alle da sein. Hin und wieder pesen Kinder der Geflüchteten zwischen den Tischen hindurch, wie bei einem Familienfest. Informelle Gespräche entwickeln sich – die Gäste mit Asyl kennen sich selbstverständlich besser aus als der Neuankömmling, egal welchen Aufenthaltsstatus der hat. Die Gewichte und Expertisen verlagern sich. Nicht ganz so öffentlich ist tagsüber der große Veranstaltungsraum im Keller, der nur durch einen Tresen getrennt ist von einer großen Profiküche. Eine riesige Tafel ist in der Mitte aufgebaut. Alle essen hier gemeinsam, Refugees, Supporter, Musiker*innen, Gastkünstler*innen. Nachts verwandelt sich der Raum, wird einmal die Woche zur Pizzeria, dann zum Auftrittsort für eine Band, oder zum Vortragssaal. In einem Nebenzimmer hat ein Mann aus dem Iran seine erste Installation aufgebaut, einen Teesalon mit selbstgebasteltem, farbig-ornamentiertem Fenster. Einige Stockwerke darüber, unter dem Dach, gibt es Ateliers. In einem kleinen Zimmer übt ein Mann aus Afghanistan an einem windbalgbetriebenen Tasteninstrument, singt uns ein Lied vor. Sind hier alle unterschiedslos Künstler? Ein achtjähriges schwarzes Mädchen ist sein Fan und kuschelt sich in die Polster, wenn er spielt. In einem Seitentrakt leitet ein Israeli sein tägliches interkulturelles (ich hasse so was eigentlich) Begegnungsspiel an, aber der kriegt das hin, dass eine Gruppe etwas scheuer Studierender und die mehrsprachigen Geflüchteten im Handumdrehen miteinander spaßen, spielen und kurz darauf in intensive Gespräche vertieft sind.

Viele haben Lefebvres Schriften wie einen Steinbruch behandelt: Man stemmt sich ein Stück heraus, mit dem man etwas anfangen kann, und beginnt gleich damit weiterzuarbeiten, zerlegt es, macht es passend, baut es ein – oder schleudert dem Gegner einen Brocken entgegen. Es würde den Rahmen dieses Vorwortes sprengen und brauchte ein eigenes Extrabuch, um all die schlauen Projekte und Taktiken vorzustellen, die mit diesen Versatzstücken höchst erfolgreich, oft künstlerisch, und immer außerparlamentarisch operieren, und würde man mich um eine Empfehlung bitten, würde ich antworten: Lasst uns genau so weitermachen!

Ich weiß nicht, ob die Augsburger*innen Lefebvre bereits gelesen haben. Ich bin mir sicher, sie werden es bald tun. *Recht auf Stadt* ist voller Hinweise und theoretischer Unterfütterung ihrer Praxis. Das, was im *Grandhotel Cosmopolis* passiert, könnte man mit Lefebvre als *habiter* bezeichnen, als *Wohnen,* das im Gegensatz steht zum *habitat,* dem *Wohngebiet* als abgegrenzter Zone. *Habiter/Wohnen* meint eine aktive, lebendige Totalität (durchaus im Sinne von Heideggers *Bauen Wohnen Denken*, aber ohne den konservativen Rückbezug auf eine nostalgisierte Vergangenheit). *Habitat/Wohngebiet* dagegen bezeichnet das stadtplanerische Programm der funktionalen Trennung. Damit ist all das gemeint, was etwa seit 1950 an industrialisierter, kapitalistischer, staatlich gesteuerter Stadtplanung entsteht, von der Eigenheimvorstadt bis zur Trabantenstadt, von der Gated Community bis zur Hafencity – all dieses Geplante und Konstruierte, das nichts von dem kann, was Orte wie das *Grandhotel Cosmopolis* hinbekommen: Treffpunkte schaffen, Aneignung der Räume, Situationen konstruieren, die Potenziale des Einzelnen multiplizieren, Kunst, die das Leben verändert, sich selbst verändern, die Anwesenheit des Fremden, sich in Festen verausgaben und verschwenden, zusammen kochen, zusammen essen, teilen, In-Ruhe-gelassen-werden-aber-sehen-was-sonst-passiert, Beziehungen neu erfinden, unwahrscheinliche Begegnungen, ungeplante Unterhaltungen, das *Recht auf Zentralität* für alle, das *Recht auf Unterschiedlichkeit*.

In den Diskussionen im Vorfeld dieser Publikation hat die Übersetzerin Birgit Althaler darauf hingewiesen, dass *habiter/wohnen* in der deutschsprachigen Ausgabe von *La Révolution Urbaine*[9] falsch und irreführend als *Wohnraum* übersetzt wurde, *habitat* dagegen als *Lebensraum*. Diese Übersetzung trifft nur schlecht die von Lefebvre gemeinte Bedeutung, und verwirrt umso mehr, als »Lebensraum« alltagssprachig heute eher positiv verwendet wird (trotz der sozialdarwinistischen Geschichte des Begriffs in der Nazi-Ideologie). »Wohnraum« dagegen ist viel reduktiver als das Tu-Wort »wohnen«. »Wohnraum« kann man planen und bauen, *wohnen* – gerade in dem Sinne, wie es das *Grandhotel Cosmopolis* vorführt, oder wie es Ashok in Bombay beschreibt – ist eine Tätigkeit, ist *vita activa*.

Hinter dieser Unterscheidung zwischen *habiter* und *habitat* steht ein Konflikt[10], der unter einem zu Lefebvres Zeiten neuen, ganz grundsätzlichen Paradigma stattfindet – dem der *Urbanen Revolution*, die die *Industrielle Revolution* ablöst. Gleich im geistesdurchblitzten ersten Kapitel, *Industrialisierung und Urbanisierung*, entwickelt Lefebvre diesen Gedanken.

Recht auf Stadt: Diese Veröffentlichung kommt genau im richtigen Moment. Denn nach Jahren einer künstlichen Verknappung des Wohnraums wird, spätestens mit der Ankunft der Refugees, die schnelle Schaffung von Raum fürs Wohnen notwendig. Viel davon. Besonders für die immer stärker verarmenden Schichten der Bevölkerung. Und mit solchen Neubauten haben die Stadtverwaltungen und Wohnungsunternehmen kaum mehr Erfahrungen – der soziale Wohnungsbau wurde bereits 1984 gesetzlich abgeschafft. Ganze Architekturgenerationen kennen nur noch neoliberale Stadtentwicklung, »Starchitecture« und New-Build-Gentrification.[11] Wie aus einer verdrängten Vergangenheit droht nun ein Bedürfnisbefriedigung-von-oben-Urbanismus zurückzukehren: als Notstandsurbanismus. Der ist noch schlimmer als die von Lefebvre kritisierte *habitat*-Ideologie, denn die Stadtverwaltungen setzen auf den Bau von Massenunterkünften, weichen an den Stadtrand aus, wo wenig Klagen von Eigenheimbesitzern zu erwarten sind. Zudem nutzt der Notstandsurbanismus die Krisensituation aus, um die ohnehin rudimentären Beteiligungsmöglichkeiten auszuhebeln.

Soziale Bewegungen der letzten Jahrzehnte haben sich alte Häuser, Fabrikhallen, Bürokomplexe angeeignet. Dafür gab es gute Gründe, und die in diesen Projekten entwickelten Fähigkeiten haben eine große Nähe zu dem, was Lefebvre als Produktion des (sozialen) Raums beschreibt. Lässt sich aus diesen Erfahrungen und Fähigkeiten nicht mehr machen, auch für größere Projekte, für neue Bauten, wie sie jetzt nötig werden? Kann eine emanzipatorische Linke noch Neubau in größerem Maßstab denken, die taktische Ethik des Selbermachens, die mikropolitische Genauigkeit der Vielen auf eine Ebene hochskalieren, die sonst genau umgekehrt arbeitet, nämlich strategisch, planerisch? Keine leichte Aufgabe – aber die, um die es geht:

Lefebvre hat zu einer Zeit geschrieben, als in Frankreich wie in Deutschland Großsiedlungen in zuvor ungekanntem Maßstab gebaut wurden – die *Banlieues* in Frankreich, in der BRD waren das im Jahr der Veröffentlichung von *Le Droit à la Ville* 750 000 Wohneinheiten. Diesem staatlich organisierten, industriellen Urbanismus, diesem »Wohnraum für alle« in

Trabantenstädten, dieser Stadtplanung der Trennung in funktionale Zonen und Klassen widmet Lefebvre scharfe Kritik. Und schlägt einen radikalen Richtungswechsel vor.

Recht auf Stadt ist der erste Teil von Lefebvres kohärenter und umfassender Stadttheorie. Die hat einen weiteren Vorteil, nämlich dass sie wichtige linksradikale *Antis* in einen positiven Slogan bündelt: Das *Recht auf Stadt* ist gegen die Nation, es steht im Widerspruch zum Staat und es richtet sich gegen die Strukturierung des Raums durch das Eigentum.

Es ist daher nur folgerichtig, dass in Hamburg die Themen Erhalt der Roten Flora, Unterstützung der Bewohner*innen und Subkulturläden in den ESSO-Häusern, Solidarität mit den Refugees und dem selbstorganisierten Kampf der Lampedusa-in-Hamburg-Gruppe miteinander verbunden wurden – unter dem Slogan *Recht auf Stadt kennt keine Grenzen* war dieser bunte Block Teil jener bekannten Demonstration am 21.12.2013, die gleich zu Beginn von der Polizei angegriffen und über Stunden mit Wasserwerfern und Knüppelschlägen aufgelöst wurde. Das löste die größten *riots* in der Hansestadt seit Jahrzehnten aus. Der Autor dieser Zeilen saß im selben U-Boot, also Lastwagen, den Niels Boeing in seinem jüngst erschienenen Buch *Von Wegen*[12] beschrieben hat, jener spannend geschilderten Fahrt in einem als Lieferwagen getarnten Lautsprechermobil durch die nächtliche, von prügelnden Polizeieinheiten durchzogene, mit Versammlungsverbot belegte Stadt, bis zu den gerade geräumten ESSO-Häusern. Einen mir wichtigen Punkt hat Niels allerdings nicht beschrieben: Die schlaue Aktion konnte nur gelingen, weil alle an Bord wussten, dass sie sich voll aufeinander verlassen können. Das Kernteam war aufeinander eingespielt. Niemand musste gefragt werden, ob man sich einem Kundgebungsverbot beugt – oder dieses mit einer List umgeht. Wenige Worte reichten aus, um umgehend nach Auftauchen aus der Deckung, mitten im

Tohuwabohu der Greiftrupps, die Generatoren ans Laufen zu kriegen und die Anlage am Start zu haben, um im passenden und unerwarteten Ton mit dem Reden zu beginnen, während der sofort einsetzende, pfefferspraybewehrte Versuch der Polizei, auf die Ladefläche zu gelangen, entschlossen abgewehrt wurde. In den acht Wochen, die auf diese Nacht folgten, erklärte die Polizei St. Pauli zum Gefahrengebiet – und erntete die *Danger Zone Games* und die *Klobürstenproteste*, wurde zum Gespött der Stadt, musste nach wenigen Tagen, noch im Januar, die Maßnahme[13] beenden, Initiativen beriefen im Februar die selbstorganisierte Stadtteilversammlung *St. Pauli selber machen* im Ballsaal des FC St. Pauli ein, aus der (unter anderem) die *PlanBude*[14] und, ein Jahr später, *Refugees Welcome Karoviertel*[15] gegründet wurden. Das *Recht auf Stadt* wird einem nicht geschenkt.

Trotz seiner Radikalität ist das *Recht auf Stadt* anschlussfähig für *die Vielen*. Denn es beinhaltet das *Recht auf Unterschiedlichkeit* – und ermöglicht damit die Entwicklung einer erweiterten, vielstimmigen *Politik der ersten Person*[16] und bildet einen Gegensatz zur Stellvertreterpolitik.

Dieser Gegensatz trat zum Beispiel 2011 bei einem Frühstück während des internationalen *Recht auf Stadt Kongresses*[17] in Hamburg zu Tage. Das von der *Recht auf Stadt Vernetzung* und dem *Buko*[18] organisierte Treffen erstreckte sich übermütig über die gesamte Stadt, vom Gängeviertel[19] zu Park Fiction[20], von Centro Sociale[21] bis zur Roten Flora[22]. In einer befreundeten Schule war ein Frühstückscafé eingerichtet, eine vortragsfreie Zone, damit die aus allen Ländern angereisten Aktiven miteinander ins informelle Gespräch kommen könnten. Recht-auf-Stadt-Wuppertal hatte Mazwi Nzimande und Mnikelo Maxwell Ndabankulu, zwei sehr junge Leute aus Durban, nach Deutschland geholt. Ihre Gruppe, die Shack Dwellers Bewegung *Abahlali baseMjondolo,* hat inzwischen über 13 000 Mitglieder in den *townships*, bezieht sich auf das *Recht auf Stadt*[23] und ist die Alternative zum korrupt gewordenen (und zu Unrecht von linken Organisationen bis heute unterstützten) ANC. Die selbstorganisierte *Abahlali baseMjondolo* arbeitet außerparlamentarisch, und die beiden jungen Organisatoren waren charismatische Redner. Die Sonne schien auf unsere Käsebrötchen und den langen Resopaltisch, um den wir uns alle wie bei einem Kindergeburtstag gruppiert hatten, und wir versuchten, uns gegenseitig unsere Ansätze zu beschreiben. Meine These war, dass mit dem *Right to the City* vor allem das *Recht auf Zentralität* gemeint sei, also auch der Anschluss an innerstädtische Infrastrukturen, Netzwerke, Szenen, und dass diese Notwendigkeit, Teil des innerstädtischen Gefüges zu sein, nicht mehr nur (aber auch) die Allerärmsten betrifft, sondern breite Schichten, etwa Leute aus prekären Medienjobs, die ganz materiell auf diesen Anschluss angewiesen sind. Und welche Rolle besetzte Orte und Plattformen des Austauschs, wie das Gängeviertel oder das Centro, deshalb spielen – ob es in Südafrika Ähnliches gebe? Statt die Gäste aus Durban sprechen zu lassen, antwortete so ein Eine-Welt-Vertreter, indem er jede Vergleichbarkeit wie den Affront eines Ahnungslosen weit von sich wies: Das Leben hier und die Probleme in unseren Städten hätten nichts mit denen in Südafrika zu tun. Der moderige Geruch des Antiimperialismus lag plötzlich über dem Tisch, die Dritte-Welt-Solidarität womöglich als Tarnmantel umgelegt, um die eigene Denkfaulheit zu verbergen. Ich hakte nach und richtete meine Frage noch deutlicher an die Genossen aus Durban, die endlich zu Wort kamen. Maxwell: »Oh ja, genau darum geht es bei uns auch. Wir bekommen townships kilometerweit vor der Stadt hingestellt. Einen regulären Busservice gibt es noch nicht, man muss teurere private Lösungen verwenden, um in die Stadt zu kommen, das kostet Zeit und Geld. Aus der Stadt mussten wir in die Vororte ziehen – doch die Infrastruktur ist noch nicht da. Schulen, Bibliothek und Community Center sollen erst zehn Jahre später gebaut werden, es gibt keine Treffpunkte, man kann nichts machen, es gibt noch nicht mal eine Polizeistation.«

So ähnlich, und mit ausdrücklichem Bezug auf das *Recht auf Stadt,* veröffentlichen sie auf ihrer Webseite: »Aber Fakt ist, dass die ›Versorgung‹ (delivery) mit einem Regierungshaus, die sich manchmal als ein Schritt nach vorne für den ›Begünstigten‹ darstellt, sich in anderen Fällen als Unglück entpuppt. Wenn eine Person in einem gut gelegenen Schuppen in ein Haus weit außerhalb der Stadt verdrängt wird, weit weg von seiner Arbeit, Schulen, von Freunden und Familie, kann sich der Umzug als katastrophaler Rückschritt darstellen. Die Idee von ›Das Recht auf Stadt‹ ist ein nützliches Konzept, dass uns helfen kann, außerhalb der technokratischen Logik der ›Versorgung‹ zu denken. Es ist eine Idee, die aus Basiskämpfen in Frankreich in den späten 1960ern hervorging, und die seitdem mit besonderer Kraft und Effizienz von Basisbewegungen in Südamerika aufgegriffen wurde.«[24]

Ich weiß nicht, ob Lefebvre 1968 damit gerechnet hat, dass sein Text vierzig Jahre später auf der anderen Seite des Globus aufgegriffen würde – von einer schwarzen Selbstorganisation, die für ihr *Recht auf Stadt* kämpft, um Zugriff auf Planung, um selbstbestimmte und selbstgebaute Plätze im Zentrum. Oder in Lateinamerika. Oder in Tel Aviv. Oder in Istanbul.

Die Zeit ist reif für dieses Buch. Dieses Buch ist für die, die in Städten wohnen. Es ist für die, die in Städte kommen. Für Refugees, die das Konzept des Nationalstaats überschreiten – und für die das Recht auf Stadt geschrieben wurde, mehr als für alle anderen. Für euch, Initiativen »Leerstand zu Wohnraum«, »Mietenwahnsinn stoppen«, »Bündnis gegen Zwangsräumungen« – denkt über die Abwehrkämpfe hinaus, wenn ihr mehr sein wollt als Trittbrettfahrer der Geschichte! Es ist für euch, Sprüher*innen! Es ist auch für euch, Profis aus Stadtplanung, Architektur, Urban Design, Kunst – und es

geht ans Eingemachte eurer Praxis – business as usual ist over, die Stadt muss neu gefunden und neu erfunden werden. Es ist das Buch zu deiner Praxis, Street-Skater*in. Es ist ganz wichtig für Euch, NGOs, Stadtteilzentren, Sozialarbeiter*innen – seid inspirierter, das ist ja nicht mitanzusehen! Es fordert euch heraus, Soziologen und Geografen, leistet euch mehr Philosophie, mehr Poesie und mehr Kunst. Es reißt den Horizont auf. Es ist für euch, Rave-Crews, romantische Bauwagenbewohner*innen, queere Subkulturen – ihr bildet zunehmend den Kern widerständiger Projekte – und das ist kein Zufall. Es ist aber vor allem für dich, die du gerade in die Stadt gezogen bist, auf der Suche nach Abenteuern, nach Musik, nach einem leidenschaftlichen Leben. Das *Recht auf Stadt* geht weit über das Erfüllen von Bedürfnissen hinaus, ergreift das ganze urbane Gewebe. Denn das soll noch mehr werden: *Werk*, im Sinne von Kunstwerk – aber eines, das nur durch die befreite urbane Praxis der Vielen entstehen kann. Schließen wir uns zusammen, gründen wir Initiativen und klandestine Gruppen, Diskussions- und Aktionskreise, Netzwerke, in der Straße, im Viertel, in der Stadt, zwischen den Städten! *Nehmen wir uns das Recht auf Stadt! Es liegt auf der Straße, es hängt in Bäumen und versteckt sich unter Pflastersteinen.*[25]
Los geht's!

Christoph Schäfer
Hamburg, im Januar 2016

Anmerkungen

1 Die Stadt heißt heute offiziell »Mumbai«, was zahlreiche Menschen als antikoloniale Geste interpretieren. Tatsächlich wurde die Umbenennung durch die Hindu-Fundamentalisten vorgenommen und wird von vielen kritischen Bewohner*innen der Stadt abgelehnt, die den neuen Namen als Teil einer ethnisch-religiös-nationalen Homogenisierungsstrategie ablehnen, die die hybride Geschichte und Realität Bombays auslöschen soll.

2 http://pad.ma, das *Public Access Digital Media Archive* basiert auf der Software pandora, mit der sich digitales Videomaterial online archivieren lässt (ähnlich wie bei youtube oder vimeo), die aber darüber hinaus machtvolle Funktionen anbietet, wie Untertitelung in mehrere Sprachen und Verschlagwortung einzelner Filmszenen. Shaina Anand begann Anfang des Jahrtausends über eine solche Möglichkeit nachzudenken. Als sie, nach den hindufundamentalistischen Gujarat Riots gegen Muslime, mit Stunden ungenutzten Dokumentarmaterials von unterschiedlichen Filmemacher*innen und Journalist*innen konfrontiert war, und keinerlei Zugriff auf die wichtigen Zeugenaussagen, etwa durch Anwälte, möglich war. pad.ma entwickelte CAMP zusammen mit den Berliner Hackern Sebastian Lütgert und Jan Gerber. pad.ma hat das gesamte, vor den Taliban gerettete Afghanische Filmarchiv digitalisiert. Ein Schwerpunkt des Archivs liegt auf Material aus indischen Städten, das durch die intelligente Verschlagwortung ganz andere Bezüge herstellen kann, die konventionellen Archiven nicht möglich sind. Die gleiche Software setzt inzwischen videoccupy aus Istanbul für ihr 2500 Stunden umfassendes Archiv des Occupy Gezi Protests 2013 ein: http://bak.ma

3 CAMP, *Pleasure: A Block Study,* Serpentine Galleries / Brownbook Publishing, 2014.

4 AnArchitektur war eine von jungen Berliner Architekt*innen und Stadtplaner*innen gegründete Zeitschrift, die Politik, angelehnt an Lefebvre, über Raumanalysen entschlüsselt und das »Camp for Oppositional Architecture« organisiert hat (Berlin, 2004; Utrecht, 2006; New York, 2009). https://web.archive.org/web/20060509213845/http://www.anarchitektur .com/konzeption.html und

5 Constant Nieuwenhuys, *For an Architecture of Situation*, 1953.

6 Kristin Ross, *Henri Lefebvre on the Situationist International*, Interview, 1983, veröffentlicht in *October Nr. 79,* 1997 *http://www.notbored.org/ lefebvre-interview.html*

7 Hans Ulrich Obrist, *In Conversation with Raoul Vaneigem,* e-flux 2009, *http://www.e-flux.com/journal/in-conversation-with-raoul-vaneigem/*

8 Henri Lefebvre, *The Production of Space,* übersetzt von Donald Nicholson-Smith, Blackwell Publishers, 1991.

9 Auf Deutsch ist der Titel »Die Revolution der Städte« – was für eine bescheuerte Übersetzung. Eigentlich müsste es *Die Urbane Revolution*, heißen.

10 Der Lefebvre-Experte Christian Schmid schreibt in einem E-Mail-Austausch mit Birgit Althaler dazu: »Für Lefebvre ist das ein Gegensatzpaar, wobei a) habitat als planerische, technokratische Konzeption verstanden wird – er führt sie auf Le Corbusier und die moderne Architektur zurück; und b) habiter sich von Heidegger – das Wohnen – ableitet. Ich habe das als ›Habitat‹ (für ›habitat‹) und Wohnen (für ›habiter‹) übersetzt.« Zitat mit freundlicher Genehmigung.

11 Davidson, Mark and Lees, Loretta (2010), *New-build gentrification: its histories, trajectories, and critical geographies*. Popul. Space Place, 16: 395–411

12 Boeing, Niels, *Von Wegen: Überlegungen zur freien Stadt der Zukunft*, Nautilus Flugschrift, 2015

13 Die Einrichtung der Gefahrengebiete durch die Hamburger Polizei, eine Art räumliche Notstandsgesetzgebung ohne Richter- oder Parlamentsbeschluss, wurde ein Jahr später, 2015, gerichtlich für illegal erklärt. *Die Welt* schreibt am 15.05.2015: »Die Hamburger Innenbehörde und die Polizei stehen vor einem Scherbenhaufen. Mit seinem Urteil gegen die sogenannten Gefahrengebiete hat das Hamburgische Oberverwaltungsgericht am Mittwoch eine zehnjährige Polizeipraxis für verfassungswidrig erklärt.«

14 Die PlanBude ist ein transdisziplinäres Team, dass sich aus der autonomen Stadtteilversammlung heraus gegründet hat. Zunächst als *AG Planung in St. Pauli selber machen* gegründet, hat das Team gemeinsam mit der Initiative *Esso-Häuser – Wir sind kein Objekt* Verhandlungen mit dem Bezirk Hamburg Mitte aufgenommen und einen unabhängigen Planungsprozess konzipiert, der auf dem Wissen der Vielen basiert. Im September 2014 schloss die PlanBude einen Vertrag, den beide Seiten jederzeit hätten kündigen können, organisierte die Beteiligung vor Ort in einem Planungscontainer, entwickelte neue Tools, damit das lokale Wissen in die Planung einfließen kann – Knetmodelle, Legomodelle im Maßstab 1:150, Fragebögen für alle Haushalte, Haustürgespräche in den Häuserblocks drumrum, öffentlicher Planungscontainer an der Baustelle, direkt an der Reeperbahn. Die Auswertung und Zusammenfassung der 2300 Beiträge ergaben ein komplexes, ungewöhnliches Ergebnis, das zunächst in öffentlichen Stadtteilkonferenzen vorgestellt und diskutiert wurde. Verblüffenderweise akzeptierten Bezirk und Eigentümer dies als Grundlage für einen städtebaulichen Wettbewerb, der die Grundlage für den neuen Bebauungsplan und den Neubau bildet. Keine Eigentumswohnungen, 60 % geförderter und 40 % privat finanzierter Wohnungsbau, urbaner Sockel, nutzbare Dächer (Basketballplatz, Skateboardbahn und Kletterwand über der Reeperbahn u.v.m., sowie ein 2400 qm großes Subkultur- und Innovationscluster mit FabLab gehören zu den Ergebnissen, die sich auch im Entwurf des Büros NL und BeL wiederfinden, die den Wettbewerb gewonnen haben.

15 RW Karo gehört zu der beeindruckenden, über die social media vernetzten Selbstorganisation in und zwischen den Städten, die das behördliche Versagen angesichts der Ankunft der Refugees 2015 aufgefangen hat und politisch in die Flüchtlingspolitik interveniert. Mit hunderten Aktiven und einer facebook-Reichweite von einer Million nur wenige Wochen nach

Gründung ist es ein weiteres Beispiel für die potenzielle (und explosive) Skalierbarkeit selbstorganisierter Basisprojekte.

16 Politik der ersten Person ist ein politisches Konzept, das eine sogenannte Stellvertreterpolitik ablehnt, die Trennlinie zwischen »privat« und »öffentlich« zurückweist und die Politisierung der Privatsphäre beinhaltet. Die *Politik der ersten Person* wurde vor allem in der zweiten Frauenbewegung der 1970er Jahre entwickelt. (...) Auch die Bewegung der Autonomen übernahm weitgehend das Konzept (...). https://de.wikipedia.org/wiki/Politik_der_ersten_Person

17 2.–5. Juni 2011 http://kongress.rechtaufstadt.net/

18 Die Bundeskoordination Internationalismus (BUKO) (früher: *Bundeskongress entwicklungspolitischer Aktionsgruppen*) ist ein unabhängiger Dachverband, dem über 120 Eine-Welt-Gruppen, entwicklungspolitische Organisationen, inter- bzw. transnationalistische Initiativen, Solidaritätsgruppen, Läden, Kampagnen und Zeitschriftenprojekte sowie zurzeit fast 100 Einzelpersonen angehören.

19 Gängeviertel, 2009 von 300 Künstler*innen besetztes Viertel im voll gentrifizierten Zentrum der Hamburger Innenstadt. Zur Zeit der Besetzung gehörten die 15 Häuser einem Investor, durch das geschickte Agieren der neuen Nutzer*innen sah sich die Stadt gezwungen, das Gelände zurückzukaufen und den Besetzer*innen langfristig zu verpachten.

20 Park Fiction ist der Titel eines partizipativen Kunstprojekts, das von Künstler*innen gemeinsam mit der Initiative Hafenrandverein für selbstbestimmtes Wohnen und Leben auf St. Pauli entwickelt wurde, um einen im Viertel geplanten Park statt der Bebauung des Elbufers durchzusetzen. Park Fiction beruft sich ausdrücklich in seinem einzigen offiziellen Konzeptpapier, *Aufruhr auf Ebene p (1995/1998)* auf die Theorien Henri Lefebvres und überführte den Begriff der *kollektiven Wunschproduktion* von Deleuze und Guattari in die Stadtplanung. Unter dem Leitsatz »Die Wünsche werden die Wohnung verlassen und auf die Straße gehen« organisierte Park Fiction einen »Planungsprozess als Spiel« für Menschen, die »mehr Geschmack als Geld haben«. Der Park wurde Ende der 90er Jahre durchgesetzt, der Golden Pudel Club dadurch erhalten und der selbstgeplante Park 2005 eröffnet. Am 16. Juni 2013, zwanzig Stunden nach der polizeilichen Räumung des Gezi-Parks in Istanbul, benannten Nachbar*innen in Solidarität mit *Occupy Gezi* den Park in *Gezi Park Fiction St. Pauli* um. http://park-fiction.net

21 Centro Sociale ist ein legales selbstorganisiertes Stadtteilzentrum und »Kontrapunkt zur Gentrifizierung« in St. Paulis Karoviertel.

22 Rote Flora ist ein bis heute besetztes autonomes Kulturzentrum im Herzen des gentrifizierten Schanzenviertels.

23 »In unpacking Lefebvre's writing in this way and placing it in the South

African context, it was surprising to see how a particular shack dwellers' movement in South Africa, *Abahlali baseMjondolo*, has been evoking the right to the city in a Lefebvrian sense, perhaps far more so than academic discourse has to date. Take, for example, the value that Lefebvre places on the process of ›inhabiting‹ and on the everyday, with all its contradictions. Or, his insistence that roles should be reversed in the synthesis that informs planning decisions. All these elements are deeply engrained in *Abahlali baseMjondolo's* own philosophy. These commitments have driven the movement, since its founding in 2005, to engage in an extremely difficult *(often life threatening)* but *relentless campaign* demanding a right to the city.« Marie Huchzermeyer, »The right to the city: a theory, a slogan, a politics of everyday life«, in: *Democracy in Africa*, 21.11.2013.

24 The Right to the City, Richard Pithouse, auf http://abahlali.org/node/4748/

25 Nicole Vrenegor, *Recht auf Stadt*, Einladung zur Recht auf Stadt Konferenz 2009.

Henri Lefebvre

Das Recht auf Stadt

Vorwarnung

> *»Große Dinge verlangen, dass man von ihnen schweigt oder groß redet: groß, das heißt zynisch und mit Unschuld.«*
>
> *»All die Schönheit und Erhabenheit, die wir den wirklichen und eingebildeten Dingen geliehen haben, will ich zurückfordern als Eigentum und Erzeugnis des Menschen: als seine schönste Apologie.«*
>
> Friedrich Nietzsche

Diese Schrift ist offensiv (manche werden sie als verletzend empfinden). Warum?

Weil vermutlich jeder Leser Systematisierungen im Kopf hat. Vermutlich sucht jeder Leser ein »System« oder hat sein »System« gefunden. Das System ist in Mode, im Denken ebenso wie in den Terminologien und der Sprache.

Jedes System neigt aber dazu, das Denken *zu beenden*, Perspektiven zu verschließen. Diese Schrift möchte die Systeme aufbrechen, nicht, um sie durch ein anderes System zu ersetzen, sondern um das Denken und das Handeln für *Möglichkeiten* zu *öffnen*, indem Perspektiven und ein Weg aufgezeigt werden. Gegen eine Form von Reflexion, die zu Formalismus neigt, stelle ich ein Denken, das auf Öffnung zielt.

Der *Urbanismus* ist nicht minder im Trend als das System. Die urbanistischen Fragestellungen und Reflexionen gehen aus Kreisen von Technikern, Spezialisten, Intellektuellen hervor, die sich als Avantgarde sehen. Sie erreichen die Öffentlichkeit über Zeitungsartikel und Schriften unterschiedlichen Anspruchs und unterschiedlicher Reichweite. Der Urbanismus wird gleichzeitig Ideologie und Praxis. Dennoch sind die Fragestellungen zur Stadt und zur urbanen Realität noch nicht in vollem Umfang bekannt und anerkannt, haben *politisch* noch nicht die Bedeutung und den Sinn erhalten, den sie *im Denken* (in der Ideologie) und *in der Praxis* haben (ich werde eine urbane Strategie aufzeigen, die bereits am Werk und in Aktion ist). In diesem Büchlein sollen nicht nur die Denkweisen und Aktivitäten zum Urbanismus kritisch unter die Lupe genommen werden. Es hat zum Ziel, diese Probleme ins politische Bewusstsein zu heben und in die politischen Programme einzubringen.

An den Beginn sei ein grober Überblick über die theoretische wie praktische Situation, über die Probleme (bzw. die Problematik) der Stadt, die Realität und die Möglichkeiten des städtischen Lebens gestellt.

Industrialisierung und Urbanisierung

Erste Übersicht

Um die »städtische Problematik« vorzustellen und darzulegen, drängt sich ein Ausgangspunkt auf: der Prozess der Industrialisierung. Dieser Prozess ist seit eineinhalb Jahrhunderten unbestritten der Motor gesellschaftlicher Veränderungen. Unterscheidet man zwischen Auslöser (*Induktor*) und Ausgelöstem (*Induziertem*), lässt sich sagen, dass der Prozess der Industrialisierung der Auslöser ist und zum Ausgelösten die Probleme bezüglich Wachstum und Planung, Fragen zur Stadt und der Entwicklung der städtischen Realität gehören, nicht zu vergessen die wachsende Bedeutung von Freizeit und Fragen zur »Kultur«.

Die Industrialisierung kennzeichnet die moderne Gesellschaft, was aber nicht unbedingt bedeutet, dass sie mit dem Begriff »industrielle Gesellschaft« zu definieren ist. Obwohl die Urbanisierung und die Problematik des Urbanen zu den ausgelösten Folgen und nicht zu den auslösenden Ursachen oder Gründen zählen, verschärfen sich die so bezeichneten Anliegen derart, dass man die um uns entstehende gesellschaftliche Realität getrost als *urbane Gesellschaft* definieren kann. Diese Definition hält ein Merkmal fest, das wesentlich wird.

Die Industrialisierung bildet den Ausgangspunkt für die Reflexion über unsere Zeit. Die Stadt aber gab es schon vor der Industrialisierung. Eine banale Feststellung, deren Implikationen aber nicht vollständig in Worte gefasst worden sind. Die herausragendsten städtischen Schöpfungen, die »schönsten« Werke des städtischen Lebens (»schön« genannt, weil sie eher Werke als Produkte sind) stammen aus der Zeit vor der Industrialisierung. Es gab die orientalische Stadt (verbunden mit der asiatischen Produktionsweise), die antike (griechische und römische) Stadt (verbunden mit dem Besitz von Sklaven), dann die mittelalterliche Stadt (in einer komplexen Lage: eingebunden in Feudalverhältnisse, aber im Kampf gegen die ländliche Feudalherrschaft). Die orientalische und die antike Stadt waren ihrem Wesen nach politisch; die mittelalterliche Stadt war, ohne ihren politischen Charakter einzubüßen, in erster Linie gekennzeichnet durch Handel, Handwerk und Banken. Sie verleibte sich die zuvor quasi nomadischen, aus der Stadt abgedrängten Händler ein.

Mit Beginn der Industrialisierung und Entstehung des Konkurrenzkapitalismus mit seiner spezifischen industriellen Bourgeoisie hat die Stadt bereits eine reale Machtfülle. Nachdem die antiken Städte in Westeuropa im Zuge des Verfalls des Römertums nahezu verschwunden waren, erlebt die Stadt einen neuen Aufschwung. Die mehr oder weniger umherziehenden Händler haben die Überreste der antiken Stadtkerne zum Zentrum ihrer Aktivitäten erkoren. Umgekehrt, so kann vermutet werden, verliehen diese erodierten Kerne dem, was von der Tauschwirtschaft übrig geblieben war und von Straßenhändlern instand gehalten wurde, Auftrieb. Aus den zunehmenden Überschüssen der Landwirtschaft häufen die Städte auf Kosten der Feudalherren Reichtümer an: Objekte, Schätze, virtuelles Kapital. In diesen städtischen Zentren besteht bereits ein enormer Geldreichtum, der durch Wucher und Handel erzielt wurde. Das Handwerk, eine von der Landwirtschaft deutlich unterschiedliche Produktion, floriert. Die Städte stützen die bäuerlichen Gemeinschaften und die Befreiung der Bauern, nicht ohne selbst davon zu profitieren. Kurzum, es sind Zentren gesellschaftlichen und politischen Lebens, in denen nicht nur Reichtümer, sondern auch Kenntnisse, Techniken und Werke (Kunstwerke, Monumente) angehäuft werden. Diese Stadt ist ihrerseits ein *Werk*, und dieser Charakter steht im Kontrast zur irreversiblen Orientierung auf das Geld, den Handel, den Tausch, das *Produkt*. Denn das Werk ist Gebrauchswert und das Produkt Tauschwert. Der höchste Gebrauch der Stadt, d.h. der Straßen und Plätze, der Gebäude und Monumente, ist *das* Fest (das, ohne einen anderen Nutzen zu bieten als Vergnügen und Prestige, unproduktiv enorme materielle und finanzielle Reichtümer aufbraucht).

Eine komplexe, d.h. widersprüchliche Realität. Die mittelalterlichen Städte auf dem Höhepunkt ihrer Entwicklung sind die Orte, an denen sich die Reichtümer sammeln; die Herrschenden investieren unproduktiv einen großen Teil dieser Reichtümer in der Stadt, die sie beherrschen. Gleichzeitig ist durch den Handels- und Bankenkapitalismus der Reichtum bereits *beweglich* geworden, sind Tauschkreisläufe entstanden, die den Transfer von Geld erlauben. Mit Beginn der Industrialisierung, in der die besondere Bourgeoisie der »Unternehmer« eine Vormachtstellung einnimmt, ist der Reichtum bereits nicht mehr vorrangig unbeweglicher Natur. Die landwirtschaftliche Produktion und das Grundeigentum sind nicht mehr vorherrschend. Die Ländereien entgleiten den Feudalherren und gehen in die Hände städtischer Kapitalisten über, die durch Handel, Banken und Wucher reich geworden sind. Daraus folgt, dass sich die »Gesellschaft« als Ganzes, bestehend aus der Stadt, dem Land und den deren Beziehungen regulierenden Institutionen, zunehmend zu einem *Städtenetz* entwickelt, das mit einer gewissen (technischen, sozialen, politischen) Arbeitsteilung zwischen diesen Städten einhergeht, die durch Straßen, Fluss- und Seewege, Handels- und Bankbeziehungen miteinander verbunden sind. Man kann annehmen, dass diese Arbeitsteilung zwischen den Städten aber weder weit genug fortgeschritten noch genügend bewusst war, um stabile Zusammenschlüsse zuzulassen und die Rivalitäten und Konkurrenzen zu beenden. Dieses städtische System setzte sich letztlich nicht durch. Was sich auf dieser Grundlage erhebt, ist der Staat, die zentralisierte Macht. Als Ursache und Folge dieser besonderen Zentralität der Macht setzt sich eine Stadt gegenüber anderen durch: die Hauptstadt.

Ein solcher Prozess findet in Italien, Deutschland, Frankreich, Flandern, England, Spanien statt, wenn auch recht ungleich, recht unterschiedlich. Die Stadt dominiert, und doch ist es anders als im Stadtstaat der Antike. Drei Begriffe sind zu unterscheiden: Gesellschaft, Staat, Stadt. In diesem urbanen System hat jede Stadt wiederum die Tendenz, ein geschlossenes, vollendetes System zu bilden. Die Stadt bewahrt einen organischen Charakter als Gemeinschaft, den sie vom Dorf übernimmt und der in der berufsständischen Organisation zum Ausdruck kommt. Das Gemeinschaftsleben (mit Haupt- und Unterversammlungen) gestattet dabei durchaus Klassenkämpfe. Es gibt sogar heftige Gegensätze zwischen Reichtum und Armut, Konflikte zwischen den Mächtigen und den Unterdrückten, aber sie stehen weder der Verbundenheit mit der Stadt noch einem aktiven Beitrag zur Schönheit des Werks entgegen. In diesem städtischen Rahmen verstärken die Kämpfe zwischen Fraktionen, Gruppen, Klassen das Zugehörigkeitsgefühl. Die politischen Zusammenstöße zwischen dem »minuto popolo«, dem »popolo grosso«, der Aristokratie oder Oligarchie spielen sich vor Ort zu Belangen der Stadt ab. Die Besitzer von Reichtum und Macht ihrerseits fühlen sich immer bedroht. Sie rechtfertigen ihr Privileg gegenüber der Gemeinschaft, indem sie ihr Vermögen luxuriös für Bauwerke, Stiftungen, Paläste, Verschönerungen, Feste ausgeben. Dieses Paradox, diese schlecht erhellte historische Tatsache gilt es zu unterstreichen: Repressive Gesellschaften waren sehr kreativ und reich an Werken. In der Folge hat insbesondere in der

Stadt die Herstellung von Produkten die Herstellung von Werken und die mit diesen Werken verbundenen gesellschaftlichen Verhältnisse abgelöst. Wo die Ausbeutung an die Stelle der Unterdrückung tritt, verschwindet die schöpferische Fähigkeit. Der Begriff »Schöpfung« selbst verblasst oder entartet, sich im »Machen« und im »Schöpferischen« miniaturisierend (das »Do-it-yourself« etc.). Das liefert Argumente, um eine These zu untermauern: *Die Stadt und die städtische Realität unterliegen dem Gebrauchswert. Der Tauschwert, die allgemeine Durchsetzung der Ware im Zug der Industrialisierung, unterwirft sich tendenziell die Stadt und die städtische Realität und zerstört* die Stadt, die Zuflucht des Gebrauchswertes und Keim einer virtuellen *Vorherrschaft* und einer Aufwertung des Gebrauchs ist.

Im städtischen System, das zu analysieren ich versuche, werden spezifische Konflikte zwischen Gebrauchswert und Tauschwert, zwischen Mobilisierung des Reichtums (in Geld, in Papier) und unproduktiven Investitionen in die Stadt, zwischen Akkumulation des Kapitals und dessen Vergeudung in Festen, zwischen Ausweitung des beherrschten Gebiets und den Notwendigkeiten einer strengen Organisation des Gebiets rund um eine dominierende Stadt ausgetragen: Letztere schützt sich gegen alle Eventualitäten durch die berufsständische Organisation, die die Initiativen des Banken- und Industriekapitalismus lähmt. Die Innung reguliert nicht nur einen Beruf, jede berufsständische Organisation wird Teil eines organischen Ganzen; das korporative System regelt die Verteilung der Taten und Tätigkeiten im städtischen Raum (Straßen und Stadtteile) und die städtische Zeit (Zeitabläufe, Feste). Diese Einheit neigt in einer unveränderlichen Struktur zu erstarren. Die Folge ist, dass die Industrialisierung den Bruch mit diesem bestehenden städtischen System voraussetzt; sie schließt die Destrukturierung etablierter Strukturen ein. Historiker (seit Marx) haben den erstarrten Charakter der

Korporationen hervorgehoben. Zu zeigen bleibt vielleicht, dass das gesamte städtische System zu einer Art Erstarrung und Fixierung neigt. Wo sich dieses System konsolidiert hat – in Deutschland, in Italien –, setzten sich Kapitalismus und Industrialisierung verspätet durch. Eine folgenreiche Verspätung.

Es gibt also eine gewisse Diskontinuität zwischen der aufkommenden Industrie und ihren historischen Bedingungen. Es sind verschiedene Dinge und verschiedene Menschen. Die außergewöhnliche Ausdehnung des Handels, der Geldwirtschaft, der Produktion für den Handel, der »Warenwelt«, die aus der Industrialisierung hervorgeht, bedeutet einen radikalen Wandel. Der Übergang vom Handels- und Bankenkapitalismus sowie der handwerklichen Produktion zur industriellen Produktion und zum Konkurrenzkapitalismus ist von einer schweren Krise begleitet, die die Historiker sorgfältig untersucht haben – außer vielleicht in Bezug auf die Stadt und das »städtische System«.

Die aufkommende Industrie lässt sich tendenziell außerhalb der Stadt nieder. Was im Übrigen kein absolutes Gesetz ist. Kein Gesetz ist völlig generell und absolut. Diese zuerst sporadische, unzusammenhängende Ansiedlung von Industrieunternehmen hing von vielfältigen lokalen, regionalen, nationalen Umständen ab. Zum Beispiel scheint es in der *Druckindustrie* im städtischen Rahmen einen relativ kontinuierlichen Übergang vom handwerklichen zum unternehmerischen Stadium gegeben zu haben. Anders sieht es bei der *Textilindustrie*, dem Bergbau, der *Metallindustrie* aus. Die aufkommende Industrie siedelt sich nahe den Energiequellen an (Flüsse, Wälder, später Kohle), den Transportmitteln (Flüsse und Kanäle, später Eisenbahnen), den Rohstoffen (Erze), dem Arbeitskräftereservoir (ländliches Handwerk, Weber und Schmiede lieferten bereits ausgebildete Arbeitskräfte).

Darauf ist zurückzuführen, dass noch heute in Frankreich zahlreiche kleine Textilzentren (Täler in der Normandie, in den Vogesen etc.) bestehen, die manchmal nur mit Mühe überleben. Ist es nicht beachtenswert, dass ein Teil der Schwerindustrie sich im Moseltal zwischen den zwei alten Städten Nancy und Metz, den einzigen wirklichen städtischen Zentren dieser Industrieregion, angesiedelt hat?

Die alten Städte sind gleichzeitig Märkte, Quellen verfügbaren Kapitals, Orte, an denen dieses Kapital verwaltet wird (Banken), Wohnsitz der wirtschaftlichen und politischen Führung, Arbeitskräftereservoirs (also Orte, an denen, um mit Marx zu sprechen, eine »industrielle Reservearmee« fortbestehen kann, die auf die Löhne drückt und die Steigerung des Mehrwerts ermöglicht). Zudem erlaubt die Stadt, wie die Werkstatt, die Konzentration der Produktionsmittel – Werkzeuge, Rohstoffe, Arbeitskräfte – auf beschränktem Raum.

Da die Ansiedlung außerhalb der Stadt für die »Unternehmer« nicht befriedigend ist, nähert sich die Industrie so bald wie möglich den städtischen Zentren. Die vorindustrielle Stadt beschleunigt den Prozess (insbesondere erlaubt sie ein rasches Wachstum der Produktivität). So hat die Stadt im *Take off* (Rostow), also in der Ankurbelung der Industrie, eine wichtige Rolle gespielt. Mit der Konzentration des Kapitals im Marx'schen Sinn ging die Konzentration der Städte einher. Folglich brachte die Industrie ihre eigenen städtischen Zentren, Städte und Industrieagglomerationen hervor, mal klein (Le Creusot), mal mittelgroß (Saint-Etienne) und manchmal riesig (Ruhr, als Ballungsraum betrachtet). Auf diesen Verlust der Zentralität und des urbanen Charakters dieser Städte wird noch zurückzukommen sein.

Bei genauerem Hinschauen offenbart sich der Prozess in seiner ganzen Komplexität, die der Begriff »Industrialisierung« ungenügend erfasst. Diese Komplexität wird deutlich, sobald man aufhört, in Begriffen des *Unternehmens* einerseits und in globalen Produktionszahlen andererseits (so und so viele Tonnen Kohle, Stahl) zu denken – sobald man nachdenkt und dabei zwischen *Induktion* und *Induziertem* unterscheidet und die Bedeutung der ausgelösten Phänomene und ihrer Interaktion mit den Induktoren (Auslösern) berücksichtigt.

Die Industrie kann ohne die alte (vorindustrielle, vorkapitalistische) Stadt auskommen, bildet aber Agglomerationen, in denen der städtische Charakter erodiert. Gilt dies nicht für die Vereinigten Staaten und Nordamerika, wo »Städte« im Sinne dessen, was man in Frankreich und Europa darunter versteht – New York, Montreal, San Francisco –, selten sind? Wo dagegen ein Netz an alten Städten besteht, fällt die Industrie über diese her. Sie bemächtigt sich des Netzes, gestaltet es nach ihren Bedürfnissen um. Sie greift die Stadt (jede Stadt) auch an, stürmt sie, nimmt sie ein, verwüstet sie. Sie zerstört letztlich die alten Kerne, sich ihrer bemächtigend. Was nicht verhindert, dass sich das städtische Phänomen, Städte und Agglomerationen, Arbeitersiedlungen, Vororte ausbreiten (erweitert um Elendsviertel, wo es der Industrialisierung nicht gelingt, die verfügbare Arbeitskraft zu beschäftigen oder zu binden).

Wir haben es mit einem *zweifachen Prozess* zu tun oder, wenn man so will, einem Prozess, der sich aus zwei Aspekten zusammensetzt: aus Industrialisierung und Urbanisierung, Wachstum und Entwicklung, wirtschaftlicher Produktion und gesellschaftlichem Leben. Die beiden untrennbaren »Aspekte« dieses Prozesses stellen eine Einheit dar, der Prozess ist gleichwohl konfliktgeladen. Geschichtlich gesehen prallt die urbane Realität heftig auf die industrielle Realität. Die Komplexität dieses Prozesses erweist sich ihrerseits als immer schwieriger fassbar, zumal die Industrialisierung nicht nur Unternehmen hervorbringt (Arbeiter und Unternehmensleiter), sondern verschiedene *Büros*, Banken- und Finanzzentren, politische und technische Zentren.

Dieser dialektische Prozess ist bislang völlig unzureichend erhellt und auch noch lange nicht abgeschlossen. Noch heute bringt er »problematische« Situationen mit sich. Um nur einige Beispiele zu nennen: In Venedig verlässt die erwerbstätige Bevölkerung die Stadt, um in die Industrieagglomeration Mestre auf dem Festland zu ziehen, die die Stadt überholt. Diese außergewöhnliche Stadt, eines der schönsten Vermächtnisse aus vorindustriellen Zeiten, ist nicht so sehr durch den materiellen Verfall aufgrund des Meeres und der Absenkung des Bodens bedroht als durch die Abwanderung der Einwohner. In Athen hat eine relativ beachtliche Industrialisierung Leute aus den Kleinstädten, die Bauern, in die Hauptstadt gezogen. Das moderne Athen hat mit der ausufernden antiken Altstadt, die überdeckt und verschluckt wurde, nichts mehr gemein. Die Monumente und Plätze (Agora, Akropolis), die eine Wiederbegegnung mit dem antiken Griechenland erlauben, sind nun nichts weiter als ästhetische Pilgerstätten und Orte touristischen Konsums. Dennoch ist der organisatorische Kern der Stadt weiterhin sehr stark. Die umliegenden neueren Stadtteile und halben Elendsviertel mit ihrer entwurzelten, desorganisierten Bevölkerung verleihen ihm übermäßige Macht. Die gigantische, unförmige Agglomeration erlaubt den Entscheidungsträgern die schlimmsten politischen Projekte. Zumal die Wirtschaft des Landes eng von einem Kreislauf aus Bodenspekulation, dadurch ermöglichter »Schöpfung« von Kapital, der Investition dieses Kapitals im Bauwesen und so weiter abhängt. Ein fragiler Kreislauf, der jederzeit aufbrechen kann und einen *Typus* von Urbanisierung ohne oder mit schwacher Industrialisierung, aber rascher Ausdehnung der Agglomeration, der Boden- und Immobilienspekulation, des faktisch durch diesen Kreislauf aufrechterhaltenen Wohlstands beschreibt.

In Frankreich ließen sich zahlreiche Städte aufzählen, die kürzlich von der Industrialisierung überrollt wurden:

Grenoble, Dunkerque etc. In anderen Fällen findet eine massive Ausdehnung der Stadt und der Urbanisierung (im weiten Sinn des Wortes) bei geringer Industrialisierung statt. Das gilt beispielsweise für Toulouse. Und generell für die Städte Südamerikas und Afrikas, die von Elendsvierteln umgeben sind. In diesen Regionen und Ländern lösen sich die ehemaligen landwirtschaftlichen Strukturen auf; enteignete oder ruinierte Bauern strömen in die Städte, um dort Arbeit oder Unterhalt zu finden. Diese Bauern kommen von Betrieben, die durch das Spiel der Weltmarktpreise, das eng von den Industrieländern und deren »Wachstumspolen« abhängt, dem Untergang geweiht sind. Diese Phänomene hängen ebenfalls von der Industrialisierung ab.

Gegenwärtig vertieft sich also ein ausgelöster Prozess, den man als »Implosion/Explosion« der Stadt bezeichnen kann. Das Phänomen Stadt breitet sich in den großen Industrieländern auf einen großen Teil des Territoriums aus. Es überschreitet munter nationale Grenzen; die nordeuropäische Megalopolis erstreckt sich von der Ruhr bis zum Meer und selbst zu den englischen Städten, von der Region Paris bis zu den skandinavischen Ländern. Dieses Gebiet ist eingeschnürt in ein immer dichteres *städtisches Gewebe*, wenn auch mit lokalen Differenzierungen und Ausweitung der (technischen und gesellschaftlichen) Arbeitsteilung zwischen Regionen, Agglomerationen und Städten. Gleichzeitig werden innerhalb dieses Gewebes und selbst andernorts die städtischen Konzentrationen riesig; die Bevölkerungen ballen sich zusammen und erreichen beunruhigende Dichten (pro Flächen- oder Wohneinheit). Ebenfalls parallel dazu verschlechtert sich der Zustand vieler alter Stadtkerne oder sie brechen auseinander. Die Menschen ziehen fürs Wohnen oder die Produktion in weiter entfernte Peripherien. In den Stadtzentren ersetzen Büros die Wohnungen. Manchmal werden die Zentren (wie in den Vereinigten Staaten) den »Armen« überlassen und zu Gettos der

Benachteiligten. Manchmal behalten im Gegenteil wohlhabendere Leute starke Stellungen in den Stadtzentren (rund um den New Yorker Central Park, im Pariser Marais-Viertel).

Betrachten wir nun genauer das *städtische Gewebe*. Diese Metapher ist unscharf. Statt eines über das Gebiet geworfenen Gewebes bezeichnen diese Worte eher eine Art von biologischer Wucherung und eine Art von Netz mit ungleichen Maschen, denen mehr oder weniger ausgedehnte Sektoren – Weiler oder Dörfer, ganze Regionen – entgleiten. Betrachtet man die Phänomene vom Land und den alten Agrarstrukturen aus, lässt sich eine allgemeine Tendenz zur Konzentration festhalten: Konzentration der Bevölkerung in den Marktflecken, in kleinen oder großen Städten – Konzentration des Eigentums und der Bewirtschaftung – Konzentration der Organisation von Transport und Handelsbeziehungen etc. Was sowohl zur Entvölkerung als auch zur »Entbauerung« der Dörfer führt, die ländlich bleiben, aber verlieren, was das ehemalige bäuerliche Leben ausgemacht hat: Handwerk, kleine lokale Geschäfte. Die ehemaligen »Lebensweisen« kippen in Folklore um. Analysiert man das Phänomen von den Städten aus, beobachtet man die Ausbreitung nicht nur stark bevölkerter Peripherien, sondern auch der (Banken-, Handels-, Industrie-)Netze und Wohnstätten (Zweitwohnsitze, Freizeiträume und -orte etc.).

Das städtische Gewebe lässt sich unter Rückgriff auf den Begriff des *Ökosystems* beschreiben, eine kohärente Einheit, die sich um eine oder mehrere ältere oder jüngere Städte bildet. Eine solche Beschreibung läuft Gefahr, das Wesentliche zu verkennen. Tatsächlich ist das *städtische Gewebe* nicht nur aufgrund seiner Morphologie interessant. Es bildet die Grundlage einer mehr oder weniger dichten oder erodierten »Lebensweise«: *der städtischen Gesellschaft*. Auf der wirtschaftlichen Grundlage des *städtischen Gewebes* erscheinen Phänomene einer anderen Ordnung, einer anderen Stufe, jener des sozialen und »kulturellen« Lebens. Durch das *städtische*

Gewebe getragen, dringen die urbane Gesellschaft und das urbane Leben auf das Land vor. Zu einer solchen Lebensweise gehören Objekt- und Wertesysteme. Die bekanntesten Elemente des städtischen Objektsystems sind Wasser, Elektrizität, Gas (auf dem Land Butangas) und mit ihnen Auto, Fernsehen, Plastikartikel, »modernes« Mobiliar, was neue Erfordernisse im Hinblick auf »Dienstleistungen« nach sich zieht. Unter den Elementen des Wertesystems seien Freizeit nach städtischer Art (Tänze, Lieder), Kleidung, die rasche Übernahme von aus der Stadt kommenden Moden genannt. Und auch die Sorge um Sicherheit, Ansprüche im Bezug auf die Zukunftsplanung, kurz, eine von der Stadt verbreitete Rationalität. Im Allgemeinen trägt die Jugend als Altersgruppe aktiv zu dieser raschen Übernahme der aus der Stadt kommenden Dinge und Repräsentationen bei. Das sind soziologische Trivialitäten, an die zu erinnern lohnt, um ihre Auswirkungen aufzuzeigen. Zwischen den Maschen des städtischen Gewebes bleiben winzige oder größere Inseln »reiner« *Ruralität,* Ländlichkeit bestehen, oft (wenn auch nicht immer) arme Gegenden, in denen alternde, schlecht »angepasste« Bauern wohnen, bar dessen, was in Zeiten von Unterdrückung und größtem Elend die Vornehmheit des bäuerlichen Lebens ausmachte. Das Verhältnis »Urbanität–Ruralität« verschwindet also nicht, im Gegenteil: Es intensiviert sich, und das bis in die hoch industrialisierten Länder. Es überschneidet sich mit anderen Repräsentationen und anderen realen Verhältnissen: Stadt und Land, Natur und Künstlichkeit etc. Hie und da wachsen sich die Spannungen zu Konflikten aus, die latenten Konflikte spitzen sich zu und, was unter dem *städtischen Gewebe* verborgen war, tritt voll zutage.

Andererseits verschwinden die vom alles überwuchernden Gewebe angegriffenen oder in seinem Raster aufgegangenen städtischen Kerne nicht. Sie halten stand, indem sie sich verändern. Sie bleiben Zentren dichten städtischen Lebens (in Paris das Quartier Latin). Die Ästhetik dieser alten Kerne spielt für ihren Erhalt eine große Rolle. Sie schließen nicht nur Denkmäler und Sitze von Institutionen ein, sondern auch Räume, die sich für Feste, Umzüge, Spaziergänge, Vergnügungen eignen. Der städtische Kern wird so zum Produkt eines qualitativ hochwertigen Konsums für Ausländer, Touristen, Leute aus der Peripherie, Bewohner der Vororte. Er überlebt dank dieser Doppelrolle als Ort des Konsums und Konsum des Ortes. So gehen die alten Zentren vollständig in den Tausch und den Tauschwert ein, bleiben aufgrund des Raumes, der spezifischen Tätigkeiten offensteht, gleichzeitig aber auch Gebrauchswert. Sie werden zu Zentren des Konsums. Das erneute architektonische und urbanistische Aufkommen des *Einkaufszentrums* bietet nur einen faden, verzerrten Abklatsch dessen, was der Kern der alten Stadt war, die zugleich Handels- und Religionszentrum, intellektuelles, politisches und wirtschaftliches (produktives) Zentrum war. Die Vorstellung und das Bild des Einkaufszentrums gehen tatsächlich auf das Mittelalter zurück. Es entspricht der kleinen und mittelgroßen mittelalterlichen Stadt. Doch heute dominiert der Tauschwert so sehr über den Gebrauch und den Gebrauchswert, dass er diesen nahezu auslöscht. Die Vorstellung ist also alles andere als originell. Wäre die unserer Zeit, ihren Trends und (bedrohlichen) Perspektiven entsprechende Neuschöpfung nicht das *Entscheidungszentrum*? Dieses Zentrum, das Bildung und Information, Organisationsfähigkeiten und institutionelle Entscheidungen vereint, erscheint als Projekt einer sich verwirklichenden neuen Zentralität, jener der *Macht*. Dieser Begriff und die dadurch bezeichnete und gerechtfertigte Praxis verdient höchste Aufmerksamkeit.

Tatsächlich haben wir es also mit mehreren (mindestens drei) in komplexen Beziehungen stehenden Begriffen zu tun, die sich durch paarweise Gegenüberstellung definieren, wenn auch nicht erschöpfend erklären lassen: Es gibt die Ruralität und die Urbanität (die städtische Gesellschaft). Es gibt das städtische Gewebe als Träger dieser »Urbanität« und die alte, erneuerte, neue Zentralität. Daher rührt eine beunruhigende Problematik, insbesondere, wenn man von der Analyse zu einer Synthese, von Feststellungen zu einem Projekt (zum »Normativen«) übergehen will: Muss man (doch was bedeutet dieses Wort?) das Gewebe spontan wuchern lassen? Gilt es diese Kraft einzufangen, diesem gleichzeitig fremden, wilden und künstlichen Leben eine Orientierung zu geben? Wie die Zentren stärken? Ist das von Nutzen? Ist das notwendig? Und welche Zentren, welche Zentralität? Was endlich soll mit den Inseln der Ruralität geschehen?

So wird durch die unterschiedlichen Probleme und das problematische Ganze hindurch *die Krise der Stadt* erkennbar. Eine theoretische und praktische Krise. In der Theorie setzt sich das *Konzept der Stadt* (der urbanen Realität) aus Tatsachen, Repräsentationen und Bildern zusammen, die der alten (vorindustriellen, vorkapitalistischen) Stadt entlehnt sind, sich aber wandeln und neu ausgebildet werden. In der Praxis zerbricht der *städtische Kern* (ein wesentlicher Teil des Bildes und des Konzepts der Stadt) und hat dennoch Bestand: der überforderte, vielfach erodierte, manchmal vermodernde Stadtkern verschwindet nicht. Wenn jemand verkündet, er sei am Ende und gehe im Gewebe auf, ist das ein Postulat und eine unbewiesene Behauptung. Ebenso ist es ein Postulat und eine unbewiesene Behauptung, wenn jemand die Notwendigkeit der Rückgabe oder Wiederherstellung der städtischen Zentren verkündet. Der städtische Kern ist nicht einer neuen, wohldefinierten »Realität« gewichen, analog zum Dorf, das die Stadt hervorgebracht hat. Dennoch scheint sich seine Herrschaft dem Ende zuzuneigen. Es sei denn, er behauptet sich noch stärker als Zentrum der Macht …

Bislang habe ich gezeigt, wie die Industrialisierung auf die Stadt einstürmt, und ein dramatisches Bild dieses als umfassend betrachteten Prozesses gezeichnet. Dieser Analyseversuch könnte den Eindruck vermitteln, es handle sich um einen natürlichen, absichtslosen, willenlosen Prozess. Etwas Derartiges gibt es wohl, und dennoch wäre das eine verkürzte Sichtweise. In einen solchen Prozess greifen die herrschenden Klassen oder Teile derselben, die das Kapital (die Produktionsmittel) besitzen und nicht nur die wirtschaftliche Verwendung des Kapitals und der produktiven Investitionen, sondern die gesamte Gesellschaft steuern, aktiv und bewusst ein, indem sie einen Teil der erzeugten Reichtümer für »die Kultur«, die Kunst, das Wissen, die Ideologie einsetzen. Neben oder besser gesagt gegenüber den herrschenden gesellschaftlichen Gruppen (Klassen oder Teilen von Klassen) gibt es die Arbeiterklasse: das Proletariat, das seinerseits nach Industriezweigen, lokalen und nationalen Traditionen in Schichten, Untergruppen, verschiedene Strömungen gespalten ist.

Die Lage in Paris Mitte des 19. Jahrhunderts stellt sich etwa wie folgt dar: Die herrschende Bourgeoisie, eine nicht homogene Klasse, hat die Hauptstadt in hartem Kampf erobert. Davon zeugt noch heute wahrnehmbar das Marais-Viertel: vor der Revolution ein aristokratisches Stadtviertel (obwohl die Hauptstadt und die reichen Leute tendenziell nach Westen auswichen); ein Stadtteil der Gärten und der Stadtpalais. Zu Balzacs Zeiten wird er in wenigen Jahrzehnten vom dritten Stand erobert; ein Teil der prächtigen Privathäuser verschwindet, andere werden von Werkstätten, Läden eingenommen; Mietshäuser, Geschäfte, Lagerhäuser und Schuppen, Unternehmen treten an die Stelle von Parks und Gärten. Statt der etwas kalten Schönheit und des aristokratischen Luxus machen sich bürgerliche Hässlichkeit und ein den Straßen ansehbares und ablesbares verbissenes Streben nach Gewinn breit. Von den Mauern im Marais lassen sich der Klassenkampf und der Hass zwischen den Klassen, der Triumph der

Schäbigkeit, ablesen. Besser kann man dieses Paradox der Geschichte, das Marx teilweise entgeht, nicht sichtbar machen. Die »fortschrittliche« Bourgeoisie, die sich, ausgestattet mit für dieses rationelle Wachstum geeigneten ideologischen Werkzeugen, des Wirtschaftswachstums annimmt, die auf die Demokratie zusteuert und die Unterdrückung durch Ausbeutung ersetzt, diese Klasse als solche ist keine schaffende Klasse mehr; sie ersetzt das Werk durch das Produkt. Jene, die den Sinn für das Werk beibehalten, einschließlich der Romanschreiber und Maler, verstehen und fühlen sich als »nicht bürgerlich«. Was die Unterdrücker, die Herren der Gesellschaften betrifft, die der bürgerlichen Demokratie vorangehen – Fürsten, Könige, Gutsherren, Kaiser –, so besitzen sie Sinn und Geschmack für das *Werk*, insbesondere im Architektonischen und Städtebaulichen. Das Werk unterliegt in der Tat eher dem Gebrauchswert als dem Tauschwert.

Nach 1848 besitzt die gut in der Stadt (Paris) etablierte französische Bourgeoisie nicht nur ihre Wohnsitze dort, sondern auch ihre Handlungsmöglichkeiten, von den Banken bis zum Staat. Sie sieht sich aber von der Arbeiterklasse umzingelt. Die Bauern strömen herbei und lassen sich rund um »Barrieren«, die Stadttore, die unmittelbare Peripherie nieder. Ehemalige Arbeiter (in Handwerksberufen) und neue Proletarier dringen bis ins Stadtzentrum vor; sie leben in Bruchbuden, aber auch in Mietshäusern, in denen die vermögenderen Leute die unteren Stockwerke bewohnen und die Arbeiter die oberen. In dieser »Unordnung« bedrohen die Arbeiter die Emporkömmlinge, eine Gefahr, die während der Juni-Tage 1848 offenkundig wird und sich während der Commune bestätigt. Also wird eine *Klassenstrategie* entworfen, die die Neugestaltung der Stadt ohne Rücksicht auf ihre Realität, auf ihr Eigenleben zum Ziel hat. Zwischen 1848 und Haussmann erreicht das Leben in Paris so seine höchste Intensität: nicht das »Pariser Leben«, sondern das urbane Leben der Hauptstadt. Dieses findet damals machtvoll und in riesigen Dimensionen Eingang in die Literatur, in die Poesie. Danach ist Schluss. Das städtische Leben bedingt Begegnungen, Konfrontation mit Unterschieden, gegenseitiges Kennen und Anerkennen (samt ideologischer und politischer Auseinandersetzungen) von Lebensweisen, »Patterns«, die in der Stadt nebeneinander bestehen. Im Lauf des 19. Jahrhunderts hätte sich die Demokratie bäuerlichen Ursprungs, deren Ideologie die Revolutionäre beseelte, in städtische Demokratie verwandeln können. Darin bestand damals und besteht noch heute eine der geschichtlichen Bedeutungen der Commune. Doch da die städtische Demokratie die Privilegien der neuen herrschenden Klasse bedrohte, verhinderte diese ihre Entstehung. Wie? Indem sie durch Zerstörung der »Urbanität« das Proletariat aus dem Stadtzentrum und der Stadt selbst vertrieb.

Erster Akt. – Baron Haussmann, ein Mann dieses bonapartistischen Staates, der sich über die Gesellschaft erhebt, um sie zynisch als Beute (und nicht nur Gegenstand) der Machtkämpfe zu betrachten, dieser Baron Haussmann ersetzt die gewundenen, aber lebendigen Straßen durch lange Prachtstraßen, die ärmlichen, aber belebten Stadtviertel durch verbürgerlichte Stadtteile. Nicht um der Schönheit des Ausblicks willen bricht er Boulevards durch und plant Freiräume. Sondern um »Paris mit den Maschinengewehren zu durchkämmen« (Benjamin Péret). Der berühmte Baron macht kein Hehl aus seinen Absichten. Später wird man Haussmann dafür danken, Paris dem Verkehr erschlossen zu haben. Das war nicht das Ziel, der Zweck des Haussmann'schen »Urbanismus«. Die Leerflächen haben einen Sinn: Sie zeugen überdeutlich vom Ruhm und der Macht des Staates, der sie anlegt, von der Gewalt, mit der bei Bedarf vorgegangen wird. Später finden Verschiebungen zu anderen Zweckbestimmungen statt, die die in das städtische Leben geschlagenen Kerben auf andere Weise rechtfertigen. Festzuhalten ist, dass Haussmann sein Ziel nicht erreicht hat. Eine der Bedeutungen der Pariser Commune (1871) ist die kraftvolle Rückkehr der in die Vorstädte und Peripherien abgeschobenen Arbeiter ins städtische Zentrum, die Wiedereroberung der Stadt, dieses besonderen Gutes, dieses Werts, dieses Werks, das ihnen entrissen worden war.

Zweiter Akt. – Das strategische Ziel sollte durch ein wesentlich umfassenderes Manöver mit noch weiter reichenden Folgen erreicht werden. In der zweiten Jahrhunderthälfte entdeckten einflussreiche Leute, das heißt Reiche oder Mächtige oder beides zugleich, ob Ideologen (Le Play) mit deutlich von der (katholischen oder protestantischen) Religion geprägten Anschauungen oder besonnene (der rechten Mitte angehörige) Politiker, die im Übrigen keine einheitliche, kohärente Gruppe bildeten, kurzum, entdeckten einige Notabeln einen neuen Begriff. Die Dritte Republik verhalf ihm zum Durchbruch, das heißt zu seiner Umsetzung vor Ort. Sie ersannen das Wohngebiet [im frz. Original ›habitat‹, wobei der deutsche Begriff Habitat andere Konnotationen hat; in der 1972 erschienenen und kürzlich neu aufgelegten deutschen Übersetzung von »Revolution der Städte« wurde er mit »Lebensraum« übersetzt, A.d.Ü.]. Bis anhin bedeutete »wohnen« (frz. *habiter*), am gesellschaftlichen Leben, an einer Gemeinschaft, einem Dorf oder einer Stadt teilzuhaben. Das städtische Leben besaß unter anderem diese Qualität, diese Eigenschaft. Es bot Wohnraum, erlaubte den Stadtbürgern zu wohnen. »Die Sterblichen wohnen, insofern sie die Erde retten […]. […] insofern sie die Göttlichen als die Göttlichen erwarten. […], insofern sie ihr eigenes Wesen […] in den Brauch dieses Vermögens geleiten«. So drückt sich in poetischen Worten der Philosoph Heidegger über das Wohnen aus (*Vorträge und Aufsätze*, GA 7.1., S. 152). Jenseits der Philosophie und der Poesie sind dieselben Dinge soziologisch (in der Sprache der Weltenprosa) ausgedrückt worden. Ende des 19. Jahrhunderts isolieren die Notabeln eine Funktion, lösen sie aus dem hoch komplexen Ganzen heraus, das die Stadt war und ist, um sie auf das Terrain zu projizieren, nicht ohne auf diese Weise die Gesellschaft, der sie eine Ideologie und eine Praxis verleihen, zu bezeigen und zu bezeichnen. Zwar sind die Vororte zweifellos unter dem Druck der Umstände entstanden, um auf den blinden (wenn auch motivierten und gelenkten) Aufschwung der Industrialisierung, auf den massenweisen Zustrom von Bauern zu reagieren, die durch die »Landflucht« in die städtischen Zentren gebracht wurden. Der Prozess war aber deshalb nicht weniger durch eine Strategie gelenkt.

Bedeutet diese typische *Klassenstrategie*, dass es sich um eine Folge abgestimmter, geplanter Maßnahmen mit einem einzigen Ziel handelt? Nein. Der Klassencharakter scheint umso stärker, als es sich um mehrere abgestimmte Maßnahmen handelt, die sich an mehreren Zielen orientieren und trotzdem in einem Endergebnis zusammengelaufen sind. Selbstredend beabsichtigten nicht alle Notabeln, der Spekulation den Weg zu bahnen. Einige davon, Wohlmeinende, Philanthropen, Humanisten, scheinen sogar das Gegenteil zu wünschen. Dennoch haben sie die Mobilisierung des Bodenreichtums, den Einstieg in den uneingeschränkten Tausch und Tauschwert von Boden und Wohnungen, auf die Stadt und die umliegenden Gebiete ausgedehnt. Mit spekulativen Folgen. Ihre Absicht war nicht, die Arbeiterklasse zu demoralisieren, sondern sie im Gegenteil zu moralisieren. Sie erachteten es als nützlich, die Arbeiter (einzelne wie Familien) in eine Hierarchie einzubinden, die sich deutlich von jener der Unternehmen unterscheidet, in die Hierarchie des Eigentums und der Eigentümer, der Häuser und Stadtteile. Sie wollten ihnen eine andere Funktion, einen anderen Status, eine andere Rolle zuschreiben als jene, die mit ihrer Lage als lohnabhängige Produzenten zusammenhängt. Sie gaben vor, ihnen so ein besseres Alltagsleben zu gönnen als jenes der Arbeit. So ersannen sie neben den Wohngebieten die Möglichkeit des Zugangs zu Eigentum. Eine bemerkenswert erfolgreiche Operation (auch wenn ihre politischen Folgen nicht immer so waren, wie es sich die Bauträger erwartet hatten). Wie auch immer, ein Ergebnis liegt vor, ob vorhergesehen oder unvorhergesehen, bewusst oder unbewusst. Die Gesellschaft orientiert sich ideologisch und praktisch an anderen Problemen als an dem der Produktion. Das gesellschaftliche Bewusstsein bezieht sich nach und nach immer weniger auf die Produktion und konzentriert sich auf den Alltag, den Konsum. Mit der »Banlieuisierung« kommt ein Prozess in Gang, der die Stadt dezentriert. Hinausgedrängt aus der Stadt, verliert das Proletariat schließlich ganz den Sinn für das Werk. Hinausgedrängt aus den Produktionsstätten und von einem Wohngebiet aus den vereinzelten Unternehmen zur Verfügung stehend, lässt das Proletariat sein Bewusstsein für schöpferische Fähigkeiten verkümmern. Das urbane Bewusstsein verschwindet.

Mit der Errichtung der Banlieue, der Vororte, kommt in Frankreich ein hartnäckiges urbanistisches Denken gegen die Stadt auf. Ein sonderbares Paradox. Über Jahrzehnte hinweg erscheinen in der Dritten Republik Gesetzestexte, die Einfamilienhausquartiere und Parzellierungen bewilligen und regulieren. Rund um die Stadt richtet sich eine desurbanisierte und trotzdem von der Stadt abhängige Peripherie ein. Die »Vorortbewohner«, die »Eigenheimbewohner«, hören nicht auf, Städter zu sein, selbst wenn sie das Bewusstsein dafür verlieren und sich nahe der Natur, der Sonne, im Grünen fühlen. Enturbanisierende und enturbanisierte Urbanisierung, könnte man sagen, um dieses Paradox zu unterstreichen.

Gebremst wird diese Ausdehnung von selbst aufgrund ihrer Maßlosigkeit. Die von ihr ausgelöste Bewegung erfasst die Bourgeoisie und wohlhabendere Schichten. Sie errichten die vornehmeren Wohnvororte. Das Stadtzentrum leert sich und macht Büros Platz. Das Ganze verfängt sich allmählich im Unentwirrbaren. Aber damit nicht genug.

Dritter Akt. – Nach dem letzten Krieg spüren alle, dass sich das Bild wandelt, abhängig von Dringlichkeiten und diversen Zwängen wie dem demografischen Druck, dem Industrialisierungsschub und dem Zustrom von Menschen aus der Provinz nach Paris. Die eingestandene, erwiesene Wohnungsnot nimmt katastrophale Züge an und droht die noch instabile politische Lage zuzuspitzen. Die »Dringlichkeiten« übersteigen die Initiativen des Kapitalismus und des »privaten« Unternehmertums, das im Übrigen am Wohnbau, der als zu wenig profitabel erachtet wird, nicht interessiert ist. Der Staat kann sich nicht mehr länger damit begnügen, die Parzellen und den Bau von Eigenheimen zu regulieren und (schlecht) gegen Immobilienspekulation vorzugehen. Er übernimmt durch zwischengeschaltete Körperschaften den Bau von Wohnungen. Es beginnt die Zeit »neuer Wohnkomplexe« und der »Neustädte«.

Man könnte sagen, der öffentliche Dienst bemächtigt sich dessen, was zuvor Bestandteil der Marktwirtschaft war. Zweifellos. Doch das Wohnungswesen wird damit nicht zu einer öffentlichen Dienstleistung. Das Recht auf Wohnen geht sozusagen ins soziale Bewusstsein ein. Es wird faktisch anerkannt durch die von dramatischen Fällen ausgelöste Empörung, durch die krisenbedingte Unzufriedenheit. Formal und praktisch wird es jedoch nicht anerkannt oder allenfalls als Anhängsel der »Menschenrechte«. Das vom Staat übernommene Bauwesen ändert nichts an den aus der Marktwirtschaft übernommenen Orientierungen und Anschauungen. Wie bereits Engels vorausgesehen hatte, hat die Wohnungsfrage, selbst wenn sie sich zuspitzt, politisch nur eine untergeordnete Rolle gespielt. Die linken Gruppen und Parteien begnügten sich damit, »mehr Wohnungen« zu fordern. Andererseits sind die Initiativen staatlicher und halbstaatlicher Körperschaften nicht von einem urbanistischen Denken geleitet, sondern es geht nur darum, möglichst schnell und billig so viel Wohnungen wie möglich zur Verfügung zu stellen. Die neuen Komplexe zeichnen sich durch einen funktionalen, abstrakten Charakter aus: das bis in seine reine Form von der Staatsbürokratie getragene Konzept des *Wohngebiets*.

Dieser Begriff des Wohngebiets war noch »unscharf«. Die Einfamilienhäuser ließen Spielarten, besondere oder individuelle Interpretationen des Wohngebiets zu. Eine Art von Plastizität ließ Abänderungen, Aneignungen zu. Der Raum des Eigenheims – Zaun, Garten, vielfältige verfügbare Winkel – ließ *dem Wohnen* einen Spielraum für begrenzte, aber wirkliche Eigeninitiative und Freiheiten. Die staatliche Rationalität geht bis zum bitteren Ende. Im neuen Komplex nistet sich das Wohngebiet im Reinzustand ein, eine Summe von Widersprüchen. Der große Wohnkomplex verwirklicht, so würden manche Philosophen sagen, das Konzept des Wohngebiets unter Ausschluss des Wohnens, der Plastizität des Raums, der Gestaltung dieses Raums. Der Aneignung ihrer Lebensbedingungen durch die Gruppen und Individuen. Auch die völlige Alltäglichkeit (Funktionen, Vorschriften, strenge Zeiteinteilung) schreibt sich in diesem Wohngebiet ein und teilt sich in ihm mit.

Das Eigenheimgebiet hat rund um Paris in den Vorortgemeinden stark zugenommen und zur ungezügelten Ausdehnung des verbauten Bereichs geführt. Einziges Gesetz dieses urbanen und zugleich nicht urbanen Wachstums ist die Bodenspekulation. Die durch dieses lückenlose Wachstum gelassenen Zwischenräume wurden mit großen Komplexen gefüllt. Zur schlecht bekämpften Bodenspekulation gesellte sich die Spekulation mit Wohnungen, sofern es sich um Miteigentum handelte. So gingen immer mehr Wohnungen in das bewegliche Eigentum und städtischer Boden in den Tauschwert über, die Beschränkungen verschwanden.

Definiert man die urbane Realität als Abhängigkeit vom Zentrum, sind die Vororte urban. Definiert man die städtische Ordnung als ein wahrnehmbares (lesbares) Verhältnis zwischen Zentralität und Peripherie, sind die Vororte enturbanisiert. Man kann sagen, dass sich das »urbanistische Denken« der großen Wohnkomplexe wortwörtlich in die Stadt und das Urbane verbissen hat, um es auszutilgen. Die gesamte wahrnehmbare (lesbare) städtische Realität ist verschwunden: Straßen, Plätze, Monumente, Begegnungsräume. Selbst das Café (Bistro) provozierte den Groll der *ensemblistes*, der Anhänger von Wohnkomplexen, ihre Vorliebe für Askese, ihre Reduktion des Wohnens auf das Wohngebiet. Sie mussten mit ihrer Zerstörung der sinnlich wahrnehmbaren urbanen Realität zuerst bis ans bittere Ende gehen, damit die Forderung nach Wiederherstellung aufkommen konnte. Woraufhin man zaghaft, langsam wieder das Café, das Einkaufszentrum, die Straße, sogenannte kulturelle Einrichtungen, kurzum ein paar Elemente städtischer Realität entstehen sah.

Die städtische Ordnung erodierte also in zwei Schritten: mit den Eigenheimen, mit den Wohnkomplexen. Doch es gibt keine Gesellschaft ohne eine Ordnung, ein Bezeichnetes, die vor Ort wahrnehmbar, lesbar sind. Die Vorstadtunordnung birgt eine Ordnung: den ins Auge springenden Gegensatz von Eigenheimquartieren und Wohnkomplexen. Dieser Gegensatz bildet letztlich *ein Bedeutungssystem*, das bis in die Desurbanisierung hinein urban bleibt. Jeder Sektor definiert sich (im und durch das Bewusstsein der Bewohner) gegenüber dem anderen, gegen den anderen. Die Bewohner sind sich einer ihrem Sektor innewohnenden Ordnung kaum bewusst, doch wer im Wohnkomplex wohnt, sieht und begreift sich als jemand, der eben nicht in einem Einfamilienhaus wohnt. Und umgekehrt. Innerhalb dieses Gegensatzes richten sich die Bewohner der

Wohnkomplexe in der *Logik des Wohngebiets* und die Menschen in den Eigenheimen in der *Vorstellungswelt des Wohngebiets* ein. Den einen ist die (scheinbar) rationelle Organisierung des Raums vorbehalten. Den anderen die Präsenz des Traums, der Natur, der Gesundheit abseits der ungesunden, schlechten Stadt. Doch die Logik des Wohngebiets ist nur im Verhältnis zur Vorstellungswelt und die Vorstellungswelt nur im Verhältnis zur Logik wahrnehmbar. Die Menschen haben eine Auffassung von sich selbst durch das, was ihnen fehlt oder wovon sie glauben, es fehle ihnen. In diesem Verhältnis ist die Vorstellungswelt mächtiger. Sie überdeterminiert die Logik: Die Tatsache des Wohnens wird bei den einen wie den anderen im Verhältnis zum Eigenheim wahrgenommen (die Bewohner der Eigenheime, die das Fehlen einer Raumlogik vermissen, die Leute der Wohnblöcke, die bedauern, nicht die Freuden eines Eigenheims zu genießen). Daher die überraschenden Ergebnisse von Umfragen: Über achtzig Prozent der Franzosen sehnen sich nach einem Eigenheim, eine große Mehrheit erklärt sich »zufrieden« mit den Wohnblöcken. Nicht das Ergebnis selbst ist hier von Bedeutung. Es soll nur unterstrichen werden, dass das Bewusstsein der Stadt und der urbanen Realität bei den einen wie den anderen bis zum Verschwinden verblasst. Die praktische und theoretische (ideologische) Zerstörung der Stadt kann im Übrigen gar nicht anders als eine enorme Leere zu hinterlassen. Ganz zu schweigen von den administrativen und anderen immer schwerer lösbaren Problemen. Für die kritische Analyse ist die Leere weniger bedeutend als die konfliktträchtige Situation, die gekennzeichnet ist durch das Ende der Stadt und die Ausbreitung der versehrten, beschädigten, aber realen urbanen Gesellschaft. Die Vororte sind städtisch, in einer dissoziierten Morphologie, einem Reich der Trennung und Spaltung zwischen Elementen von etwas, was als Einheit und Gleichzeitigkeit geschaffen wurde.

Aus dieser Sicht kann die kritische Analyse drei Perioden unterscheiden (die sich nicht exakt mit der weiter vorne skizzierten Einteilung des Dramas der Stadt in drei Akten deckt):

Erste Periode. – Die Industrie und der Industrialisierungsprozess machen sich über die bestehende städtische Realität her und suchen sie heim; dies geht so weit, dass sie sie mittels Praxis und Ideologie zerstören, sie aus der Realität und dem Bewusstsein tilgen. Die entlang einer Klassenstrategie durchgeführte Industrialisierung verhält sich als *negative* Macht gegenüber der städtischen Realität: Das urbane Soziale wird durch das industrielle Ökonomische negiert.

Zweite Periode (sich mit der ersten teilweise überschneidend): – Die Urbanisierung weitet sich aus. Die städtische Gesellschaft verallgemeinert sich. Die städtische Realität wird in und durch ihre Zerstörung selbst als sozioökonomische Realität erkannt. Man entdeckt, dass die gesamte Gesellschaft zu zerfallen droht, wenn ihr die Stadt und die Zentralität fehlen: Ein wesentliches Dispositiv für die geplante Organisation der Produktion und des Konsums ist verschwunden.

Dritte Periode. – Die städtische Realität wird wiederentdeckt oder wiedererfunden (nicht ohne in der Praxis und im Denken durch ihre Zerstörung Schaden genommen zu haben). Man versucht, die Zentralität wiederherzustellen. Ist die Klassenstrategie verschwunden? Nicht unbedingt. Sie hat sich verändert. An die Stelle der alten Zentralitäten, des Zerfalls der Zentren, tritt das *Entscheidungszentrum.*

So wird die urbanistische Reflexion geboren oder wiedergeboren. Sie folgt auf einen Urbanismus ohne Reflexion. Die Gebieter, Könige und Fürsten, bedurften seinerzeit keiner urbanistischen Theorie, um ihre Städte zu verschönern. Der Druck, den das Volk auf seine Gebieter ausübte, und auch das Vorhandensein einer Zivilisation und eines Stils reichten aus, damit die in schwerer Arbeit dieses Volks geschaffenen

Reichtümer in Werke investiert wurden. Dieser jahrhundertelangen Tradition setzt die bürgerliche Periode ein Ende. Gleichzeitig bringt diese Periode eine neue *Rationalität*, die sich absetzt von der Rationalität, die von den Philosophen seit Griechenland ausgearbeitet wurde.

Die philosophische Vernunft schlug (anfechtbare, aber auf geformte Gedankengänge gestützte) Definitionen des Menschen, der Welt, der Geschichte, der Gesellschaft vor. Die Verallgemeinerung der Demokratie führte zu einem Meinungs- und Haltungsrationalismus. Jeder Bürger hatte eine durchdachte Meinung über jedes ihn betreffende Ereignis oder Problem oder sollte eine solche haben, und diese Weisheit wies das Irrationale von sich: Aus der Konfrontation von Ideen und Meinungen sollte eine überlegene Vernunft hervorgehen, eine allgemeine Weisheit, die den allgemeinen Willen anregen sollte. Die Schwierigkeiten dieses klassischen Rationalismus, die mit den politischen Schwierigkeiten der Demokratie, mit den praktischen Schwierigkeiten des Humanismus zusammenhängen, müssen nicht extra unterstrichen werden. Im 19. und vor allem im 20. Jahrhundert nimmt die Rationalität Form an: organisierend, operationell auf verschiedenen Ebenen der gesellschaftlichen Realität. Rührt sie vom Unternehmen und der Verwaltung der Produktionseinheiten her? Entsteht sie auf der Ebene des Staates und der Planung? Was zählt, ist, dass es eine bis in die letzten Konsequenzen getriebene *analytische Vernunft* ist. Sie geht aus von einer möglichst sorgfältigen methodischen Analyse der Elemente (einem schöpferischen Unternehmen, einer wirtschaftlichen und sozialen Organisation, einer Struktur oder einer Funktion). Daraufhin ordnet sie diese Elemente einer Finalität unter. Woher kommt die Finalität? Wer formuliert sie, wer bestimmt sie? Warum und wie? Hier liegen die Schwachstelle und das Scheitern dieses operativen Rationalismus. Seine Anhänger behaupten, die Finalität aus der Verkettung von Operationen abzuleiten. Doch das stimmt nicht. Die Finalität, das heißt die Gesamtheit und die Ausrichtung der Gesamtheit, wird entschieden. Zu behaupten, sie leite sich aus den Operationen selbst ab, bedeutet, sich in einen Zirkelschluss zu vergraben, wobei die analytische Aufteilung sich als ihr eigenes Ziel, ihr eigener Sinn ausgibt. Die Finalität ist Gegenstand von Entscheiden. Es ist eine (mehr oder weniger) durch eine *Ideologie* gerechtfertigte *Strategie*. Der Rationalismus, der vorgibt, aus seinen eigenen Analysen das durch seine Analysen verfolgte Ziel abzuleiten, ist selbst eine *Ideologie*. Der Begriff *System* umfasst jenen der Strategie. Der kritischen Analyse erweist sich das System als Strategie, offenbart sich als Entscheidung (entschiedene Finalität). Vorher wurde gezeigt, wie eine *Klassenstrategie* die Analyse und die Aufteilung der urbanen Realität, ihre Zerstörung und Wiederherstellung geleitet hat – Projektionen auf das Terrain der Gesellschaft, in der solche strategischen Entscheidungen gefällt wurden.

Aus Sicht des technizistischen Rationalismus ist das Ergebnis der untersuchten Prozesse vor Ort jedoch nichts als Chaos. In der »Realität«, die sie kritisch beobachten – Vororte und städtisches Gewebe und überlebende Kerne –, erkennen diese Rationalisten nicht die Bedingungen ihrer eigenen Existenz. Vor ihnen ist nichts als Widerspruch und Unordnung. Tatsächlich kann nur die *dialektische Vernunft* mit vielfältigen und paradox widersprüchlichen Prozessen (durch reflektierendes Denken, durch die Praxis) umgehen.

Wie kann in diese chaotische Konfusion Ordnung gebracht werden? – So formuliert der Organisationsrationalismus für sich das Problem. Diese Unordnung ist nicht normal. Wie soll sie als Norm und Normalität eingeführt werden? Das ist unfassbar. Diese Unordnung ist ungesund. Der Doktor der modernen Gesellschaft sieht sich als Doktor des kranken Gesellschaftsraums. Die Finalität? Abhilfe? Es ist die *Kohärenz*. Der Rationalist wird in der chaotischen Realität, die er beobachtet und die sich seinem Handeln darbietet, Kohärenz einführen oder wiederherstellen. Dieser Rationalist läuft Gefahr, nicht zu bemerken, dass Kohärenz eine Form ist, also eher ein Mittel als ein Zweck, und dass er die *Logik des Wohngebiets* systematisieren wird, die der scheinbaren Unordnung und Inkohärenz zugrunde liegt und die er als Ausgangspunkt für sein kohärentes Vorgehen in Richtung *Kohärenz* der *Wirklichkeit* nehmen wird. Tatsächlich gibt es für die urbanistische Reflexion keinen alleinigen oder einheitlichen Weg, vielmehr lassen sich im Bezug auf diesen operationellen Rationalismus mehrere Tendenzen beobachten. Unter diesen Tendenzen sprechen sich die einen *gegen*, die anderen *für* den Rationalismus aus, ihn bis in seine extremen Formulierungen führend. Was sich überlagert mit der allgemeinen Tendenz der Leute, die sich mit Urbanismus befassen, nur das zu verstehen, was sie in grafische Arbeitsschritte umsetzen können: sehen, mit der Spitze des Bleistiftes fühlen, zeichnen.

Zu unterscheiden sind also:

a) der Urbanismus der Wohlmeinenden (Architekten, Schriftsteller)

Ihre Überlegungen und ihre Projekte setzten eine gewisse Philosophie voraus. Im Allgemeinen verbinden sie sich mit dem Humanismus, dem alten klassischen, liberalen Humanismus. Was nicht ohne eine gute Dosis Nostalgie geschieht. Man will »in menschlichem Maßstab«, für die »Menschen« bauen. Diese Humanisten stellen sich als Doktoren der Gesellschaft wie als Hersteller neuer sozialer Verhältnisse dar. Ihre Ideologie oder vielmehr ihr Idealismus kommt oft von agrarischen Vorbildern, die sie unreflektiert in ihre Reflexion übernehmen: das Dorf, die Gemeinschaft, der Stadtteil, der Stadtbürger, den man mit staatsbürgerlichen Gebäuden etc. beschenkt. Man kann »angemessene« Wohngebäude und Städte »im menschlichen Maßstab« bauen, ohne zu berücksichtigen, dass in der modernen Welt »der Mensch« den Maßstab gewechselt hat und das ehemalige Maß (Dorf, Siedlung/Altstadt/Stadt/Stadtstaat) ins Maßlose umschlägt. Diese Tradition führt im besten Fall zu einem Formalismus (Übernahme von inhalts- und sinnentleerten Modellen) oder in einen Ästhetizismus (Übernahmen von alten Modellen ihrer Schönheit willen, die man den auf den Geschmack gekommenen Konsumenten zum Fraß hinwirft);

b) der Urbanismus der Verwalter im öffentlichen (staatlichen) Sektor

Dieser Urbanismus gibt sich als wissenschaftlich aus. Er stützt sich bald auf eine Wissenschaft, bald auf Recherchen, die sich als synthetisch (pluri- oder multidisziplinär) ausgeben. Diese Wissenschaftsgläubigkeit, die die bewussten – operativen – Formen des Rationalismus begleitet, vernachlässigt letztlich den sogenannten »menschlichen Faktor«. Sie ist selbst in Tendenzen untergliedert. Bald gewinnt durch eine derartige Wissenschaft eine Technik die Oberhand und wird zum Ausgangspunkt; im Allgemeinen eine Verkehrs-, eine Kommunikationstechnik. Man extrapoliert, ausgehend von einer Wissenschaft, einer fragmentarischen Analyse der Wirklichkeit. Man optimiert in einem Modell die Informationen oder Kommunikationen. Dieser technokratische, systematisierte Urbanismus mit seinen Mythen und seiner Ideologie (nämlich der Vorrangstellung der Technik) würde hemmungslos schleifen, was von der Stadt noch übrig ist, um Autos, der Kommunikation, den auf- und absteigenden Informationen Platz zu machen. Ausgefeilte Modelle können nur in die Praxis eingehen, indem sie aus der gesellschaftlichen Existenz die Überreste dessen, was einst die Stadt war, selbst auslöschen.

Manchmal werden die analytischen Informationen und Kenntnisse aus den verschiedenen Wissenschaften im Gegenteil an einer synthetischen Finalität ausgerichtet. Doch *man entwirft weniger ein städtisches Leben, das über die von den Gesellschaftswissenschaften gelieferten Informationen verfügt*. Diese beiden Aspekte verschmelzen in der Vorstellung von *Entscheidungszentren*, einer globalen Sichtweise, eines in seiner Art bereits einheitlichen Urbanismus, der verknüpft ist mit einer Philosophie, einer Sichtweise der Gesellschaft, einer politischen Strategie (das heißt einem umfassenden, totalen System);

c) der Urbanismus der Bauträger

Sie entwerfen und realisieren unverblümt für den Markt, um Profit zu machen. Anders, neu ist, dass sie nicht mehr Wohnungen oder Immobilien verkaufen, sondern *Urbanismus*. Mit oder ohne Ideologie, der Urbanismus wird zu einem Tauschwert. Das Projekt der Bauträger kommt als einmalige Gelegenheit oder privilegierter Ort daher: ein Ort des Glücks in einem auf wunderbare Weise wundervoll veränderten Alltagsleben. Die Vorstellungswelt des Wohngebiets schreibt sich in die Logik des Wohngebiets ein und ihre Einheit bietet eine soziale Praxis, die keines Systems bedarf. Daher diese vielzitierten Werbesprüche, die es verdienen, der Nachwelt überliefert zu werden, da die Werbung darin zur Ideologie wird. Das Einkaufszentrum Parly II erlaubt »eine neue Lebensweise«, einen »neuen Lebensstil«. Der Alltag gleicht einem Märchen. »Seinen Mantel an der Garderobe abgeben und leichteren Schritts seine Einkäufe erledigen, nachdem die Kinder den Kaufhaus-Kindergärtnerinnen anvertraut worden sind, Freunde treffen, gemeinsam im Drugstore ein Glas trinken …« So die verwirklichte Vorstellung von Lebensfreude. Die Konsumgesellschaft schlägt sich in Anordnungen nieder: Anordnung ihrer Elemente vor Ort, Anordnung, glücklich zu sein. So also der Rahmen, die Kulisse, das Modell Ihres Glücks. Sollten Sie die Gelegenheit nicht ergreifen können, das angebotene Glück anzunehmen, um glücklich zu werden, dann … Unnötig, noch länger darauf herumzureiten!

Durch diese verschiedenen Tendenzen deutet sich eine *umfassende Strategie* (das heißt ein einheitliches System und ein bereits totaler Urbanismus) an. Die einen werden die geleitete Konsumgesellschaft in die Praxis überführen und vor Ort konkretisieren. Sie werden nicht nur Einkaufszentren bauen, es werden privilegierte Einkaufszentren sein: die erneuerte Stadt. Sie werden, indem sie sie »lesbar« machen, eine Ideologie des Glücks durch Konsum, der Freude durch den seiner neuen Aufgabe angepassten Urbanismus durchsetzen. Dieser Urbanismus programmiert eine Alltäglichkeit, die Befriedigung bringt (insbesondere für die einwilligenden, mitmachenden Frauen). Der programmierte, elektronisch gesteuerte (computerisierte) Konsum wird für die ganze Gesellschaft zur Regel und Norm werden. Andere werden *Entscheidungszentren* errichten, in denen die Mittel der Macht konzentriert sind: Information, Bildung, Organisation, Betrieb. Oder auch: Repression (Zwänge einschließlich Gewalt) und Überzeugung (Ideologie, Werbung). Um diese Zentren herum werden sich vor Ort ungeordnet, entsprechend den Normen vorhergesehener Zwänge, die Peripherien, die desurbanisierte Urbanisierung verteilen. Alle Bedingungen für eine perfekte Beherrschung, eine raffinierte Ausbeutung der Menschen als gleichzeitige Produzenten, Konsumenten dieser Produkte und Konsumenten von Raum sind damit erfüllt.

Das Zusammenwirken dieser Projekte birgt also größte Gefahren. Es wirft *politisch* das Problem der urbanen Gesellschaft auf. Möglicherweise gehen neue Widersprüche aus diesen Projekten hervor, die dem Zusammenwirken zuwiderlaufen. Würde sich eine einheitliche Strategie herausbilden und durchsetzen, wäre dies vielleicht irreparabel.

Die Philosophie und die Stadt

Nach dieser perspektivischen Einbettung und diesem groben Überblick soll nun der Akzent auf den einen oder anderen Aspekt, das eine oder andere Problem gelegt werden. Der Ausgangspunkt für die Wiederaufnahme der radikal kritischen Analyse, für die Vertiefung der Problematik des Urbanen soll die Philosophie sein. Was zweifellos erstaunen wird, dabei wurde auf den vorangehenden Seiten recht häufig auf die Philosophie Bezug genommen. Es geht nicht darum, eine *Philosophie der Stadt* vorzulegen, sondern im Gegenteil eine solche Haltung zurück- und die Philosophien insgesamt auf ihren Platz in der Geschichte zu verweisen: den eines *Vorhabens* einer Synthese und einer Totalität, die die Philosophie als solche nicht leisten kann. Daran anschließend folgt eine Überprüfung des *Analytischen*, d. h. der Erhellungen oder Einteilungen der städtischen Realität durch Teilwissenschaften. Die Zurückweisung von Synthesevorschlägen, die auf Ergebnissen dieser spezialisierten, partikularen, bruchstückhaften Wissenschaften beruhen, wird erlauben, das Problem der Synthese besser – in *politischen* Begriffen besser – aufzuwerfen. Im Verlauf dieses Vorgehens wird man Merkmalen begegnen, die bereits herausgearbeitet, und Problemen, die bereits formuliert wurden, die nun aber in größerer Klarheit erscheinen werden. Insbesondere der Gegensatz von *Gebrauchswert* (die Stadt und das städtische Leben, die urbane Zeit) und *Tauschwert* (die ge- und verkauften Räume, der Konsum von Produkten, Gütern, Orten und Zeichen) wird klar zutagetreten.

Für die philosophische Meditation, die durch spekulative Systematisierung auf eine Totalität abzielt, das heißt für die klassische Philosophie von Platon bis Hegel, war die Stadt wesentlich mehr als ein zweitrangiges Thema, ein Ding unter anderen. Der Zusammenhang zwischen philosophischem Denken und städtischem Leben erschließen sich der Reflexion deutlich, auch wenn er genauer auszuführen ist. Die Polis und die Stadt waren für die Philosophen und für die Philosophie nicht bloß eine objektive Bedingung, ein soziologischer Kontext, eine äußere Gegebenheit. Die Philosophen haben die Stadt gedacht; sie haben das städtische Leben in die Sprache, auf den Begriff gebracht.

Welche Fragen von der orientalischen Stadt, der asiatischen Produktionsweise, den »Stadt-Land«-Beziehungen in dieser Produktionsweise und schließlich von der Ausbildung von Ideologien (Philosophien) auf dieser Basis aufgeworfen wurden, sei beiseitegelassen. Ich werde nur die antike (griechische oder römische) Stadt betrachten, von der die sogenannten »westlichen« Gesellschaften und Zivilisationen ausgehen. Diese Polis bzw. Stadt ist normalerweise das Ergebnis eines Synoikismos, der Vereinigung mehrerer auf einem Gebiet niedergelassener Dörfer oder Stämme. Diese Einheit erlaubte die Herausbildung der Arbeitsteilung und des beweglichen Eigentums (Geld), ohne damit das gemeinnützige Eigentum oder vielmehr das »gemeinschaftliche« Eigentum am Boden zu zerstören. So bildet sich eine Gemeinschaft, in der eine Minderheit an freien Bürgern die Macht über die anderen Mitglieder der Polis – Frauen, Kinder, Sklaven, Fremde – besitzt. Der Stadtstaat verbindet seine Elemente, die an der Form des Gemeindeeigentums (»gemeinsames Privateigentum« oder aber »privative Aneignung«) der aktiven Bürger teilhaben, denen die Sklaven gegenüberstehen. Diese Form des Verbundes bildet eine Demokratie, doch die Elemente dieser Demokratie sind einer strengen hierarchischen Ordnung und den Erfordernissen der Einheit des Stadtstaates selbst unterworfen. Es ist die Demokratie der Unfreiheit (Marx). Im Lauf der Geschichte der antiken Polis festigt und konzentriert sich Privateigentum als solches (Geld, Boden, Sklaven), ohne aber die Rechte des Stadtstaates auf das Territorium aufzuheben.

Die Trennung von Stadt und Land zählt zu den ersten und grundlegendsten Arbeitsteilungen, mit einer geschlechts- und altersspezifischen Arbeitsteilung (biologische Arbeitsteilung), mit der Organisation der Arbeit nach Werkzeugen und Fähigkeiten (technische Arbeitsteilung). Die gesellschaftliche Arbeitsteilung zwischen Stadt und Land entspricht der Trennung zwischen materieller und intellektueller Arbeit und folglich zwischen dem Natürlichen und dem Geistigen. Der Stadt fällt die intellektuelle Arbeit zu: Organisations- und Leitungsfunktionen, politische und militärische Tätigkeiten, Erarbeitung von theoretischem Wissen (Philosophie und Wissenschaften). Die Totalität teilt sich auf, Trennungen etablieren sich, einschließlich der Trennung zwischen Physis und Logos, zwischen Theorie und Praxis und, in der Praxis, die Trennungen zwischen *praxis* (Wirken auf menschliche Gruppen), *poiesis* (Schaffung von Werken) und *techne* (produktorientierte Tätigkeit mit technischer Ausrüstung). Das Land, zugleich praktische Realität und Repräsentation, wird zum Träger von Bildern der Natur, des Seins, des Ursprünglichen. Die Stadt wird zur Trägerin von Bildern der Anstrengung, des Willens, der Subjektivität, der Reflexion, wobei diese Repräsentationen von tatsächlichen Tätigkeiten nicht abgesondert sind. Aus diesen entgegengesetzten Bildern gehen schließlich die großen Symbolismen hervor. Um die griechische Polis, oberhalb von ihr, ordnet sich der *Kosmos* an, geordnete, leuchtende Räume, Hierarchie der Orte. Im Zentrum der italischen Stadt steht eine geweihte-verfluchte Grube, in der die Kräfte des Todes und des Lebens verkehren, dunkle Zeiten der Mühe und der Prüfungen, die *Welt.* In der griechischen Polis triumphiert nach entsprechendem Ringen der apollinische Geist, das leuchtende Symbol der ordnenden Vernunft; in der etruskisch-romanischen Stadt setzt sich dagegen die dämonische Seite des Städtischen durch. Doch die Philosophen und die Philosophie versuchen, die Totalität wiederzufinden oder herzustellen. Der Philosoph lässt die Trennung nicht zu; er findet unbegreiflich, dass die Welt, das Leben, die Gesellschaft, der Kosmos (und später die Geschichte) kein Ganzes mehr bilden könnten.

Die Philosophie geht also aus der Polis, der Stadt mit ihrer Arbeitsteilung und ihren vielfältigen Modalitäten hervor. Sie wird selbst zur eigenständigen Fachtätigkeit. Dennoch verfällt sie nicht dem Bruchstückhaften. Sonst würde sie mit der Wissenschaft, mit den Wissenschaften verschmelzen, die soeben entstehen. Genauso wie es der Philosoph ablehnt, auf die Meinungen von Handwerkern, Soldaten, Politikern einzugehen, genauso lehnt er die Begründungen und Argumente der Experten ab. Sein grundlegendes Interesse und sein Ziel ist die durch das System wiedergefundene oder geschaffene Totalität, nämlich die Einheit von Denken und Sein, von Rede und Handlung, von Natur und Reflexion, von Welt (oder Kosmos) und menschlicher Realität. Was die Meditation über *Unterschiede* (zwischen dem Sein und dem Denken, zwischen dem, was von der Natur kommt, und dem, was von der Stadt kommt etc.) nicht aus-, sondern einschließt.

Der Logos (Element, Mitte, Vermittlung und Zweck für die Philosophen wie für das städtische Leben) war, wie Heidegger gesagt hat, gleichzeitig vor-stellen, zusammenbringen und lesen, sodann einsammeln und sich sammeln, sprechen und sagen, vorlegen. Die Sammlung ist das Einbringen und sogar seine Beendigung. »Zum Sammeln gehört das einholende Einbringen. Darin waltet das Unterbringen; in diesem jedoch das Verwahren … die Lese ist in sich zum Voraus ein

Auslesen dessen, was Bergung verlangt.« Die Lese ist so bereits *Denken*. Was gesammelt wird, wird aufbewahrt. Sagen ist die gesammelte Handlung, die versammelt. Was die Anwesenheit eines »jemand« voraussetzt, vor dem und für den und durch den sich das Sein dessen ausdrückt, was dergestalt gelungen ist. Diese Anwesenheit stellt sich in der Lichtung her (oder, wie Heidegger sagt, in der »Unverborgenheit«, vgl. Vorträge und Aufsätze. Logos, GA I.7, S. 211ff.). Die mit der Philosophie verbundene Polis versammelt also durch und in ihrem Logos die Reichtümer des Territoriums, die verstreuten Handlungen und die Menschen, das Wort und die Schriften (die jeweils bereits das Sammeln und die Sammlung voraussetzen). Sie hebt ins *Gleichzeitige*, was auf dem Land und gemäß der Natur vor sich und vorbeigeht, sich zyklisch und rhythmisch verteilt. Sie erfasst »alles« und nimmt es in ihre Obhut. Wenn die Philosophie und die Polis so im entstehenden Logos (der Vernunft) verbunden sind, dann nicht in einer Subjektivität nach Art des kartesianischen »cogito«. Wenn sie ein System bilden, dann nicht auf übliche Art und im gebräuchlichen Sinn dieses Wortes.

An dieser ursprünglichen Einheit der städtischen Form und ihres Gehalts, der philosophischen Form und ihres Sinns kann sich die Organisation der Stadt selbst festmachen: als privilegiertes Zentrum, Kern eines politischen Raums, Sitz des Logos und von diesem bestimmt, vor dem die Bürger »gleich« sind, wobei die Regionen und Raumeinteilungen eine vor dem Logos (für und durch ihn) gerechtfertigte Rationalität haben.

Der Logos der griechischen Polis ist vom philosophischen Logos nicht zu trennen. Das Werk der Stadt setzt sich fort und verdichtet sich im Werk der Philosophen, das die Meinungen und Ansichten, die verschiedenen Werke sammelt, sie in einer Simultanität reflektiert, die Unterschiede vor ihnen in einer Totalität versammelt: städtische Orte im Kosmos, Zeiten und Rhythmen der Stadt in jenen der Welt (und umgekehrt). So gilt nur für eine oberflächliche Historizität, dass die Philosophie das städtische Leben, jenes der Polis, in die Sprache, auf den Begriff gebracht hat. In Wirklichkeit steigt die Polis als Auftauchendes, als Sprache, als Besinnung vermittels des Philosophen und der Philosophie bis zur theoretischen Erleuchtung empor.

Nach dieser ersten Darstellung des inneren Zusammenhangs zwischen Stadt und Philosophie springen wir ins westliche (europäische) Mittelalter. *Es nimmt seinen Ausgang vom Land*. Die römische Polis und das Imperium wurden von germanischen Stämmen zerstört, zugleich ursprüngliche Gemeinschaften und militärische Organisationen. Aus dieser Auflösung der Souveränität (Stadt, Eigentum, Produktionsverhältnisse) geht das feudalistische Grundeigentum hervor, in dem die Leibeigenen die Sklaven ersetzen. Mit der Wiedergeburt der Städte gibt es auf der einen Seite die feudale Organisation des Eigentums und des Bodenbesitzes (mit bäuerlichen Gemeinschaften, die über gewohnheitsmäßigen Besitz verfügten, und dem Feudalherrn mit Anspruch auf ein »Obereigentum« (*dominium eminens*), wie es später hieß) und auf der anderen Seite eine korporatistische Organisation der Berufe und des städtischen Eigentums. Obwohl anfänglich vom herrschaftlichen Grundeigentum dominiert, beinhaltet diese doppelte Hierarchie die Verurteilung dieser Eigentumsform und der Vormacht des unbeweglichen Reichtums. Daher rührt ein schwerer, für die mittelalterliche Gesellschaft wesentlicher Konflikt. »Die Notwendigkeit der Assoziation gegen den assoziierten Raubadel, das Bedürfnis gemeinsamer Markthallen in einer Zeit, wo der Industrielle zugleich Kaufmann war, die wachsende Konkurrenz der den aufblühenden Städten zuströmenden entlaufenen Leibeigenen, die feudale Gliederung des ganzen Landes führten die *Zünfte* herbei; die allmählich ersparten kleinen Kapitalien einzelner Handwerker und ihre stabile Zahl bei der wachsenden Bevölkerung entwickelten das Gesellen- und Lehrlingsverhältnis, das in den Städten eine ähnliche Hierarchie zustande brachte wie die auf dem Lande.« (Marx) Unter diesen Bedingungen ordnet sich die Theologie der Philosophie unter. Letztere reflektiert nicht mehr über die Polis. Der Philosoph (Theologe) denkt über die *doppelte Hierarchie* nach. Er bringt sie in Form und berücksichtigt dabei Konflikte oder ignoriert sie. Die Symbole und Begriffe mit Bezug auf den *Kosmos* (Raum, Hierarchie von Substanzen in diesem Raum) und die *Welt* (das Werden der vollendeten Substanzen, Hierarchien in der Zeit, Niedergang oder Fall, Aufstieg oder Erlösung) lassen das Bewusstsein für die Polis verschwinden. Ab dem Zeitpunkt, wo es nicht mehr nur zwei, sondern drei Hierarchien gibt (die Feudalherrschaft, die berufsständische Organisation, den König und seinen Staatsapparat), erhält das Denken erneut eine kritische Dimension. Der Philosoph und die Philosophie finden wieder zu sich, da sie nicht mehr zwischen Teufel und Herrn wählen müssen. Doch damit erkennt die Philosophie noch nicht ihre Verbindung zur Stadt. Obwohl der Aufstieg des Rationalismus den Aufstieg des Kapitalismus (Handels- und Banken-, später Industriekapitalismus) und die Ausbreitung der Städte begleitet, verbindet sich dieser Rationalismus entweder mit dem Staat oder mit dem Individuum.

Auf dem Höhepunkt der philosophischen (spekulativen, systematischen, kontemplativen) Erarbeitung ist für Hegel die Einheit zwischen dem vollendeten Ding, nämlich der griechischen Polis, und der die Gesellschaft und den Staat leitenden Idee, ist diese bewundernswerte Einheit durch das geschichtliche Werden unwiderruflich zerstört. In der modernen Gesellschaft unterwirft sich der Staat seine Elemente und Materialien, darunter die Stadt. Diese bleibt gleichwohl eine Art von Untersystem im totalen, philosophisch-politischen System, mit dem System von Bedürfnissen, jenem von Rechten und Pflichten, jenem der Familie und des Staates (Berufe, Zünfte), jenem der Kunst und der Ästhetik etc.

Für Hegel sind die Philosophie und die (praktische und soziale) »Wirklichkeit« einander nicht oder nicht mehr äußerlich. Die Trennungen werden hinfällig. Die Philosophie begnügt sich nicht damit, (über) die Wirklichkeit zu denken, die Verbindung von Wirklichkeit und Ideal zu versuchen; sie verwirklicht sich, indem sie das Ideal verwirklicht: das Vernünftige. Die Wirklichkeit begnügt sich nicht damit, dem Denken, dem Wissen, dem Bewusstsein als Vorwand zu dienen. Im Lauf einer Geschichte, die einen Sinn hat – die diesen Sinn hat –, wird sie vernünftig. So streben die Wirklichkeit und das Vernünftige aufeinander zu; jeder auf seiner Seite, steuern sie auf ihre (so anerkannte) Identität zu. Das Vernünftige ist im Wesentlichen die Philosophie, das philosophische System. Die Wirklichkeit ist die Gesellschaft und das Recht und der Staat, der das Gebäude krönend zusammenhält. Im modernen Staat wird das philosophische System daher Wirklichkeit; in der Hegel'schen Philosophie erkennt sich die Wirklichkeit als vernünftig. Das System hat zwei Seiten: eine philosophische und eine politische. Hegel deckt die geschichtliche Bewegung dieses Übergangs vom Vernünftigen zum Wirklichen und umgekehrt auf. Er bringt die Übereinstimmung in dem Augenblick ans Licht, wo die Geschichte sie hervorbringt. *Die Philosophie wird Wirklichkeit.* Für Hegel gibt es, wie Marx feststellt, das Philosophie-Werden der Welt wie das Welt-Werden der Philosophie. Erste Konsequenz: Es kann nicht mehr die Rede sein von einer Spaltung zwischen Philosophie und (historischer, gesellschaftlicher, politischer) Wirklichkeit. Zweite Konsequenz: Der Philosoph ist nicht mehr unabhängig, er erfüllt ein öffentliches Amt, wie andere Beamte auch. Die Philosophie und der Philosoph gliedern sich (vermittelt über die Beamtenschaft und den Mittelstand) in diese vernunftmäßige Wirklichkeit des Staates ein. Nicht mehr in die Polis, die nur ein Ding war (ein zwar vollendetes, aber doch nur Ding), das durch eine höhere, vollständigere Rationalität entkräftet wurde.

Marx hat die wesentliche Hegel'sche Behauptung bekanntlich weder widerlegt noch zurückgewiesen. *Die Philosophie wird Wirklichkeit.* Der Philosoph hat nicht mehr Anspruch auf Unabhängigkeit gegenüber der gesellschaftlichen Praxis. Die Philosophie fügt sich in diese ein. Es gibt sehr wohl gleichzeitig das Philosophie-Werden der Welt und das Welt-Werden der Philosophie, also ein Streben hin zur Einheit (Kenntnis und Anerkennung der Nicht-Trennung). Und dennoch weist Marx den Hegelianismus zurück. Die Geschichte vollendet sich nicht. Die Einheit ist nicht erreicht, die Widersprüche sind nicht gelöst. Nicht im und durch den Staat, mit der Bürokratie als gesellschaftlicher Stütze, verwirklicht sich die Philosophie. Das Proletariat hat diese historische Aufgabe: Es allein kann die Trennungen (die Entfremdungen) überwinden. Seine Aufgabe beinhaltet zweierlei: die bürgerliche Gesellschaft durch den Aufbau einer anderen Gesellschaft zu zerstören – die Spekulation und die philosophische Abstraktion, die Kontemplation und die entfremdende Systematisierung aufzuheben, um das philosophische Projekt des Menschen zu verwirklichen. Ihre Möglichkeiten bezieht die Arbeiterklasse aus der Industrie, der industriellen Produktion, ihrem Verhältnis zu den Produktivkräften und der Arbeit und nicht aus einem moralischen oder philosophischen Urteil. Die Welt muss vom Kopf auf die Füße gestellt werden; die Verbindung von Vernunft und Wirklichkeit wird sich in einer anderen Gesellschaft vollziehen.

In dieser Sicht ist die Geschichte der Philosophie in Zusammenhang mit jener der Stadt nur angedeutet und bei weitem nicht abgeschlossen. Tatsächlich würde zu dieser Geschichte auch die Analyse von Themen gehören, die in Zusammenhang mit Repräsentationen der Natur und der Erde, der Landwirtschaft, der Sakralisierung des Bodens (und seiner Entsakralisierung) aufkommen. Kaum tauchen solche Themen auf, verschieben sie sich und werden manchmal (zeitlich und räumlich) weit entfernt von ihren Entstehungspunkten wieder aufgegriffen. Zurechnungspunkt und Aufschlagpunkt, Bedingungen, Auswirkungen, Folgen fallen nicht zusammen. Die Themen werden formuliert und fügen sich in gesellschaftliche Kontexte und Kategorien, die sich von denen ihrer Entstehung unterscheiden, sofern von »Kategorien« überhaupt gesprochen werden kann. Damit sich die städtische Problematik, beispielsweise im Schicksal der griechischen Polis, abzeichnen oder verbergen konnte, nutzte sie kosmische Themen, die dieser Polis vorhergehend oder äußerlich waren, Visionen eines zyklischen Werdens oder einer verborgenen Unbeweglichkeit des Seins. Mit diesen Anmerkungen soll gezeigt werden, dass das hier in Betracht gezogene Verhältnis noch keine explizite Ausformulierung erfahren hat.

Welcher Bezug besteht heute zwischen der Philosophie und der Stadt? Ein widersprüchlicher. Die bedeutendsten zeitgenössischen Philosophen beziehen ihre Themen nicht aus der Stadt. Bachelard hat bewundernswerte Seiten hinterlassen, die dem Haus gewidmet sind. Heidegger hat über die griechische Polis und den Logos, über den griechischen Tempel nachgedacht. Dennoch entspringen die Metaphern, die Heideggers Denken wiedergeben, nicht der Stadt, sondern einem ursprünglichen und früheren Leben: den »Hirten des Seins«, den »Holzwegen«. Heidegger scheint seine Themen dem *Wohnen* und dem Gegensatz von *Wohnen* und *Umherirren* zu entlehnen. Was das sogenannte »existenzielle« Denken betrifft, stützt sich dieses eher auf das individuelle Bewusstsein, auf das Subjekt und die Prüfungen der Subjektivität als auf eine praktische, historische oder soziale Realität.

Dass die Philosophie ihr letztes Wort im Bezug auf die Stadt gesprochen hat, ist jedoch nicht erwiesen. Zum Beispiel lässt sich bestens eine *phänomenologische* Beschreibung des städtischen Lebens vorstellen. Oder eine *Semiologie* der urbanen Realität, die für die gegenwärtige Stadt dem entspräche, was in der griechischen Polis der Logos war. Nur die Philosophie und der Philosoph schlagen eine *Totalität* vor: die Suche nach einer Gesamtvorstellung oder Gesamtvision. Bedeutet eine Betrachtung »der Stadt« nicht bereits, die Philosophie fortzuführen, die Philosophie erneut in die Stadt einzubringen oder die Stadt in die Philosophie? Es stimmt, dass das Konzept der *Totalität* hohl zu bleiben droht, wenn es nur philosophisch bleibt. So ist eine Problematik ausgesprochen, die sich nicht auf jene der Stadt beschränkt, sondern die Welt, die Geschichte, »den Menschen« betrifft.

Im Übrigen haben einige zeitgenössische Philosophen über die Stadt nachgedacht. Sie sehen sich mehr oder weniger eindeutig als Philosophen der Stadt. Als solche wollen diese Denker Architekten und Stadtplaner inspirieren und den Zusammenhang zwischen den städtischen Gedanken und dem alten Humanismus herstellen. Doch fehlt es diesen Philosophen an Format. Die Philosophen, die vorgeben, die Stadt zu denken und eine Philosophie der Stadt zu leisten, indem sie die traditionelle Philosophie fortsetzen, verbreiten sich über das »Wesen« der Stadt oder über die Stadt als »Geist«, als »Leben« oder »Lebenselan«, als Wesen oder »organisches Ganzes«. Kurzum, bald als Subjekt, bald als abstraktes System. Was zu nichts führt. Daher eine zweifache Schlussfolgerung: Erstens kann und soll die Geschichte des philosophischen Denkens wieder an dessen Verhältnis zur Stadt (Bedingung und Inhalt dieses Denkens) anknüpfen. Das ist eine der perspektivischen Einbettungen dieser Geschichte. Zweitens erscheint diese Verbindung in der Problematik der Philosophie und der Stadt (Wissen, Ausformulierung der urbanen Problematik, Kenntnis dieses Rahmens, zu entwickelnde Strategie). Die philosophischen Konzepte haben nichts Operatives, und dennoch siedeln sie die Stadt und das Urbane – und die Gesellschaft als Ganzes – als Einheit dies- und jenseits analytischer Fragmentierungen an. Was hier über die Philosophie und ihre Geschichte vorgebracht wird, könnte auch über die Kunst und deren Geschichte behauptet werden.

Teilwissenschaften und die städtische Realität

Im Lauf des 19. Jahrhunderts bildeten sich gegen die Philosophie, die sich bemüht, das Globale zu erfassen (indem sie in ihre rationale Systematisierung eine reale Totalität einschließt), die Wissenschaften der gesellschaftlichen Wirklichkeit. Diese Wissenschaften fragmentieren die Realität, um sie zu analysieren, wobei jede ihre Methode beziehungsweise ihre Methoden, ihre Sparte oder ihren Bereich hat. Ein Jahrhundert später wird nach wie vor diskutiert, ob diese Wissenschaften ein je unterschiedliches Licht auf eine einheitliche Realität werfen oder ob die analytische Fragmentierung, die sie vornehmen, objektiven Unterschieden, Verknüpfungen, Niveaus, Dimensionen entspricht.

Man kann nicht sagen, die Stadt wäre den Forschungen von Historikern, Ökonomen, Demografen oder Soziologen entgangen. Jede dieser Fachrichtungen trägt ihren Teil zu einer Wissenschaft der Stadt bei. Dass die Geschichte erlaubt, die Entstehung der Stadt zu erhellen, und vor allem besser als jede andere Wissenschaft in der Lage ist, die Problematik der städtischen Gesellschaft zu erfassen, wurde bereits festgestellt und bestätigt. Dass umgekehrt das Wissen über die städtische Wirklichkeit sich auf Mögliches (oder Möglichkeiten) beziehen kann und nicht nur auf Abgeschlossenes und die Vergangenheit, steht ohne Zweifel fest. Wenn man unter Berücksichtigung funktioneller oder funktionalisierbarer Bedürfnisse ein Einkaufs- oder Kulturzentrum bauen will, hat der Ökonom etwas dazu zu sagen. In der Analytik der städtischen Realität schalten sich der Geograf, der Klimatologe, der Botaniker ein. Die Umwelt, ein umfassender und konfuser Begriff, ist in Spezialgebiete aufgeteilt. Mathematische Berechnungen bringen unersetzbare Indikatoren über die Zukunft und die zukünftigen Bedingungen. Dennoch, was bringt diese Daten zusammen? Ein Projekt, mit anderen Worten eine Strategie. Andererseits bleibt ein Zweifel bestehen und erhärtet sich sogar: Ist die Stadt diese Summe von Anzeichen und Angaben, Variablen und Parametern, Korrelationen, diese Sammlung von Fakten, Beschreibungen, fragmentarischen, weil fragmentierenden Analysen? Diesen analytischen Einteilungen fehlt es nicht an Strenge, doch wie gesagt, die Strenge ist unbewohnbar. Das Problem überschneidet sich mit der Frage, die sich mit den Fachwissenschaften generell stellt. Sie betrachten auf der einen Seite das Gesamte, das einzig ein Vorgehen zu erreichen versucht, das seltsam an jenes der Philosophien erinnert, sofern es nicht sogar offen philosophisch ist. Und auf der anderen Seite das Partielle – gesichertere, aber zusammenhanglose Daten. Lässt sich aus den Teilwissenschaften eine Wissenschaft der Stadt ableiten? Wohl genauso wenig wie eine einheitliche Gesellschaftswissenschaft oder Wissenschaft von »den Menschen« oder der menschlichen und gesellschaftlichen Wirklichkeit. Einerseits ein Konzept ohne Inhalt, andererseits ein Inhalt oder Inhalte ohne Konzept. Entweder man erklärt, dass »die Stadt«, die städtische Realität als solche, nicht existiert und es nur eine Reihe von Korrelationen gibt. Man unterdrückt dieses »Subjekt«. Oder man fährt fort, die Existenz des Globalen zu beteuern; man nähert sich ihm an, kreist es ein, indem man von Extrapolierungen im Namen einer Disziplin ausgeht oder auf eine »interdisziplinäre« Taktik setzt. Man erfasst es nicht. Außer durch eine Methode, die die Unterteilungen hinter sich lässt.

Bei genauerem Hinsehen bemerkt man, dass die Fachleute,

die die städtische Wirklichkeit untersucht haben, fast immer (außer im Fall eines logischerweise extremistischen Positivismus) eine umfassende Repräsentation eingeführt haben. Sie können kaum ohne Synthese auskommen und sich mit einer Summe an Kenntnissen, Untergliederungen und Montagen der städtischen Realität begnügen. Als Fachpersonen geben sie also vor, von ihren Analysen aus legitimerweise zu einer endgültigen Synthese zu kommen, deren Grundsatz sie aus ihrem Fachgebiet ableiten. Sie verstehen sich als »Synthetiker« über den Weg einer Disziplin oder eines interdisziplinären Versuchs. Meist stellen sie sich die Stadt (und die Gesellschaft) als einen *Organismus* vor. Die Historiker haben diese Einheiten – die Städte – oft in Zusammenhang mit einer »Evolution« oder einer »historischen Entwicklung« gebracht. Die Soziologen haben sie als ein »kollektives Wesen«, als einen »gesellschaftlichen Organismus« verstanden. Organizismus, Evolutionismus, Kontinuismus haben also die von Fachleuten, die sich als Gelehrte und nur als solche verstanden, ausgearbeiteten Repräsentationen der Stadt dominiert. Als Philosophen ohne Gelehrsamkeit sprangen sie vom Teil zum Ganzen wie auch von der Sache zum Recht, ohne ihre Methoden zu rechtfertigen.

Gibt es hier ein Dilemma? Eine Sackgasse? Ja und nein. Ja, man prallt auf Widerstand, oder wenn man eine andere Metapher will, ein Loch tut sich auf. Und nein. Das Hindernis dürfte überwunden werden, denn es gibt eine *Praxis* jüngeren Datums, die über das vorgestellte Problem oder die Teilaspekte des tatsächlichen Problems bereits hinausweist und dabei ist, sich allgemein durchzusetzen, indem sie alle Erfahrungs- und Wissensdaten sammelt, nämlich der *Urbanismus*. Es handelt sich nicht um eine philosophische Sicht auf die *Praxis*, sondern um die Tatsache, dass sich das sogenannte urbanistische Denken auf umfassender Ebene in eine Praxis verwandelt. Seit einigen Jahren geht der Urbanismus über die Teiltechniken und -anwendungen (Regulierung und Verwaltung des bebauten Raums) hinaus, um gesellschaftliche Praxis zu werden, die die gesamte Gesellschaft betrifft und interessiert. *Die kritische Untersuchung dieser gesellschaftlichen Praxis* (wobei der Schwerpunkt wohlgemerkt auf kritisch liegt) *kommt nicht umhin zuzulassen, dass die Theorie eine theoretische Schwierigkeit löst, die daher rührt, dass sich die Theorie selbst von der Praxis gelöst hat.*

Der Urbanismus als gesellschaftliche Praxis (zu der er wird, ohne ein Niveau an Ausarbeitung und Tätigkeit erreicht zu haben, die er im Übrigen nur durch die Gegenüberstellung *politischer* Strategien erreichen kann) hat das Anfangsstadium, jenes der Zusammenfassung der Teilanalysen, kurzum, was als *Interdisziplinarität* bezeichnet wird, bereits hinter sich. Entweder der Urbanist lässt sich in seiner Praxis von Teilkenntnissen inspirieren, die er anwendet, oder er setzt Hypothesen oder Projekte auf der Ebene einer allgemeinen Wirklichkeit um. Im ersten Fall führt die Anwendung von Teilkenntnissen zu Ergebnissen, die die relative Bedeutung dieser Kenntnisse zu bestimmen erlauben; diese Ergebnisse, die Leerstellen und Lücken aufzeigen, erlauben, experimentell vor Ort zu bestimmen, was fehlt. Im zweiten Fall erlaubt das Scheitern (oder der Erfolg) zu erkennen, was an Ideologie in den Vorannahmen enthalten ist, und herauszufinden, was sie auf der allgemeinen Ebene begrifflich festlegen. Es handelt sich also tatsächlich um eine *kritische Untersuchung* der Tätigkeit, die als »Urbanismus« bezeichnet wird, und nicht darum, den Urbanisten aufs Wort zu glauben oder die Auswirkungen ihrer Vorschläge und Entscheidungen widerspruchslos hinzunehmen. Insbesondere rücken die Diskrepanzen und Verzerrungen zwischen Praxis und Theorie (Ideologie), zwischen Teilkenntnissen und Resultaten in den Vordergrund, anstatt verschleiert zu werden. Gleichzeitig rücken Fragen zur *Nutzung* und zu den *Nutzern* in den Vordergrund.

Philosophie der Stadt und urbanistische Ideologie

Um die Problematik der Stadt zusammenzufassen (die Probleme darzulegen, indem sie untereinander verbunden werden), ist also klar zu unterscheiden zwischen:

a) den Philosophen und den Philosophien der Stadt, die diese spekulativ als Gesamtheit beschreiben, indem sie den »homo urbanicus« gleichberechtigt mit dem Menschen im Allgemeinen, der Welt oder dem Kosmos, der Gesellschaft, der Geschichte beschreiben;

b) den Teilkenntnissen über die Stadt (ihre Elemente, ihre Funktionen und Strukturen);

c) den technischen Anwendungen dieser Kenntnisse (in einem bestimmten Kontext: im festgelegten, durch strategische und politische Entscheidungen festgelegten Rahmen);

d) dem Urbanismus als Doktrin, d. h. als Ideologie, die die Teilkenntnisse interpretiert, die Anwendungen rechtfertigt und sie (durch Extrapolieren) zu einer schlecht begründeten oder schlecht legitimierten Totalität erhebt.

Die diese Analyse auszeichnenden Elemente scheinen in den Arbeiten nicht getrennt auf; sie vermischen sich, einander bestärkend oder neutralisierend. Platon schlägt in *Kriton* ein Konzept der Polis und eine ideale Stadt vor; in *Der Staat* und *Die Gesetze* wird die Platon'sche Utopie in sehr konkreten Analysen ausdifferenziert. Ebenso in den politischen Schriften von Aristoteles, die die Verfassungen der griechischen Städte und insbesondere Athens untersuchen.

Heutzutage malen sich Lewis Mumford, Gaston Bardet und andere noch eine Stadt aus, die nicht aus Städtern, sondern aus freien Bürgern besteht, die die Arbeitsteilung, die gesellschaftlichen Klassen und den Kampf zwischen diesen Klassen überwunden haben und eine Gemeinschaft bilden, die sich zur Verwaltung dieser Gemeinschaft frei zusammengeschlossen hat. So entwerfen sie als Philosophen das Modell einer idealen Stadt. Sie stellen sich die Freiheit im 20. Jahrhundert gemäß der Freiheit der griechischen Polis vor (eigenartig falsch durch eine Ideologie wiedergegeben: nur die Polis als solche besaß die Freiheit, nicht die Einzelnen und die Gruppen). Sie denken die moderne Stadt also gemäß dem Modell der griechischen Polis, das mit der so idealen wie vernünftigen Stadt gleichgesetzt wird. Die Agora, Ort und Symbol einer auf die Bürger begrenzten Demokratie, die die Frauen, die Sklaven, die Fremden ausschloss, bleibt für eine gewisse Philosophie der Stadt Symbol der urbanen Gesellschaft im Allgemeinen. Eine typisch ideologische Extrapolation. Ergänzt wird diese Ideologie von diesen Philosophen der Stadt durch Teilkenntnisse, ein schlechthin ideologisches Vorgehen, das vom Partiellen zum Globalen, vom Elementaren zum Totalen, vom Relativen zum Absoluten übergeht (springt). Was Le Corbusier betrifft, so agiert dieser als Philosoph der Stadt, wenn er das Verhältnis des Bewohners und des städtischen Wohngebiets [frz. *habitant* und *habitat,* A.d.Ü.] zu Natur, Luft, Sonne und Baum, zu zyklischer Zeit und kosmischen Rhythmen beschreibt. Diese metaphysische Vision verbindet er mit unbestreitbaren Kenntnissen über die realen Probleme der modernen Stadt, Kenntnissen, die eine urbanistische Praxis und Ideologie ergeben, den Funktionalismus, der die städtische Gesellschaft auf die Einhaltung einiger vor Ort vom Architekten vorgesehener und vorgeschriebener Funktionen reduziert. Ein solcher Architekt versteht sich als »Mann der Synthese«, Denker und Praktiker. Er glaubt und beabsichtigt, menschliche Verhältnisse zu schaffen, indem er sie beschreibt, ihren Rahmen und ihre Kulisse entwirft. In einer Perspektive, die an wohlbekannte Denkhorizonte anknüpft, erfasst und begreift sich der Architekt als Architekt der Welt, als menschliches Abbild des Schöpfergottes.

Die Philosophie der Stadt (oder, wenn man so will, die urbane Ideologie) entstand als Überbau einer Gesellschaft, in deren Strukturen ein gewisser Stadttypus Eingang fand; diese Philosophie, ein wertvolles Erbe der Vergangenheit, setzt sich in den Spekulationen fort, die sich oft als Wissenschaft ausgeben, weil sie einige tatsächliche Kenntnisse aufgreifen.

Was den Urbanismus als Ideologie betrifft, so hat er immer präzisere Ausformulierungen erfahren. Die Probleme des Verkehrs, der Befehls- und Informationsvermittlung in der modernen Großstadt zu untersuchen, bringt tatsächliche Kenntnisse und Anwendungstechniken. Zu erklären, dass die Stadt als Verkehrs- und Kommunikationsnetz, als Informations- und Entscheidungszentrum definiert wird, ist eine absolute Ideologie; diese Ideologie, die eine ausgesprochen willkürliche und gefährliche Reduktion/Extrapolation vornimmt, gibt sich als totale Wahrheit und Dogma aus und benützt terroristische Mittel. Sie führt zum Urbanismus der Rohre, der Verkehrswege und Zählungen, die man angeblich im Namen der Wissenschaft und wissenschaftlicher Strenge durchsetzt. Oder noch schlimmer!

Diese Ideologie kennt zwei solidarische Aspekte: einen geistigen Aspekt und einen sozialen Aspekt. Geistig schließt sie eine Theorie der Vernunft und der Organisation ein, deren Ausformulierung man auf die Zeit um 1910 datieren kann, als die damalige Gesellschaft einen Wandel durchmachte (Beginn einer tiefen Krise und Versuch, diese Krise durch Organisationsformen zuerst auf Betriebsebene und dann auf Gesamtebene zu lösen). Sozial ist es der Begriff des Raums, der dabei in den Vordergrund rückt und die Zeit wie das Werden in den Hintergrund drängt. Der Urbanismus als Ideologie formuliert alle gesellschaftlichen Probleme als Fragen des Raums und überträgt alles, was aus der Geschichte, dem Bewusstsein kommt, in räumliche Begriffe. Liegt angesichts der Gesellschaft, die nicht zufriedenstellend funktioniert, nicht eine Pathologie des Raums vor? Aus dieser Sicht wird der fast offiziell anerkannte Vorrang des Raums über die Zeit nicht als Zeichen einer Gesellschaftskrankheit gedeutet, als eines unter mehreren Symptomen einer Wirklichkeit, die gesellschaftliche Krankheiten hervorbringt. Man stellt sich im Gegenteil ungesunde Räume und gesunde Räume vor. Der Urbanist verstünde zu unterscheiden zwischen ungesunden Räumen und solchen, die mit geistiger und sozialer Gesundheit zusammenhängen und diese Gesundheit hervorbringen. Als Arzt des Raums besitze er die Fähigkeit, einen harmonischen, normalen und normalisierenden sozialen Raum zu entwerfen. Seine Aufgabe sei es daher, diesem Raum (der, welch ein Zufall, dem Raum der Vermesser, der abstrakten Topologien entspricht) die bereits bestehenden gesellschaftlichen Realitäten anzupassen.

Die radikale Kritik der Philosophien der Stadt wie des ideologischen Urbanismus ist unerlässlich, auf theoretischer wie praktischer Ebene. Sie kann als Maßnahme öffentlicher Hygiene angesehen werden. Allerdings sind dafür umfassende Recherchen, rigorose Analysen, das geduldige Studium von Texten und Kontexten erforderlich.

Besonderheit der Stadt

Die Stadt und das Werk

Die Philosophie der Stadt beantwortete Fragen, die durch die gesellschaftliche Praxis der vorkapitalistischen (oder, wenn man diese Terminologie vorzieht, der vorindustriellen) Gesellschaften aufgeworfen wurden. Der Urbanismus als Technik und Ideologie antwortet auf Bedürfnisse, die auf die bereits erwähnte umfassende Krise der Stadt zurückgehen, die sich seit Anbruch des Konkurrenzkapitalismus (mit der Industrie im eigentlichen Sinn) ankündigt und unaufhaltsam vertieft. Diese Krise im *Weltmaßstab* bringt neue Aspekte der städtischen Wirklichkeit zum Vorschein. Sie erhellt, was bis dahin wenig oder schlecht verstanden wurde: Sie enthüllt, was unzureichend erfasst wurde. Sie zwingt dazu, nicht nur die Geschichte der Stadt und der Kenntnisse über die Stadt neu zu betrachten, sondern die Geschichte der Philosophie und jene der Kunst. Bis vor kurzem stellte sich das theoretische Denken die Stadt als Einheit vor, als einen Organismus oder ein Ganzes unter anderen (und das im besten Fall, sofern sie nicht auf ein Teilphänomen, einen grundlegenden oder zufälligen zweitrangigen Aspekt der Evolution und der Geschichte reduziert wurde). Man sah in ihr also ein simples Resultat, ein lokales Ergebnis, das schlicht und einfach die allgemeine Geschichte widerspiegle. Diese Repräsentationen, die klassifizierbar sind und mit bekannten Bezeichnungen versehen werden können (Organizismus, Evolutionismus, Kontinuismus), wurden bereits kritisiert. Sie beinhalteten keine theoretische Kenntnis der Stadt und führten nicht zu einer solchen Kenntnis; vielmehr blockierten sie die Forschung – eher Ideologien denn Begriffe und Theorien – auf ziemlich niedrigem Niveau.

Erst heute beginnen wir, die Besonderheit der Stadt (der städtischen Phänomene) zu erfassen. Die Stadt stand immer in Bezug zur Gesellschaft als Ganzem, mit ihren konstitutiven Elementen (Land und Landwirtschaft, offensive und defensive Macht, politische Macht, Staaten etc.), mit ihrer Geschichte. Sie verändert sich also in dem Maße, wie sich die Gesellschaft als Ganzes verändert. Diese Veränderungen der Stadt sind dennoch nicht passive Ergebnisse der gesellschaftlichen Gesamtheit, ihrer Modifizierungen. Die Stadt hängt genauso und in nicht geringerem Maß grundlegend von Unmittelbarkeitsbeziehungen, von direkten Beziehungen zwischen den Personen und Gruppen ab, aus denen die Gesellschaft besteht (Familien, organisierte Körperschaften, Berufe und Zünfte etc.); sie beschränkt sich nicht mehr auf den Aufbau dieser unmittelbaren, direkten Beziehungen, ebenso wenig wie sich ihre Umgestaltungen auf deren Veränderungen beschränken. Sie liegt in einem Dazwischen, auf halbem Weg zwischen dem, was man *nahe Ordnung* nennt (Beziehungen der Einzelnen in mehr oder weniger ausgedehnten, mehr oder weniger organisierten und strukturierten Gruppen, Beziehungen dieser Gruppen untereinander) und der *fernen Ordnung*, jener der Gesellschaft, die durch große, mächtige Institutionen (Kirche, Staat), durch eine formalisierte oder nicht formalisierte Rechtsordnung, durch eine »Kultur« und bezeichnende Einheiten reguliert wird. Die ferne Ordnung siedelt sich auf dieser »höheren« Ebene an, ist also ausgestattet mit Macht. Sie setzt sich durch. Scheinbar abstrakt, formal, übersinnlich und erhaben, begreift sie sich nicht als außerhalb der (religiösen, politischen) Ideologien stehend. Sie umfasst moralische und rechtliche Grundsätze. Die ferne Ordnung überträgt sich in die praktisch, sinnlich erfahrbare Wirklichkeit. Sie wird sichtbar, indem sie sich darin einschreibt. In der nahen Ordnung und durch diese Ordnung überzeugt sie, was ihre zwingende Macht abrundet. Sie wird ersichtlich durch und in der Unmittelbarkeit. Die Stadt ist eine *Vermittlung* unter vielen. Die nahe Ordnung in sich aufnehmend, erhält sie diese aufrecht; sie unterhält die Produktions- und Eigentumsverhältnisse; sie ist der Ort ihrer Reproduktion. In der fernen Ordnung aufgenommen, unterstützt sie diese; sie verkörpert sie; sie überträgt sie auf das Terrain (das Gelände) und auf eine Ebene, jene des unmittelbaren Lebens; sie schreibt sie ein, schreibt sie vor, *schreibt sie* – Text in einem umfassenderen und an sich ungreifbaren, es sei denn dem Denken zugänglichen Kontext.

Die Stadt ist folglich Werk, eher einem Kunstwerk vergleichbar als einem simplen materiellen Produkt. Wenn es eine Produktion der Stadt und der gesellschaftlichen Beziehungen in der Stadt gibt, dann eher in Form der Produktion und Reproduktion von Menschen durch Menschen als in Form einer Produktion von Objekten. Die Stadt hat eine Geschichte; sie ist das Werk einer Geschichte, das heißt von klar bestimmten Menschen und Gruppen, die dieses Werk unter historischen Bedingungen erzeugen. Die Bedingungen, die die Möglichkeiten gleichzeitig zulassen und begrenzen, reichen allein niemals aus, um zu erklären, was aus ihnen, in ihnen, durch sie entsteht. So die Stadt, die das westliche Mittelalter geschaffen hat. Diese Stadt, die von Kaufleuten und Bankiers belebt und beherrscht wurde, war ihr Werk. Kann der Historiker sie als simples Handelsobjekt, als simple Gewinnmöglichkeit betrachten? Keineswegs, eben genau nicht. Diese Kaufleute und Bankiers waren tätig, um den Handel zu beleben und allgemein durchzusetzen, um den Bereich des Tauschwerts auszuweiten; trotzdem war die Stadt für sie viel eher Gebrauchs- als Tauschwert. Sie liebten ihre Stadt wie ein Kunstwerk, geschmückt mit all den Kunstwerken, diese Kaufleute der italienischen, flämischen, englischen und französischen Städte. So dass paradoxerweise die Stadt der Kaufleute und Bankiers für uns der Typ und das Modell einer urbanen Wirklichkeit bleibt, in der die *Nutzung* (der Genuss, die Schönheit, die Annehmlichkeit der Begegnungsorte) noch über Gewinn und Profit, über dem Tauschwert, den Märkten und ihren Erfordernissen und Zwängen steht. Gleichzeitig schreiben sich auch der über den Waren- und Geldhandel erzielte Reichtum, die Macht des Goldes, der Zynismus dieser Macht in diese Stadt ein und schreiben dort eine Ordnung vor. So dass sie auch in dieser Hinsicht für manche ein Modell, ein Prototyp bleibt.

Wenn man das Wort »Produktion« im umfassenden Sinn nimmt (Produktion von Werken und Produktion von sozialen Verhältnissen), gab es in der Geschichte die Produktion von Städten wie auch die Produktion von Kenntnissen, Kultur, Kunstwerken und Zivilisation, wie selbstverständlich auch die Produktion von materiellen Gütern und praktisch, sinnlich erfahrbaren Gegenständen. Diese Modalitäten der Produktion sind nicht voneinander losgelöst, dürfen deshalb aber nicht verwechselt werden, indem ihre Unterschiede reduziert werden. Die Stadt war und bleibt Objekt; doch nicht in der Art dieses oder jenes handlichen, als Werkzeug dienenden Objekts: eines Stiftes, eines Blattes Papier. Ihre Objektivität oder »Objekthaftigkeit« wäre eher zu vergleichen mit jener der *Sprache* [langage, im Sinn von Sprechvermögen, A.d.Ü.], die Einzelne oder Gruppen erhalten, bevor sie sie verändern, oder der *Sprache* (einer bestimmten Sprache, Werk einer bestimmten Gesellschaft, von bestimmten Gruppen gesprochen). Man könnte diese »Objekthaftigkeit« eher auch mit jener einer kulturellen Realität wie dem *geschriebenen Buch* vergleichen als mit dem alten abstrakten Objekt der Philosophen oder dem unmittelbaren Alltagsobjekt. Wobei Vorsicht geboten ist. Wenn ich die Stadt mit einem Buch, einer Schrift (einem semiologischen System) vergleiche, darf ich dennoch nicht ihren vermittelnden Charakter vergessen. Ich darf sie weder von dem trennen, was in ihr enthalten ist, noch von dem, worin sie enthalten ist, indem ich sie wie ein vollständiges System für sich behandle. Im äußersten, besten Fall stellt die Stadt ein Untersystem, ein Unterensemble dar. Auf dieses Buch mit dieser Schrift haben sich soeben geistige wie gesellschaftliche Formen und Strukturen übertragen. Die Analyse kann sich diesen Kontext vom Text ausgehend erschließen, aber er ist nicht darin vorgegeben. Intellektuelle Verfahren, Denkmethoden sind erforderlich, um ihn zu erfassen (Deduktion, Induktion, Traduktion und Transduktion). Die Totalität ist in diesem geschriebenen Text, der Stadt, nicht unmittelbar gegenwärtig. Es gibt andere Wirklichkeitsebenen, die per Definition nicht *sichtbar werden* (nicht durchsichtig sind). Die Stadt *schreibt* und *schreibt vor*, das heißt sie bezeichnet: sie befiehlt, bestimmt. Was? Am Denken ist es, dies herauszufinden. Dieser Text hat Ideologien durchlaufen; er »reflektiert« diese auch. Die ferne Ordnung reflektiert sich in der/auf die nahe Ordnung. Doch die nahe Ordnung *reflektiert* nicht in der Durchsichtigkeit die ferne Ordnung. Letztere ordnet sich das Unmittelbare über Vermittlungen unter; liefert sich nicht aus. Mehr noch: Es verbirgt sich, ohne sich preiszugeben. So wirkt es. Ohne dass deshalb von einer Transzendenz *der* Ordnung, *des* Globalen und *des* Totalen gesprochen werden darf.

Betrachtet man die Stadt als Werk gewisser historischer und gesellschaftlicher »Akteure«, führt dies zu einer klaren Unterscheidung von Handlung und Ergebnis, der Gruppe (oder den Gruppen) und ihrem »Produkt«. Ohne sie deshalb abzusondern. Keine Werke ohne eine regulierte Abfolge von Taten und Handlungen, von Entscheidungen und Verhaltensweisen, ohne Botschaften und ohne Gesetze. Desgleichen kein Werk ohne Dinge, ohne eine Modelliermasse, ohne eine praktisch, sinnlich erfahrbare Wirklichkeit, ohne einen Standort, eine »Natur«, ein Land und eine Umgebung. Die sozialen Beziehungen werden über das Erfahrbare erreicht; sie beschränken sich nicht auf diese erfahrbare Welt, und dennoch hängen sie nicht in der Luft, verschwinden nicht in der Transzendenz. Wenn die gesellschaftliche Wirklichkeit auch Formen und Verhältnisse in sich schließt, wenn sie auch nicht mit dem einzelnen erfahrbaren oder technischen Objekt übereinstimmend verstanden werden kann, so besteht sie doch nicht ohne Bindungen, ohne Verankerung in den Objekten, den Dingen. Dieser methodologisch und theoretisch wichtige Punkt kann nicht genug betont werden. Es gibt also einen guten Grund, die materielle Morphologie und die soziale Morphologie voneinander zu unterscheiden. Vielleicht sollten wir hier eine Unterscheidung zwischen der *Stadt* als gegenwärtiger, unmittelbarer Wirklichkeit, als praktisch, sinnlich erfahrbarer architektonischer Gegebenheit einerseits, und dem *Urbanen* als gesellschaftlicher Wirklichkeit andererseits einführen, die sich aus denkerisch zu begreifenden, zu konstruierenden und zu rekonstruierenden Verhältnissen zusammensetzt. Diese Unterscheidung erweist sich jedoch als gefährlich, und die vorgeschlagene Bezeichnung lässt sich nicht ohne Risiken handhaben. Das derart bezeichnete *Urbane* scheint ohne Boden und materielle Morphologie auszukommen und sich gemäß der spekulativen Seinsweise der Wesenheiten, Geister und Seelen abzuzeichnen, sich in einer Art imaginärer Transzendenz von Bindungen und Einschreibungen befreiend. Billigt man diese Terminologie, sollten die Beziehungen zwischen der *Stadt* und dem *Urbanen* mit größter Sorgfalt unter Vermeidung von Trennungen wie von Vermischungen, von Metaphysik wie von der Reduktion auf die erfahrbare Unmittelbarkeit bestimmt werden. Das urbane Leben, die urbane Gesellschaft, kurz gesagt das *Urbane* und die urbane Gesellschaft lassen sich ohne diese Grundlage nicht begreifen. Sie haben eine solche oder haben sie nicht. Wenn sie diese nicht haben, wenn sich das *Urbane* und die urbane Gesellschaft ohne diese

Grundlage erfassen lassen, dann weil man sie als Möglichkeiten wahrnimmt, weil sich die Wirkungsmöglichkeiten der wirklichen Gesellschaft sozusagen über das urbanistische Denken und die Kenntnisse – über unsere »Reflexionen« – zu verkörpern und zu inkarnieren versuchen. Treffen sie sie nicht an, verkümmern diese Möglichkeiten; sie sind zum Verschwinden verurteilt. *Das Urbane* ist keine Seele, kein Geist, keine philosophische Wesenheit.

Kontinuitäten und Diskontinuitäten

Der Organizismus mit seinen Implikationen, nämlich dem vereinfachenden Evolutionismus vieler Historiker und dem naiven Kontinuismus vieler Soziologen, hat den besonderen Charakter der urbanen Wirklichkeit verdeckt. Die diese Wirklichkeit »erzeugenden Ereignisse« oder Handlungen entziehen sich als Gebilde und gesellschaftliches Werk der Erkenntnis. Erzeugen bedeutet in diesem Sinn etwas erschaffen: »etwas« zu Tage fördern, das vor der erzeugenden Tätigkeit noch nicht vorhanden war. Die Erkenntnis tut sich seit langem schwer mit dem Erschaffen. Entweder erscheint es als irrational, eine aus dem Unbekannten und Unerkennbaren aufsteigende Spontaneität. Oder man leugnet es und reduziert das, was entsteht, auf das, was bereits vorhanden war. Die Wissenshaft versteht sich als Wissenschaft ursächlicher Willensbestimmtheiten, als Erkenntnis von Zwängen. Sie überlässt den Philosophen die Erforschung von Entstehen, Verfall, Übergang, Vergehen. Wer die Philosophie infrage stellt, gibt damit die Idee des Erschaffens auf. Die Untersuchung der urbanen Erscheinungen ist verbunden mit der Überwindung dieser Hindernisse und Dilemmata, mit der Lösung dieser der erkennenden Vernunft innewohnenden Konflikte.

Geschichte und Soziologie, gemäß einem organizistischen Modell so verstanden, konnten die Unterschiede daher nicht länger erfassen, weder in der Vergangenheit noch im aktuell Gegebenen. Übermäßige Verkürzungen auf Kosten der Unterschiede wie auch des Schaffens fanden statt. Der Zusammenhang zwischen diesen verkürzenden Vorgangsweisen ist recht leicht zu erfassen. Das Besondere weicht vor vereinfachenden Schemata zurück. Im etwas trüben Licht vielfältiger, verwickelter Krisen (wie jener der Stadt und des Urbanen) kann unter den Rissen einer »Wirklichkeit«, die allzu oft als zum Bersten voll oder vollgeschriebenes Blatt betrachtet wird, die Analyse nun wahrnehmen, warum und wie umfassende (wirtschaftliche, soziale, politische, kulturelle) Prozesse den urbanen Raum geformt und die Stadt modelliert haben, ohne dass die schaffende Tätigkeit unmittelbar und deduktiv aus diesem Prozess folgt. Sie haben die städtischen Zeiten und Räume tatsächlich beeinflusst, indem sie Gruppen erlaubt haben, dorthin einzudringen, sie zu übernehmen, sich *anzueignen*; und dies, indem sie den Raum erfinden, ihn (um eine Metapher zu verwenden) herausmeißeln, sich Rhythmen geben. Solche Gruppen haben auch Neuerungen eingeführt in der Art zu leben, eine Familie zu haben, Kinder aufzuziehen und auszubilden, den Frauen einen mehr oder weniger großen Raum zu lassen, Reichtum zu nutzen oder abzugeben. Diese Neugestaltungen des Alltagslebens veränderten die städtische Wirklichkeit und bezogen gleichzeitig ihre Motivation aus dieser. Die Stadt war zugleich Stätte und Mitte, Bühne und Streitobjekt dieser komplexen Interaktionen.

Die Einführung von zeitlichen und räumlichen Diskontinuitäten in der Theorie der Stadt (des Urbanen), in der Geschichte und der Soziologie berechtigt nicht dazu, diese überzustrapazieren. Organizismus und Kontinuismus dürfen nicht ersetzt werden durch theoretisch abgestützte Aufspaltungen. Während die Stadt als eine *besondere Stufe* gesellschaftlicher Wirklichkeit erscheint, spielen sich die allgemeinen Prozesse (unter denen die allgemeine Durchsetzung von Handelsbeziehungen, die Industrialisierung in diesem umfassenden Rahmen und die Herausbildung des Konkurrenzkapitalismus die wichtigsten und erreichbarsten waren) nicht oberhalb dieser besonderen Vermittlung ab. Andererseits lässt sich die Stufe der unmittelbaren persönlichen und zwischenmenschlichen Beziehungen (die Familie, die Nachbarschaft, die Berufe und Stände, die Arbeitsteilung zwischen Berufen etc.) von der urbanen Realität nur durch eine Abstraktion trennen; die korrekte Erkenntnismethode kann diese Abstraktion nicht in Aufspaltungen umändern. Das Denken legt den Schwerpunkt auf die Bindeglieder, damit die Unterteilungen den Bindegliedern folgen und die Wirklichkeit nicht verrenken. Die methodologische Regel lautet also, Konfusion in einer illusorischen Kontinutität sowie absolute Aufspaltungen und Diskontinuitäten zu vermeiden. Die Untersuchung der Bindeglieder zwischen den Wirklichkeitsstufen erlaubt folglich, die Verzerrungen und Verschiebungen zwischen diesen Stufen herauszuarbeiten, anstatt sie zu verwischen.

Die Stadt verändert sich nicht nur aufgrund relativ stetiger »umfassender Prozesse« (wie die Zunahme der materiellen Produktion im Zeitenlauf mit ihren Folgen für die Handelsbeziehungen oder die Entwicklung der Rationalität), sondern abhängig von tiefgreifenden Veränderungen der Produktionsweise, der »Stadt-Land«-Beziehungen, der Klassen- und Eigentumsverhältnisse. Das korrekte Vorgehen besteht hier darin, von den allgemeinsten Erkenntnissen zu jenen überzugehen, die die historischen Prozesse und Diskontinuitäten betreffen, zu ihrer Übertragung auf die und ihrer Brechung in der Stadt und umgekehrt von den einzelnen, besonderen Erkenntnissen über die urbane Wirklichkeit zu ihrem umfassenden Kontext.

Die Stadt und das Urbane sind nicht verständlich ohne die *Institutionen*, die aus den Klassen- und Eigentumsverhältnissen hervorgegangen sind. Sie selbst, die Stadt, ewiges Werk und ewige Tat, bietet den Anlass für besondere kommunale Institutionen. Die allgemeinsten Institutionen, die vom Staat und der vorherrschenden Religion und Ideologie abhängen, haben ihren Sitz in der politischen, militärischen, religiösen Stadt. Dort stehen sie neben städtischen, administrativen, kulturellen Einrichtungen im eigentlichen Sinn. Daher rühren gewisse bemerkenswerte Kontinuitäten, die über die Veränderungen der Gesellschaft hinwegreichen.

Bekanntlich gab und gibt es noch immer die orientalische Stadt, Ausdruck und Übertragung, Wirkung und Ursache der asiatischen Produktionsweise vor Ort; in dieser Produktionsweise organisiert die auf die Stadt gründende politische Macht ökonomisch eine mehr oder weniger ausgedehnte Agrarzone, bestimmt und kontrolliert das Wasser, die Be- und Entwässerung, die Nutzung des Bodens, kurz die landwirtschaftliche Produktion. In der Ära der Sklaverei gab es eine – durch Gewalt und durch Rechtsrationalität – den umliegenden landwirtschaftlichen Bereich organisierende Stadt, die aber ihre eigenen Grundlagen untergrub, indem sie die freien Bauern (Besitzer) durch Landbesitz in Form von Latifundien ersetzte. Im Westen gab es auch die mittelalterliche Stadt, verknüpft mit der feudalen Produktionsweise, in der die Landwirtschaft klar dominierte, die aber auch Handel trieb, Schauplatz des Klassenkampfs zwischen der aufkommenden Bourgeoisie und den ländlichen Feudalherren, Aufschlagpunkt und Hebel der staatlichen (königlichen) Tätigkeit. Schließlich gab und gibt es im Westen, in Nordamerika, die kapitalistische Handels- und Industriestadt, die mehr oder weniger durch den politischen Staat geprägt ist, deren Entstehung den Aufstieg des Kapitalismus begleitete und deren Bourgeoisie es verstand, sich der gesamten Gesellschaft zu bemächtigen, um sie zu verwalten.

Die Diskontinuitäten bestehen nicht nur zwischen den urbanen Gebilden, sondern auch zwischen den gesellschaftlichen Beziehungen im umfassenden Sinn, zwischen den unmittelbaren Beziehungen von Einzelnen und Gruppen (zwischen den Codes und Subcodes). Dennoch besteht die mittelalterliche Stadt seit nahezu acht Jahrhunderten. Mit dem gegenwärtigen Auseinanderfallen der Großstadt lösen sich die Stadtkerne mittelalterlichen Ursprungs tendenziell auf; sie bestehen in vielen mittelgroßen und kleinen Städten weiter. Zahlreiche Stadtzentren, die heute das Bild der *Zentralität* schützen und fortbestehen lassen (die ohne sie vielleicht verschwunden wäre), gehen auf die früheste Antike zurück. Das erklärt die kontinuistische Illusion, die evolutionistische Ideologie, ohne sie zu rechtfertigen. Diese Illusion und diese Ideologie haben die dialektische Bewegung in der Umwandlung der Stadt und des Urbanen, und insbesondere in den Beziehungen zwischen »Kontinuität und Diskontinuität« verdeckt. Im Lauf der Entwicklung wandeln sich *Formen* in *Funktionen* und gehen ein in *Strukturen*, die sie übernehmen und verändern. So bringt die Ausdehnung der Handelsbeziehungen ab dem europäischen Mittelalter dieses bemerkenswerte Gebilde hervor, die Handelsstadt (die die rund um den Platz, den Markt, die Hallen niedergelassenen Kaufleute vollständig integriert). Seit der Industrialisierung haben diese örtlichen, auf einen Ort beschränkten Märkte nur noch eine Funktion im städtischen Leben, in den Beziehungen zwischen der Stadt und der ländlichen Umgebung. *Eine Funktion gewordene Form geht in neue Strukturen ein.* Und doch glauben Urbanisten neuerdings, das Geschäftszentrum erfunden zu haben. Ihr Denken entwickelte sich weiter: Für den nackten, auf seine Wohnfunktionen reduzierten Raum brachte die Zentralität des Geschäftlichen einen Unterschied, eine Bereicherung; indessen fanden diese Urbanisten nur wieder die mittelalterliche Stadt vor, die ihres historischen Bezugs zum Land, zum Klassenkampf zwischen Bourgeoisie und Feudalherren, zum politischen Verhältnis zum königlichen, despotischen Staat beraubt und folglich auf die einseitige Funktionalität des lokalen Handels reduziert ist.

Urbane Formen, Strukturen, Funktionen (in der Stadt, in den Beziehungen der Stadt mit dem von ihr beeinflussten und verwalteten Territorium, in ihren Beziehungen mit der Gesellschaft und dem Staat) wirkten aufeinander und veränderten sich, eine Bewegung, die das Denken heute rekonstruieren und meistern kann. Jedes städtische Gebilde erlebte einen Aufstieg, einen Höhepunkt, einen Verfall. Seine Bruchstücke und Trümmer wurden danach für andere und in anderen Gebilden genutzt. In ihrer historischen Bewegung, auf ihrer besonderen Stufe betrachtet (unterhalb und jenseits umfassender Veränderungen, aber oberhalb der unmittelbaren, lokal verankerten Beziehungen, die oft mit einer Sakralisierung des Bodens einhergehen, also scheinbar beständig und dauerhaft sind), hat die Stadt kritische Zeiten durchlaufen. Entstrukturierung und erneute Strukturierung folgen zeitlich und räumlich aufeinander, immer übertragen auf das Terrain, eingetragen und eingeschrieben in das praktisch, sinnlich Erfahrbare, geschrieben im urbanen Text, aber von woanders kommend: aus der Geschichte, aus dem Werden. Nicht vom Übersinnlichen, sondern von einer anderen Stufe. Örtliche Handlungen und handelnde Personen prägten die Städte, aber auch die unpersönlichen Produktions- und Eigentumsverhältnisse und folglich Klassenverhältnisse und Klassenkämpfe, also (religiöse, philosophische, d. h. ethische und ästhetische, rechtliche u. a.) Ideologien. Die Übertragung des Globalen auf das Terrain und die besondere Ebene der Stadt setzten sich nur über Vermittlungen durch. Die Stadt, die selbst Vermittlung ist, war der Ort, das Ergebnis von Vermittlungen, das Terrain ihrer Tätigkeiten, Zweck und Ziel ihrer Vorschläge. Umfassende Prozesse, allgemeine Verhältnisse schrieben sich in den städtischen Text ein, nur durch Ideologien überschrieben, durch politische Strömungen und Strategien interpretiert. Daher die Schwierigkeit, die an dieser Stelle zu unterstreichen ist, die Stadt, ausgehend von der Linguistik, der urbanen Sprache oder der als Gesamtheit von Zeichen begriffenen urbanen Wirklichkeit, als *ein* semantisches, semiotisches oder semiologisches System zu verstehen. Im Verlauf seiner Übertragung auf eine spezifische Stufe verändert sich der allgemeine Code der Gesellschaft; der besondere Code des Städtischen ist eine Modulation, Version, Übersetzung, die ohne das Original und das Originelle unverständlich ist. Ja, die Stadt ist lesbar, weil sie geschrieben ist, weil sie Schrift war. Es genügt jedoch nicht, diesen Text zu untersuchen, ohne auf den Kontext zurückzugreifen. Über diese Schrift, diese Sprache zu schreiben, eine *Metasprache* der Stadt auszuarbeiten, heißt, die Stadt und das Urbane nicht zu kennen. Der Kontext, das, was *unter* dem zu entschlüsselnden Text liegt (das tägliche Leben, die unmittelbaren Beziehungen, das Unbewusste des *Urbanen*, das kaum gesagt und noch weniger geschrieben wird, das sich in den bewohnten Räumen versteckt – das Sexual- und Familienleben – und sich im direkten Gegenüber kaum mehr äußert), das, was *über* diesem urbanen Text ist (die Institutionen, die Ideologien), all dies darf in der Entschlüsselung nicht vernachlässigt werden. Ein Buch genügt nicht. Ausgezeichnet, dass es gelesen und wieder gelesen wird. Noch besser, dass man es sogar kritisch liest. Es stellt Fragen an die Erkenntnis: »Wer und was? Wie? Warum? Für wen?« Diese Fragen künden und fordern die Wiederherstellung des Kontextes. Die Stadt lässt sich also nicht als *ein* bezeichnendes, bestimmtes und *als solches* geschlossenes System verstehen. Die Berücksichtigung der *Stufen* der Wirklichkeit verbietet hier wie andernorts diese Systematisierung. Trotzdem hatte die Stadt die einzigartige Fähigkeit, sich aller Bedeutungen zu *bemächtigen*, um sie zu sagen, zu schreiben (festzusetzen und zu »bezeichnen«), einschließlich jener, die vom Land, vom unmittelbaren Leben, von der Religion und der politischen Ideologie kommen. In den Städten hatten die Monumente und Feste diesen *Sinn*.

In jeder kritischen Zeit, wenn das spontane Wachstum der Stadt stagniert und die von den bislang vorherrschenden gesellschaftlichen Verhältnissen gelenkte und geprägte städtische Entwicklung zum Stillstand kommt, taucht ein urbanistisches Denken auf. Dieses Denken, mehr Symptom des Wandels als kontinuierlich zunehmende Rationalität oder innere Harmonie (obgleich in diesen Punkten regelmäßig Illusionen bestehen), vermischt die Philosophie der Stadt mit der Suche nach einer Therapie, mit Entwicklungsplänen im urbanen Raum. Diese Unruhe mit Rationalität und Organisation zu verwechseln, ist die weiter oben kritisierte *Ideologie*. Über diese Ideologie können sich Begriffe und Theorie nur schwer ihren Weg bahnen.

An diesem Punkt ist es angebracht, die Stadt zu definieren. Wenn zutrifft, dass sich der Begriff aus den ihn transportierenden Ideologien nach und nach befreit, muss er im Lauf dieses Fortschreitens zum Ausdruck kommen. Ich schlage hier also eine erste Definition der Stadt als *Übertragung der Gesellschaft auf das Terrain* vor, also nicht nur auf den erfahrbaren Standort, sondern auf die durch das Denken erkannte und erfasste besondere Ebene, die die Stadt und das Urbane bestimmt. Lange Kontroversen über diese Definition haben ihre Mängel gezeigt. Erstens verlangt sie nach zusätzlichen Präzisierungen. Was sich einschreibt und überträgt, ist nicht nur eine ferne Ordnung, eine gesellschaftliche Gesamtheit, eine Produktionsweise, ein allgemeines Gesetz, es ist auch eine Zeit, oder besser, es sind Zeiten, Rhythmen. Die Stadt lässt sich wie eine Musik hören und ebenso wie eine diskursive Schrift lesen. Zweitens verlangt die Definition nach Ergänzungen. Sie betont gewisse historische und generische oder genetische Unterschiede, lässt aber andere gegebene Unterschiede beiseite: zwischen aus der Geschichte hervorgegangenen Stadttypen, zwischen den Auswirkungen der Arbeitsteilung in den Städten, zwischen den fortbestehenden Verhältnissen zwischen »Stadt« und »Territorium«. Daher eine andere Definition, die die erste vielleicht nicht tilgt: die

Stadt *als Gesamtheit der Unterschiede zwischen den Städten.* Diese Festlegung erweist sich ihrerseits als unzureichend; indem sie den Akzent eher auf die Besonderheiten als auf die Allgemeinheiten legt, negiert sie die Eigenheiten des städtischen Lebens, die Lebensweisen in der Stadt, *das Wohnen* im eigentlichen Sinn. Daher eine andere Definition, über die Pluralität, die Koexistenz und Simultaneität von Mustern, Arten, das städtische Leben zu leben (Eigenheim, Wohnblöcke, Miteigentum, Miete, das Alltagsleben und seine Ausprägungen bei den Intellektuellen, den Handwerkern, den Geschäftsleuten, den Arbeitern etc.) im Urbanen.

Diese Definitionen (Bezug nehmend auf die Stufen der gesellschaftlichen Wirklichkeit) verstehen sich nicht als erschöpfend und schließen andere Definitionen nicht aus. Wenn mancher Theoretiker in der Stadt den Ort von Gegenüberstellungen und (konfliktträchtigen) Beziehungen zwischen *Begehren* und *Bedürfnis*, zwischen Befriedigung und Unbefriedigtheit sieht, wenn er so weit geht, die Stadt als »Ort des Begehrens« zu beschreiben, werden diese Festlegungen geprüft und berücksichtigt werden. Es ist nicht *sicher*, dass sie nur einen auf den Bereich einer Teilwissenschaft, der Psychologie, begrenzten Sinn haben. Zudem müsste der Akzent auf die historische Rolle der Stadt gelegt werden: Beschleunigung der Prozesse (der Handel und der Markt, die Anhäufung von Kenntnissen und Kapital, die Konzentration dieses Kapitals) und Ort von Revolutionen.

Die Entscheidungszentrum werdende oder besser die Entscheidungszentren zusammenführende moderne Stadt intensiviert heute, indem sie sie organisiert, die *Ausbeutung* der gesamten Gesellschaft (nicht nur der Arbeiterklasse, sondern auch anderer nicht vorherrschender gesellschaftlicher Klassen). Sie ist also kein passiver Ort der Produktion oder der Konzentration von Kapital, sondern das *Urbane* greift als solches in die Produktion (nicht in die Produktions*mittel*) ein.

Stufen der Wirklichkeit und der Analyse

Die vorangegangenen Betrachtungen genügen, um zu zeigen, dass die Analyse der städtischen Phänomene (der erfahrbaren und gesellschaftlichen Morphologie der Stadt oder, wenn man lieber will, der *Stadt* und des *Urbanen* sowie ihres Zusammenhangs) den Einsatz aller methodologischen Werkzeuge verlangt, also von Form, Funktion, Struktur – Stufen, Dimensionen – Text, Kontext – Feld und Gesamtheit, Schrift und Lektüre, System, Bezeichnendem und Bezeichnetem, Sprache und Metasprache, Institutionen etc. Außerdem weiß man, dass keiner dieser Begriffe eine rigorose Reinheit erreicht, zweifelsfrei definiert werden oder sich der Mehrdeutigkeit entziehen kann. Beispielsweise das Wort Form, das für den Logiker, für den Literaturkritiker, für den Ästhetiker, für den Linguisten unterschiedliche Bedeutungen annimmt.

Der Theoretiker der Stadt und des Urbanen wird sagen, dass diese Begriffe als *Form der Simultaneität*, als Bereich der Begegnung und des Austauschs zu definieren sind. Diese Bedeutung des Wortes *Form* ist zu präzisieren. Betrachten wir noch den Begriff *Funktion*. Die Analyse unterscheidet die der Stadt innewohnenden Funktionen, die Funktionen der Stadt in Bezug auf das Territorium (Land, Landwirtschaft, Dörfer und Marktflecken, kleine, einem Netz untergeordnete Städte), und schließlich die Funktionen der Stadt – jeder Stadt – im gesellschaftlichen Ganzen (technische und gesellschaftliche Arbeitsteilung zwischen den Städten, vielfältige Beziehungsnetze, administrative und politische Hierarchien). Ebenso für die *Strukturen*. Es gibt die Struktur der Stadt (jeder Stadt, in morphologischer und sozialer, typologischer und topischer Hinsicht), dann die urbane Struktur der Gesellschaft und schließlich die gesellschaftliche Struktur des Verhältnisses Stadt–Land. Daher rührt ein Gewirr aus analytischen Teilbestimmungen und die Schwierigkeit einer umfassenden Vorstellung. Hier wie anderenorts treffen meist drei Begriffe aufeinander, deren konfliktträchtige (dialektische) Beziehungen sich unter den *begriffsweisen* Gegenüberstellungen verbergen. So gibt es das Land und die Stadt und die Gesellschaft mit dem Staat, der diese verwaltet und beherrscht (nicht ohne Zusammenhang mit der Klassenstruktur dieser Gesellschaft). Wie zu zeigen versucht wurde, gibt es auch die *allgemeinen* (umfassenden) Prozesse, die Stadt als Besonderheit und Zwischenstufe, sowie die Unmittelbarkeitsbeziehungen (verbunden mit der Art zu leben, zu wohnen, den Alltag zu gestalten). Das macht nun präzisere Definitionen dieser Stufen nötig, die weder abgesondert noch vermischt werden dürfen, deren Gelenke und Verrenkungen, gegenseitige Übertragungen und vielfältige Zusammenhänge jedoch zu zeigen sind.

Die höchste Stufe befindet sich *gleichzeitig* über der Stadt und in der Stadt. Was die Analyse nicht leichter macht. Die gesellschaftliche Struktur zeigt sich in der Stadt, wird dort erfahrbar, bezeichnet dort eine Ordnung. Umgekehrt ist die Stadt ein Stück des gesellschaftlichen Ganzen; sie deckt die Institutionen, die Ideologien auf, weil sie diese enthält und in die erfahrbare Materie einverleibt. Die königlichen, kaiserlichen, präsidialen Gebäude »sind« ein Teil der Stadt: der politische (kapitale) Teil. Diese Gebäude fallen nicht mit den Institutionen, mit den vorherrschenden gesellschaftlichen Verhältnissen zusammen. Dennoch wirken diese Verhältnisse auf sie ein, sie repräsentieren deren gesellschaftliche Wirksamkeit und »Anwesenheit«. Auf ihrer besonderen Stufe enthält die Stadt damit die Übertragung dieser Verhältnisse. Um diese Analyse anhand eines Sonderfalls zu präzisieren: Die gesellschaftliche Ordnung in Paris ist auf der höchsten Stufe im und durch das Innenministerium repräsentiert, auf der spezifischen Stufe durch die Polizeipräfektur sowie die Stadtteilkommissariate, nicht zu vergessen die verschiedenen Polizeistellen, die auf allgemeiner Ebene oder aber im dunklen Untergrund agieren. Die religiöse Ideologie wird auf höchster Stufe durch die Kathedrale, die Sitze der wichtigen Kirchenorganisationen, aber auch durch die Kirchen, die Pfarrhäuser in den Stadtteilen, die verschiedenen örtlichen Anlagen institutionalisierter Religionsausübung bekundet.

Auf dieser Stufe tritt die Stadt als eine Gruppe von Gruppen in Erscheinung, mit ihrer doppelten Morphologie (praktisch, sinnlich erfahrbar oder materiell einerseits und sozial andererseits). Sie hat eine Betriebsordnung, die um besondere Einrichtungen angeordnet ist wie die Stadtverwaltung mit ihren Diensten und Problemen, ihren Informationskanälen, Netzwerken, Entscheidungsbefugnissen. Auf dieser Ebene wird die gesellschaftliche Struktur übertragen, was Eigenheiten der Stadt, dieser Stadt und die vielfältigen Ausdrucksformen des städtischen Lebens nicht ausschließt. Paradoxerweise setzt sich die Stadt, auf dieser Stufe betrachtet, aus unbewohnten, ja unbewohnbaren Räumen zusammen: öffentlichen Gebäuden, Monumenten, Plätzen, Straßen, großen oder kleinen Leerflächen. Es erweist sich, dass nicht das »Wohngebiet« (*l'habitat*) die Stadt ausmacht und sie sich nicht durch diese herausgegriffene Funktion definieren lässt.

Auf ökologischer Ebene wird das *Wohnen* wesentlich. Die Stadt umhüllt das *Wohnen*; sie ist Form, Hülle dieses »privaten« Lebensortes, Aus- und Eingangspunkt für Netze, die Informationen ermöglichen und Order übermitteln (der nahen Ordnung die ferne Ordnung aufzwingen).

Zwei Methoden sind möglich. Die erste geht vom Allgemeinsten zum Besondersten (von den Institutionen zum Alltagsleben) und entdeckt dabei die Stadt als besondere Ebene und als (relativ) privilegierte Vermittlung. Die zweite geht von dieser Ebene aus und konstruiert das Allgemeine, indem sie dem Beobachtbaren der Stadt Bestandteile und Vereinfachungen entlehnt. Sie geht gleichermaßen vor, um im Beobachtbaren das »Private«, das verborgene Alltagsleben zu erreichen: dessen Rhythmen, Beschäftigungen, seine räumlich-zeitliche Organisation, seine heimliche »Kultur«, sein Untergrundleben.

Auf jeder Stufe lassen sich *Isotopien*, Verständnisebenen, bestimmen: politischer, kultureller, geschäftlicher Raum etc. Gegenüber diesen Isotopien lassen sich die anderen Stufen als *Heterotopien* entdecken. Doch lassen sich auf jeder Stufe räumliche Gegensätze entdecken, die in dieses Verhältnis von Isotopie und Heterotopie eingehen. Zum Beispiel die Gegensätze von kollektivem »Wohngebiet« und aus Eigenheimen bestehendem »Wohngebiet«. Auf besonderer Ebene können die Räume auch nach dem Kriterium Isotopie/Heterotopie eingeordnet werden, wobei die ganze Stadt die umfassendste Isotopie bildet, die die anderen umfasst oder vielmehr die anderen überlagert (die zugleich übergeordneten und konstitutiven räumlichen Teileinheiten). Eine solche Einordnung durch Gegensätze darf die Analyse der Stufen wie der Gesamtbewegung mit ihren konfliktträchtigen Aspekten (u. a. Klassenverhältnisse) nicht ausschließen. Auf ökologischer Ebene, jener des *Wohnens*, bilden sich bezeichnende Einheiten, Teilsysteme aus Zeichen, unter denen die »Welt der Eigenheime« einen interessanten Sonderfall darstellt. Die Unterscheidung von Stufen (wobei jede Stufe wiederum Nebenstufen einschließt) ist ausgesprochen nützlich in der Analyse der wesentlichen Beziehungen, beispielsweise um zu verstehen, wie die »Werte des Eigenheims« in Frankreich zur Referenz werden, auf die sich das gesellschaftliche Bewusstsein und die

»Werte« in den anderen Wohnformen beziehen. Nur die Analyse der Beziehungen von Einschluss und Ausschluss, von Zugehörigkeit und Nichtzugehörigkeit zu einem gewissen Raum der Stadt erlaubt, diese Phänomene anzugehen, die für die Theorie der Stadt von größter Bedeutung sind.

Auf ihrer besonderen Ebene kann sich die Stadt der bestehenden politischen, religiösen, philosophischen Bedeutungen bemächtigen. Sie eignet sich diese an, um sie zu sagen, um sie durch die Spur – oder die Stimme [par la voie – ou par la voix, auf Französisch gleich klingend, A.d.Ü.] – der Gebäude, der Monumente, auch durch die Straßen und Plätze, durch die Leerflächen, durch die spontane Theatralisierung der dort stattfindenden Begegnungen, nicht zu vergessen die Feste, Zeremonien (mit den geeigneten, passenden Orten) *zur Schau zu stellen*. Neben der Schrift gibt es das Wort des Urbanen, das noch wichtiger ist; diese Worte besagen das Leben und den Tod, die Freude und das Unglück. Die Stadt hat diese Fähigkeit, die aus ihr ein bezeichnendes Ganzes macht. Doch um eine weiter vorne gemachte Feststellung zu unterstreichen, die Stadt erfüllt diese Aufgabe weder umsonst noch kostenlos. Das wird von ihr nicht verlangt. Der Ästhetizismus, eine Erscheinung des Niedergangs, kommt spät. Wie der Urbanismus! In der Form von Bedeutungen, in der Form der Gleichzeitigkeit und der Begegnungen, in der Form schließlich einer Sprache und einer »urbanen« Schrift, sind es *Order/Ordnungen*, die die Stadt übermittelt. Die ferne Ordnung überträgt sich auf die nahe Ordnung. Diese ferne Ordnung ist nie oder fast nie einheitlich. Es gibt die religiöse Ordnung, die politische Ordnung, die moralische Ordnung, die jeweils auf eine Ideologie mit ihren praktischen Verwicklungen verweisen. Zwischen diesen Ordnungen verwirklicht die Stadt auf ihrer Ebene eine Einheit oder vielmehr einen Synkretismus. Sie verbirgt sie und deckt ihre Rivalitäten und Konflikte zu, indem sie sie zwingend macht. Sie übersetzt sie in Handlungs*anwei-*

sungen, in Zeitpläne. Sie bestimmt (bezeichnet) mit dem Zeitplan eine minutiöse Hierarchie der Orte, der Augenblicke, der Beschäftigungen, der Menschen. Zudem bricht sie diese Imperative in einen Stil auf, sofern es ein ursprüngliches städtisches Leben gibt. Ein solcher Stil zeichnet sich als *architektonisch* aus und ist abhängig von der Kunst und dem Studium von Kunstwerken.

Die Semiologie der Stadt ist also von größtem theoretischem wie praktischem Interesse. Die Stadt sendet und empfängt Botschaften. Diese Botschaften lassen sich verstehen oder auch nicht (werden kodiert und entschlüsselt oder auch nicht). Sie lässt sich also gemäß den aus der Linguistik hervorgegangenen Begriffen Bezeichnendes und Bezeichnetes, Bedeutung und Sinn erfassen. Allerdings lässt sich die Stadt nur unter größten Vorbehalten und mit Vorsicht als ein *System* (Einheitssystem) von Bedeutungen und Sinn, also von Werten betrachten. Hier wie anderenorts gibt es *mehrere Systeme* (oder, wenn man lieber will, mehrere Untersysteme). Zudem schöpft die Semiologie die praktische und ideologische Realität der Stadt nicht aus. Die Theorie der Stadt als System von Bedeutungen neigt zu einer Ideologie; sie trennt das *Urbane* von seiner morphologischen Grundlage, von der gesellschaftlichen Praxis, indem sie es auf ein Verhältnis von »Bezeichnendem zu Bezeichnetem« reduziert und ausgehend von tatsächlich wahrgenommenen Bedeutungen extrapoliert. Das geht nicht ohne große Naivität. Werden wir, nur weil ein Bororo-Dorf bezeichnet und die griechische Polis voller Sinn ist, ausgedehnte, mit Zeichen der Modernität versetzte Bororo-Dörfer bauen? Oder etwa die Agora mit ihrem Sinn inmitten der Neustadt rekonstruieren?

Die Fetischisierung des formalen Verhältnisses von »Bezeichnendem und Bezeichnetem« enthält noch schwerer wiegende Nachteile. Sie nimmt die Ideologie des gelenkten Konsums passiv hin. Oder trägt vielmehr dazu bei. In einer

Ideologie des Konsums und im »wirklichen« Konsum (in Anführungszeichen) spielt der Konsum von *Zeichen* eine immer wichtigere Rolle. Er beseitigt nicht den Konsum von »reinem« Spektakel, ohne Aktivität, ohne Beteiligung, ohne Werk noch Produkt. Sie ergänzt sie, überlagert sie wie eine Überbestimmung. So wird die Werbung für Konsumgüter zum wichtigsten Konsumgut; sie trachtet, sich die Kunst, die Literatur, die Dichtung einzuverleiben, sie zu verdrängen, sie als Rhetorik einsetzend. Sie wird so zur Ideologie dieser Gesellschaft schlechthin; jedes »Objekt«, jedes »Gut« verdoppelt sich als Wirklichkeit und als Bild, wobei Letzteres ein wesentlicher Teil des Konsums ist. Man konsumiert Zeichen ebenso wie Objekte: Zeichen des Glücks, der Befriedigung, der Macht, des Reichtums, der Wissenschaft, der Technik etc. Die Produktion dieser Zeichen gliedert sich in die globale Produktion ein und spielt eine entscheidende integrative Rolle gegenüber den anderen produktiven und organisatorischen gesellschaftlichen Tätigkeiten. In der Gestalt von Zeichen und allgemeinen Bedeutungen werden die Bedeutungen dieser Gesellschaft dem Konsum ausgeliefert. Wer die Stadt und die städtische Realität als System von Zeichen begreift, liefert sie folglich implizit als vollständig konsumierbare Objekte, als Tauschwert im Reinzustand, dem Konsum aus. Die Orte in Zeichen und Werte und das praktisch, sinnlich Erfahrbare in formale Bedeutungen umwandelnd, verwandelt diese Theorie auch den, der diese Zeichen wahrnimmt, in einen reinen Konsumenten derselben. Sind etwa das zweite und das dritte Paris, das die Bauträger entwerfen, nicht einfach Konsumzentren, die auf höherer Stufe durch die Intensität des Konsums von Zeichen beworben werden? Die städtische Semiologie läuft Gefahr, sich in ihren Dienst zu stellen, wenn sie ihre Naivität verliert.

In Wirklichkeit muss die semiologische Analyse vielfältige Stufen und Dimensionen unterscheiden. Es gibt das *Sprechen (parole)* der Stadt: das, was auf der Straße, auf Plätzen, auf Leerflächen im doppelten Sinn des Wortes passiert, was dort erzählt wird. Es gibt die *Sprache* (*langue*) der Stadt: die Besonderheiten einer bestimmten Stadt, die sich in den Gesprächen, Gesten, Kleidern, den Worten und dem Gebrauch der Worte durch die Einwohner ausdrücken. Es gibt das *städtische Sprachvermögen* (*langage urbain*), das man als Sprache der Konnotationen, als untergeordnetes, abgeleitetes System innerhalb des denotativen Systems betrachten kann (um hier die Terminologie von Hjelmslev und Greimas zu übernehmen). Und schließlich gibt es die *Handschrift* der Stadt, das, was sich in ihren Mauern, in der Anordnung der Orte und ihrer Verkettung ein- und vorschreibt, kurz der *Zeitplan* der Stadtbewohner in der Stadt.

Die semiologische Analyse muss auch die Stufen unterscheiden, jene der *Semanteme* oder bezeichnenden Elemente (gerade Linien oder Bogen, persönliche Stile, elementare Formen der Eingänge, Türen und Fenster, Ecken, Winkel etc.) – *Morpheme* oder bezeichnende Objekte (Gebäude, Straßen etc.) – und schließlich bezeichnende Einheiten oder Überobjekte, darunter die Stadt selbst.

Es gilt zu untersuchen, wie die Gesamtheit (Semiologie der *Macht*) – wie die Stadt (das ist die eigentlich *städtische* Semiologie) – und wie die Art zu leben und zu wohnen sich mitteilt (das ist die *Semiologie des Alltagslebens*, des Wohnens und des Wohngebiets). Man kann nicht die Stadt, insofern sie die von der Natur, dem Land und der Landschaft (z. B. dem Baum) kommenden Bedeutungen einfängt und darstellt, verwechseln mit der Stadt als Ort des Konsums von Zeichen. Man würde das Fest mit dem alltäglichen Konsum verwechseln.

Vergessen wir nicht die *Dimensionen*. Die Stadt hat eine symbolische Dimension; die Monumente, aber auch die Leerflächen, Plätze und Prachtstraßen, symbolisieren den Kosmos, die Welt, die Gesellschaft oder einfach den Staat. Sie hat eine *paradigmatische* Dimension; sie umfasst und zeigt Gegensätze, das Drinnen und das Draußen, das Zentrum und die Peripherie, das in die urbane Gesellschaft Integrierte und das Nichtintegrierte. Und schließlich besitzt sie auch die *syntagmatische* Dimension: Verbindung von Elementen, Verknüpfung von Isotopien und Heterotopien.

Die Stadt auf ihrer besonderen Stufe präsentiert sich als privilegiertes Untersystem, da sie in der Lage ist, die anderen Untersysteme zu übertragen und darzustellen und sich als eine »Welt«, eine einzigartige Totalität auszugeben, in der Illusion der Unmittelbarkeit und des Gelebten. In dieser Fähigkeit liegt gerade der Charme, der Tonus, die Tonalität, die dem städtischen Leben eigen sind. Die Analyse zerstreut diesen Eindruck jedoch und weist mehrere Systeme nach, die sich hinter dieser Illusion von Einzigartigkeit verbergen. Der Analytiker ist nicht berechtigt, diese Illusion zu teilen und sie zu festigen, indem er auf der Ebene des *Urbanen* bleibt, anstatt darin die Aspekte eines umfassenderen Wissens zu erkennen.

Noch ist die Bestandsaufnahme der Untersysteme von Bedeutungen und damit dessen, was die semiologische Analyse zur Erkenntnis der Stadt und des Urbanen beitragen kann, nicht beendet. Wenn wir die Eigenheimgebiete und die »neuen Wohnkomplexe« betrachten, wissen wir bereits, dass jedes der beiden ein (Teil-)System an Bedeutungen bildet und dass sich aus diesem Gegensatz ein anderes System entwickelt, das beide überdeterminiert. So erfassen und begreifen sich die Bewohner der Eigenheime entsprechend der Vorstellungswelt des Wohngebiets, während die »Komplexe« die Logik des Wohngebiets etablieren und sich entsprechend dieser beengenden Rationalität begreifen. Bei dieser Gelegenheit wird gleichzeitig die Eigenheimgegend zum Bezugssystem, von dem aus das Habitat und der Alltag gewertet werden, das die Praxis mit Vorstellungen und Zeichen auskleidet.

Unter den Bedeutungssystemen soll jenes der *Architekten* mit größter (kritischer) Aufmerksamkeit untersucht werden. Oft kommt es vor, dass talentierte Menschen glauben, sie seien innerhalb der Erkenntnis und der Erfahrung zu verstehen, während sie innerhalb eines Systems von persönlichem Stil, Übertragung auf das Papier und Visualisierungen verharren. Während die Architekten ihrerseits zu einem Bedeutungssystem neigen, das sie oft als »Urbanismus« bezeichnen, ist nicht ausgeschlossen, dass die Analytiker der städtischen Realität, die ihre bruchstückhaften Daten zusammenfassen, ein etwas anderes Bedeutungssystem bilden, das sie ebenfalls Urbanismus nennen und dessen Programmierung sie den Maschinen überlassen.

Die kritische Analyse zerstreut das Privileg des Gelebten in der städtischen Gesellschaft. Es ist dort nur eine »Ebene«, eine Stufe. Doch die Analyse bringt diese Ebene nicht zum Verschwinden. Sie besteht: wie ein Buch. Wer liest dieses offene Buch? Wer überfliegt diese Schrift? Es ist kein klar definiertes »Subjekt« und doch bildet eine Abfolge von Handlungen und Begegnungen gerade auf dieser Ebene das städtische Leben oder das *Urbane*. Dieses städtische Leben versucht die von oben kommenden Botschaften, Verordnungen, Zwänge gegen diese selbst zu wenden. Es versucht, sich Zeit und Raum *anzueignen*, indem es Herrschaft vereitelt, sie von ihrem Ziel abbringt, mit List vorgeht. Es greift auch auf der Ebene der Stadt und der Art zu wohnen ein, mehr oder weniger. Das *Urbane* ist so mehr oder weniger das Werk der Städter, anstatt dass es sich ihnen als ein System aufdrängt: als ein bereits fertiges Buch.

Stadt und Land

Ein Thema, das durch unnötige Wiederholungen und Extrapolationen ge- und missbraucht wurde, nämlich »Natur und Kultur«, leitet sich aus dem Verhältnis der Stadt zum Land ab und kehrt dieses um. In diesem Verhältnis gibt es drei Begriffe. Ebenso in der derzeitigen Wirklichkeit. Es gibt drei Begriffe (Ruralität, städtisches Gewebe, Zentralität), deren dialektisches Verhältnis zueinander in der begriffsweisen Gegenüberstellung verschleiert wird, sich darin aber auch gerade enthüllt. Die Natur als solche entzieht sich dem Einfluss der vernünftig verfolgten Handlung, der Beherrschung ebenso wie der Aneignung. Genauer gesagt bleibt sie außerhalb dieses Einflusses; sie »ist« das, was flüchtet; sie lässt sich durch die Vorstellung erreichen; man eilt ihr nach und sie enteilt in den Kosmos oder in die unterirdischen Gründe der Welt. Das Land wiederum ist der Ort von Produktion und Werken. Die landwirtschaftliche Produktion bringt Produkte hervor; die Landschaft dagegen ist ein Werk. Dieses Werk geht hervor aus einer langsam geformten Erde, durch gegenseitige Sakralisierung ursprünglich verbunden mit den dort wohnenden Gruppen, sodann entweiht durch die Stadt und das städtische Leben (die diese Sakralisierung abfangen, verdichten und dann, sie aufgehen lassend in der Rationalität, über Generationen hinweg auflösen). Woher kommt diese alte Zuwendung des Bodens an Stämme, Völker, Nationen? Von der dunklen und bedrohlichen Anwesenheit/Abwesenheit der Natur? Von der Aneignung des Bodens, die Fremde von diesem beherrschten Boden ausschließt? Von der Gesellschaftspyramide, die ihre Grundlage auf diesem Boden hat und für den Erhalt eines bedrohten Gebäudes vielfache Opfer fordert? Das eine schließt das andere nicht aus. Das Wesentliche ist die komplexe Bewegung, durch die die politische Stadt den geweihten-verfluchten Charakter des Bodens benützt, damit die Wirtschafts-(Handels-)Stadt ihn entweiht.

Das städtische Leben schließt ursprüngliche Vermittlungen zwischen Stadt, Land, Natur ein. So ist das Dorf, dessen Verhältnis zur Stadt in Geschichte und Gegenwart noch lange nicht vollständig bekannt ist. So sind die Parks, die Gärten, die Wasseranlagen. Diese Vermittlungen lassen sich nicht ohne Symbolismen und (ideologische und imaginäre) Repräsentationen der Natur und des Landes als solchen durch die Städter verstehen.

Das Verhältnis Stadt–Land hat sich im historischen Zeitmaß je nach Epochen und Produktionsweisen zutiefst gewandelt: bald war es zutiefst konfliktreich, bald befriedet und bald fast ein Verbund. Mehr noch, zeigen sich dort zur gleichen Zeit sehr unterschiedliche Verhältnisse. So bedroht im westlichen Feudalismus der Lehensherr die wiederentstehende Stadt, in der die Kaufleute ihren Treffpunkt, Heimathafen, strategischen Ort finden. Die Stadt reagiert auf diese Tätigkeit der Grundherrschaft, und es findet ein bald latenter, bald heftiger Klassenkampf statt. Die Stadt befreit sich, nicht ohne sich zu integrieren, indem sie zur bürgerlichen Lehensherrschaft wird, doch sie integriert sich in den monarchischen Staat (für den sie eine wesentliche Grundlage lieferte). Dagegen herrscht im islamischen Feudalismus, sofern man von einem solchen reden kann, in derselben Zeit der »Herr« über die Handwerks- und Handelsstadt und von dort aus über ein Umland, das oft auf Gärten, auf winzige Kulturen ohne Weite beschränkt ist. In einem solchen Verhältnis gibt es weder den Keim noch die Möglichkeit eines Klassenkampfs. Was dieser Gesellschaftsstruktur von Anfang an jegliche Dynamik und geschichtliche Zukunft verbaut, ihr dafür aber andere Reize, die einer erlesenen Urbanität verleiht. Gestaltend, Werke und neue Verhältnisse hervorbringend, verläuft der Klassenkampf nicht ohne eine gewisse Barbarei, die den Westen (einschließlich seiner »schönsten« Städte) auszeichnet.

Heute wandelt sich das Verhältnis von Stadt zu Land, ein wichtiger Aspekt eines allgemeinen Wandels. In den Industriestaaten macht die alte Ausbeutung des Umlandes durch die Stadt, das Zentrum der Kapitalakkumulation, subtileren Herrschafts- und Ausbeutungsformen Platz, die Stadt wird zum Entscheidungs- und scheinbaren Verbindungszentrum. Wie dem auch sei, die expandierende Stadt greift das Land an, zerfrisst es, löst es auf. Nicht ohne die bereits festgehaltenen paradoxen Folgen. Das städtische Leben dringt in das Landleben vor und entzieht ihm seine traditionellen Grundlagen: Handwerk und kleine Zentren verkümmern zugunsten der städtischen Zentren (Handels- und Industriezentren, Verteilnetze, Entscheidungszentren etc.). Die Dörfer werden ländlich und verlieren dabei ihre bäuerliche Besonderheit. Sie passen sich den Städten an, wehren sich jedoch und kapseln sich manchmal hartnäckig von der Außenwelt ab.

Wird das städtische Gewebe mit seinem mehr oder weniger dichten Fadensystem das gesamte Territorium der Industrieländer erfassen? Wird sich die Überwindung des alten Gegensatzes Stadt – Land so vollziehen? Das ist anzunehmen – nicht ohne kritische Vorbehalte. Wenn man damit ein verallgemeinertes Wirrwarr meint, in dem sich das Land innerhalb der Stadt verliert, die Stadt das Land aufsaugt und sich darin verirrt, lässt sich dieses Wirrwarr theoretisch bestreiten, und die Theorie weist jede Strategie zurück, die sich auf diese Vorstellung von städtischem Gewebe stützt. Die Geografen haben zur Bezeichnung dieses Wirrwarrs einen Neologismus gefunden, einen hässlichen zwar: das Rurbane. In diesem Denkmodell ließe die Ausbreitung der Stadt und der Urbanisierung das Urbane (das städtische Leben) verschwinden, doch das scheint unzulässig. Anders gesagt lässt sich die Überwindung des Gegensatzes nicht als eine gegenseitige Neutralisierung begreifen. Es gibt keinerlei theoretischen Grund, das Verschwinden der Zentralität im Lauf der Verschmelzung der städtischen Gesellschaft mit dem Land anzunehmen. Der Gegensatz »Urbanität–Ruralität« akzentuiert sich, anstatt zu verschwinden, während sich der Gegensatz Stadt–Land abschwächt. Es findet eine Verschiebung des Gegensatzes und des Konflikts statt. Zudem ist der Konflikt zwischen Stadt und Land im Weltmaßstab alles andere als gelöst, wie wir wissen. Wenn es stimmt, dass die Aufspaltung in und der Widerspruch von Stadt und Land (der, ohne sich darauf zu beschränken, den Gegensatz zwischen den beiden Begriffen einschließt) Teil der gesellschaftlichen Arbeitsteilung ist, so muss doch eingeräumt werden, dass diese Teilung weder überwunden noch bewältigt ist. Keineswegs. Genauso wenig wie die Aufspaltung in Natur und Gesellschaft, in Materielles und Intellektuelles (Spirituelles). Die Überwindung muss heute zwangsläufig auf der Grundlage des Gegensatzes von städtischem Gewebe und Zentralität geschehen. Was das Eingreifen neuer urbaner Formen bedingt.

Was die Industriestaaten betrifft, lassen sich polyzentrische Städte, differenzierte und erneuerte Zentralitäten, ja bewegliche Zentralitäten (beispielsweise im Kulturellen) vorstellen. Die Kritik am Urbanismus als Ideologie kann sich gegen die eine oder andere Vorstellung von Zentralität richten (beispielsweise die Gleichsetzung des *Urbanen* mit Entscheidungs- und Informationszentren). Weder traditionelle Stadt (getrennt vom Land, um dieses besser beherrschen zu können) noch unförmige Megalopolis, noch »Gewebe« ohne Kette und Schuss, das wäre der Leitgedanke. Das Verschwinden der Zentralität drängt sich weder theoretisch noch praktisch auf.

Die einzige Frage, die sich stellt, ist folgende: »Welchen gesellschaftlichen und politischen Formen, welcher Theorie wird man die Verwirklichung einer Zentralität und eines erneuerten Gewebes vor Ort, die von ihren Verfallserscheinungen befreit sind, anvertrauen?«

In der Nähe des kritischen Punktes

Als Hypothese sei auf einer Achse von links nach rechts eine Skala von null Urbanisierung (die Nichtexistenz der Stadt, das völlige Übergewicht des landwirtschaftlichen Lebens, der landwirtschaftlichen Produktion, des Landes) bis hundert Prozent Urbanisierung (Aufsaugen des Landes durch die Stadt, völliges Übergewicht der industriellen Produktion bis in die Landwirtschaft) angenommen. Dieses abstrakte Schema klammert vorläufig die Diskontinuitäten aus. Es wird bis zu einem gewissen Grad erlauben, die kritischen Punkte festzumachen, das heißt die Brüche und Diskontinuitäten selbst. Relativ bald auf der Achse, nahe dem Ursprung, sei die politische Stadt eingezeichnet (tatsächlich verwirklicht und beibehalten in der asiatischen Produktionsweise), die eine landwirtschaftliche Umwelt gestaltet, die sie beherrscht. Etwas weiter sei das Aufkommen der Handelsstadt eingezeichnet, die anfänglich den Handel an ihre Peripherie verweist (Heterotopie der Vororte, Messen und Märkte, der den Fremden, den auf Handel spezialisierten Ausländern zugewiesenen Orte) und dann den Markt eingliedert, indem sie sich selbst eingliedert in ein gesellschaftliches Gemisch, das auf Handel, erweiterter Kommunikation, Geld und mobilem Reichtum gegründet ist. Darauf folgt ein entscheidender kritischer Punkt, an dem die Bedeutung der landwirtschaftlichen Produktion gegenüber der Bedeutung der handwerklichen und industriellen Produktion, des Marktes, des Tauschwerts, des entstehenden Kapitalismus abnimmt. Dieser kritische Punkt liegt in Westeuropa ungefähr im 16. Jahrhundert. Bald kommt die Industriestadt auf, mit dem, was sie mit sich bringt (Wegzug der enteigneten, auseinanderfallenden bäuerlichen Bevölkerungen in die Stadt, große städtische Ballungsräume). Die städtische Gesellschaft kündigt sich erst an, nachdem die Gesellschaft als Ganzes bereits lange ins Urbane (die Vorherrschaft der Stadt) gekippt ist. Darauf folgt die Zeit, in der die sich ausweitende Stadt wuchert, entfernte Peripherien (Vororte) hervorbringt, auf das Land übergreift. Paradoxerweise platzt in der Zeit, in der die Stadt sich übermäßig ausbreitet, die Form (praktisch, sinnlich erfahrbare oder materielle Morphologie, Form des städtischen Lebens) der traditionellen Stadt auseinander. Der doppelte Prozess (Industrialisierung/Urbanisierung) bewirkt eine doppelte Bewegung: die bereits erwähnte Explosion/Implosion, Verdichtung/Zersplitterung (aus den Nähten Platzen). Rund um diesen kritischen Punkt siedelt sich also die gegenwärtige Problematik der Stadt und der städtischen Wirklichkeit (des Urbanen) an.

Politische Stadt	Handelsstadt	Industriestadt	Kritischer Punkt
		Doppelter Prozess (Industrialisierung und Urbanisierung)	

Die Phänomene, die sich in der Nähe der Krisensituation abspielen, stehen den physischen Phänomenen, die die Durchbrechung der Schallmauer begleiten (einfache Metapher), in Sachen Komplexität in nichts nach. Man könnte in Analogie dazu auch betrachten, was sich nahe dem Neigepunkt einer Kurve ereignet. In dieser Absicht – der Untersuchung der Nachbarschaft des kritischen Punktes – habe ich zuvor versucht, das dafür unerlässliche begriffliche Instrumentarium zusammenzubringen. Eine Erkenntnis, die an dieser Situation desinteressiert wäre, würde in die blinde Spekulation oder die kurzsichtige Spezialisierung kippen.

Werden die kritischen Punkte, die Brüche und Lücken durch Akzentuierung falsch eingezeichnet, kann das ebenso schwerwiegende Folgen haben wie die organizistische, evolutionistische oder kontinuistische Nachlässigkeit. Das soziologische Denken und die politische Strategie, wie auch das sogenannte urbanistische Denken, gehen heute dahin, von der Ebene des Wohngebiets und des Wohnens (Ebene der Ökologie, der Behausung, des Gebäudes, der Nachbarschaft und folglich Domäne des Architekten) auf die allgemeine Ebene (Maßstab der Raumplanung, der geplanten industriellen Produktion, der umfassenden Urbanisierung) zu springen und die Stadt und das Urbane dabei zu übergehen. Man setzt die Vermittlung in Klammern; man übergeht die besondere Stufe. Warum? Aus tiefgreifenden Gründen, die zuerst mit dem Verkennen des kritischen Punktes zusammenhängen.

Die rationelle Planung der Produktion, Raumplanung, Industrialisierung und umfassende Urbanisierung sind wesentliche Aspekte der »Vergesellschaftung der Gesellschaft«. Halten wir einen Moment bei diesen Wörtern inne. Eine marxistische Tradition mit reformistischem Einschlag verwendet sie, um das Komplexerwerden der Gesellschaft und der gesellschaftlichen Verhältnisse zu bezeichnen, das Aufbrechen von Abschottungen, die wachsende Vielzahl an Zusammenhängen, Verbindungen, Informationen, die Tatsache, dass die sich verschärfende technische und gesellschaftliche Arbeitsteilung eine stärkere Einheit der Industriebranchen, der Funktionen des Marktes und der Produktion selbst bedingt. Diese Formulierung betont den *Handel* und die Handelsplätze; sie legt den Akzent auf die Quantität des wirtschaftlichen Handels und lässt die Qualität, den wesentlichen Unterschied zwischen Gebrauchswert und Tauschwert, beiseite. In dieser Perspektive nivelliert der Handel mit Waren und Konsumgütern den direkten Tausch und richtet ihn an diesem aus –

Verbindungen, die nicht über vorhandene Netze, über Institutionen (das heißt auf »niedrigerer« Stufe die unmittelbaren Beziehungen, auf »höherer« Stufe die sich aus der Kenntnis ergebenden politischen Beziehungen) erfolgen. Auf den reformistischen Kontinuismus antwortet die These des Diskontinuismus und des radikalen revolutionären Voluntarismus: Eine Zäsur, ein Bruch sind nötig, damit der gesellschaftliche Charakter der produktiven Arbeit die mit dem Privateigentum dieser Produktionsmittel verbundenen Produktionsverhältnisse abschafft. Doch die These von der »Vergesellschaftung der Gesellschaft«, eine evolutionistische, kontinuistische und reformistische Interpretation, erhält eine andere Bedeutung, wenn man beobachtet, dass diese Wörter – schlecht, unvollständig – die *Urbanisierung der Gesellschaft* bezeichnen. Die Vervielfältigung und das Komplexerwerden des Tauschs im weiten Sinn des Wortes lassen sich nicht weiterführen, ohne dass es privilegierte Orte und Augenblicke gibt, ohne dass diese Orte und Augenblicke der Begegnung sich den Zwängen des Marktes entziehen, ohne dass das Gesetz des Tauschwerts gemeistert wird, ohne dass sich die Verhältnisse, die den Profit lenken, verändern. Bis dann löst sich die Kultur auf, wird Konsumobjekt, Profitmöglichkeit, Marktproduktion; das »Kulturelle« verbirgt mehr als eine Falle. Die revolutionäre Interpretation hat bislang diese neuen Elemente nicht berücksichtigt. Könnte es nicht sein, dass man mit einer strengeren Definition der Zusammenhänge zwischen Industrialisierung und Urbanisierung in der Situation einer Krise, in der Nähe des kritischen Punktes, dazu beiträgt, den Widerspruch zwischen Kontinuismus und absolutem Diskontinuismus, zwischen reformistischem Evolutionismus und totaler Revolution zu überwinden? Muss man, wenn man den Markt, das Gesetz des Tauschwerts, das Geld und den Profit überwinden will, nicht den Ort dieser Möglichkeit definieren: die urbane Gesellschaft, die Stadt als Gebrauchswert?

Die Krise der Stadt, Paradox dieser kritischen Situation und zentrale Grundlage des Problems, ist global. Sie stellt sich dem Denken als ein vorherrschender Aspekt der stattfindenden Globalität dar, ebenso wie die Technik und die rationelle Organisation der Industrie. Dennoch variieren die praktischen Ursachen und die ideologischen Gründe für diese Krise je nach politischem Regime, je nach Gesellschaft und betroffenem Land. Eine kritische Analyse dieser Phänomene wäre nur vergleichend zu legitimieren, aber für einen derartigen Vergleich fehlen viele Grundlagen. Auf unterschiedlicher Stufe zurückgebliebene Entwicklungsländer – hoch industrialisierte kapitalistische Länder – ihrerseits ungleich entwickelte sozialistische Länder, überall bricht die Stadt morphologisch gesehen auseinander. Die traditionelle Form der landwirtschaftlichen Gesellschaft verändert sich, aber auf unterschiedliche Weise. In einer Reihe von wenig entwickelten Ländern sind Elendsviertel ein charakteristisches Phänomen, während es in den hochindustrialisierten Ländern das Wuchern der Stadt in Form des »urbanen Gewebes«, der Vororte, der Wohngegenden, ist, dessen Verhältnis zum städtischen Leben problematisch ist.

Wie sollen die Elemente für einen solchen Vergleich zusammengetragen werden? In den Vereinigten Staaten lassen sich die Schwierigkeiten mit den Bundesbehörden, ihre Streits mit den Ortsgemeinden, die zwischen Manager, politischem Chef, Bürgermeister und Gemeinderat aufgeteilten Modalitäten der »städtischen Regierung«, nicht in der gleichen Weise erklären wie die Machtkonflikte (Verwaltung und Rechtsprechung) in Europa und in Frankreich. Hier bedrängt die Industrialisierung mit ihren Folgen die Stadtkerne, die aus vorkapitalistischen oder vorindustriellen Zeiten stammen, und lässt sie auseinanderbrechen. In den Vereinigten Staaten gibt es mit Ausnahme einiger privilegierter Städte kaum Kernstädte; dennoch haben die lokalen Gemeinden umfassendere rechtliche Garantien und weiter reichende Macht als in Frankreich, wo die monarchische Zentralisierung diese »Freiheiten« schon früh angegriffen hat. In Europa wie anderenorts kann man die unterschiedlichen und doch vergleichbaren Schwierigkeiten weder allein auf das quantitative Wachstum der Städte noch allein auf Verkehrsfragen zurückführen. Hier wie da, auf der einen wie auf der anderen Seite sieht sich die Gesellschaft als Ganzes auf die eine oder andere Weise infrage gestellt. So wie die »moderne« Gesellschaft ist, also (über Ideologen und Staatsmänner) hauptsächlich damit befasst, die Industrie zu planen und das Unternehmen zu organisieren, scheint sie kaum in der Lage, Lösungen für die städtische Problematik anzubieten und anders zu handeln als in kleinen Schritten, den bestehenden Zustand verlängernd. Das Verhältnis zwischen den weiter oben analysierten drei Stufen wird allenthalben konfus und konfliktreich, wobei sich der dynamische Teil des Widerspruchs je nach sozialem und politischem Kontext verändert. In den sogenannten »Entwicklungsländern« treibt die Auflösung der landwirtschaftlichen Struktur die enteigneten, ruinierten, sich nach Veränderung sehnenden Bauern in die Städte; der Vorort nimmt sie auf und spielt die Rolle als (unzureichender) Vermittler zwischen Land und Stadt, landwirtschaftlicher Produktion und Industrie; er konsolidiert sich oft und bietet denen, die er beherbergt, einen elenden und dennoch intensiven Ersatz von städtischem Leben. In anderen Ländern, namentlich in den sozialistischen Ländern, lockt das geplante Wachstum der Städte Arbeitskräfte, die auf dem Land rekrutiert werden, in die Städte, und der Zusammenhang von Überbevölkerung, dem Bau von Wohnvierteln oder »Wohnrayons« und städtischem Leben ist nicht immer erkennbar. Kurz gesagt begleitet eine weltweite Krise der Landwirtschaft und des traditionellen bäuerlichen Lebens eine weltweite Krise der traditionellen Stadt, liegt ihr zugrunde und spitzt sie zu. Das alte »Landtier« und das Stadttier (Marx) verschwinden gleichzeitig. Geben sie dem »Menschen« Raum? Das ist das wesentliche Problem. Die theoretische wie praktische Hauptschwierigkeit rührt daher, dass die Urbanisierung der industrialisierten Gesellschaft nicht ohne Auseinanderbrechen dessen auskommt, was wir nach wie vor als »Stadt« bezeichnen. Wie sollen die Phänomene in ihrer Tragweite, in ihren vielfältigen Widersprüchen erfasst werden, wo doch die städtische Gesellschaft sich auf den Ruinen der Stadt bildet? Darin liegt der *kritische Punkt*. Die Unterscheidung von drei Stufen (globaler Industrialisierungs- und Urbanisierungsprozess – städtische Gesellschaft, spezifische Ebene der Stadt – Modalitäten des Wohnens und Modulationen des Alltags im Urbanen) verwischen sich tendenziell, wie sich auch der Unterschied von Stadt und Land verwischt. Und dennoch drängt sich diese Unterscheidung der drei Stufen mehr denn je auf, um Verwirrung und Missverständnisse zu vermeiden, Strategien zu bekämpfen, die in dieser Lage eine günstige Gelegenheit finden, indem sie das Städtische in der industriellen Planung oder/und in der Wohnung auflösen.

Ja, diese Stadt, die so viele Ärgernisse und Wandlungen durchmacht, löst sich auf und erholt sich wieder vor unseren Augen, ausgehend von den archaischen Kernen, die eng mit dem Dorf zusammenhängen, dieser bewundernswerten Gesellschaftsform, diesem Werk der Praxis und der Zivilisation schlechthin. Die Wohnfrage und ihre Dringlichkeit unter den Bedingungen des industriellen Wachstums haben die Probleme der Stadt zuerst verdeckt und tun es noch immer. Politische Taktiker, die in erster Linie auf das Unmittelbare achten, sahen und sehen darin kaum etwas anderes als diese Frage. Als sich unter dem Namen *Urbanismus* die Gesamtprobleme zeigten, ordnete man sie der allgemeinen Organisation der Industrie unter. Die zugleich von oben und von unten angegriffene Stadt richtet sich am Industriebetrieb aus; in der Planung scheint sie als Räderwerk auf; sie wird zur geeigneten materiellen Einrichtung, die sich zur Organisation der Produktion, zur Kontrolle des Alltagslebens der Produzenten und des Konsums der Produkte eignet. Auf den Rang eines Mittels herabgesunken, weitet sie die Programmierung aufseiten der Konsumenten und des Konsums aus; sie dient dazu, die Produktion von Waren und die Vernichtung von Produkten durch die verschlingende Tätigkeit namens »Konsum« aufeinander abzustimmen. Nur als Werk, als Zweck, als Ort des freien Genusses, als Bereich des Gebrauchswertes hatte und hat sie Sinn; aber man unterwirft sie Zwängen, Imperativen des »Gleichgewichts« unter eng einschränkenden Bedingungen; sie ist nur noch Werkzeug einer Organisation, der es im Übrigen nicht gelingt, sich zu behaupten, indem sie ihre Stabilitäts- und Gleichgewichtsbedingungen festlegt, einer Organisation, der zufolge die erfassten, ferngesteuerten individuellen Bedürfnisse befriedigt werden, indem die erfassten Gegenstände, deren wahrscheinliche Haltbarkeit (Obsoleszenz) ihrerseits Gegenstand der Wissenschaft ist, vernichtet werden. Einst hatte die Vernunft ihren Ursprung, ihren Sitz, ihr Heim in der Polis. Gegenüber der Ruralität, dem der Natur ausgesetzten bäuerlichen Leben, der geweihten Erde voller dunkler Kräfte, hob sich die Urbanität als vernünftig ab. Heute läuft im nationalstaatlichen oder kontinentalen Maßstab die Rationalität weit an der Stadt vorbei (oder scheint bzw. gibt vor, daran vorbeizulaufen). Sie lehnt die Stadt als Augenblick, als Bestandteil, als Bedingung ab; sie anerkennt sie nur als Werkzeug und Einrichtung. In Frankreich und anderswo gehen der bürokratische Rationalismus des Staates und jener der auf die Erfordernisse der Großunternehmen gestützten industriellen Organisation in dieselbe Richtung. Gleichzeitig werden ein verkürzter Funktionalismus und ein gesellschaftlicher Rahmen durchgesetzt, die über das Urbane hinausreichen. Unter dem Vorwand von Organisation verschwindet der Organismus, sodass der von den Philosophen kommende Organizismus als ein ideales Modell erscheint. Die Anordnung städtischer »Zonen« und »Bereiche« beschränkt sich auf eine Aneinanderreihung von Räumen, Funktionen, Elementen vor Ort. Bereiche und Funktionen sind den Entscheidungszentren eng untergeordnet. Die Homogenität obsiegt gegenüber den von der Natur (Standort), der bäuerlichen Umgebung (Territorium und Terroir), der Geschichte herrührenden Unterschieden. Die Stadt oder das, was davon übrig bleibt, wird wie eine Summe oder Kombinatorik von Bestandteilen gebaut oder umgearbeitet. Sobald die Kombinatorik aber als solche erfasst und ergriffen und vorhergesehen wird, unterscheiden sich die Kombinationen nur noch geringfügig voneinander; die Unterschiede gehen in der Wahrnehmung des Ganzen unter. Sodass man noch so sehr vernunftmäßig die Vielfalt suchen kann, trotzdem aber ein Eindruck von Monotonie diese Vielfältigkeit überlagert und die Oberhand gewinnt, sei es bei Wohnhäusern, Gebäuden, sogenannten städtischen Zentren oder gestalteten Arealen. Das Urbane, nicht als solches gedacht, sondern frontal und auf Umwegen angegriffen, angefressen, angenagt, hat die Züge und Merkmale eines Werks, der Aneignung verloren. Nur die Zwänge werden in einem Zustand permanenten Zerfalls vor Ort übertragen. In Bezug auf das Wohnen haben die Einteilung und Anordnung des Alltagslebens, der massive Gebrauch des Autos (»privates« Transportmittel), die (übrigens gebremste und unzureichende) Mobilität und der Einfluss der Massenmedien die Einzelnen und Gruppen (Familien, organisierte Körperschaften) dem Gelände und Territorium entfremdet. Die Nachbarschaft verblasst, das Stadtviertel zerbröckelt; die Menschen (die »Bewohner«) bewegen sich in einem Raum, der zu geometrischer Isotopie neigt, gefüllt mit Vorschriften und Signalen, in denen die qualitativen Unterschiede zwischen Orten und Augenblicken keine Bedeutung mehr haben. Zweifelsohne ein unvermeidlicher Prozess der Auflösung früherer Formen, der aber Spott, geistiges und soziales Elend, ein verarmtes Alltagsleben hervorbringt, da nichts die Symbole, die Aneignungen, die Stile, die Monumente, die Zeiten und Rhythmen, die geeigneten, unterschiedlichen Räume der traditionellen Stadt ersetzt hat. Angesichts der Auflösung dieser Stadt, die einem Druck ausgesetzt ist, dem sie nicht standhalten kann, neigt die urbane Gesellschaft also dazu, einerseits in einer gezielten Raumplanung, im durch die verkehrsbedingten Einschränkungen bestimmten »städtischen Gewebe« aufzugehen und andererseits in Wohneinheiten wie den Eigenheimgegenden und den »großen Komplexen«. Die Ausdehnung der Städte brachte die Vororte hervor, bevor die Vororte den Stadtkern verschlangen. Die Probleme wurden umgepolt, wenn nicht verkannt. Wäre es nicht schlüssiger, vernünftiger und angenehmer, in die Vororte arbeiten zu gehen und in der Stadt zu wohnen, anstatt zur Arbeit in die Stadt zu fahren und in einem wenig wohnlichen Vorort zu wohnen? Die zentralisierte Verwaltung der »Dinge« und der »Kultur« versucht, ohne diese Zwischenstufe der Stadt auszukommen. Mehr noch: Der Staat, die Entscheidungszentren, die ideologischen, wirtschaftlichen und politischen Mächte begegnen dieser Gesellschaftsform zwangsläufig mit Misstrauen, einer Gesellschaftsform, die auf Autonomie zielt, die nur spezifisch leben kann, die sich zwischen sie und »den Bewohner« schiebt, ob Werktätiger oder nicht, produktiver Arbeiter oder nicht, aber zugleich Mensch und Bürger wie Städter. Was ist für die Macht seit einem Jahrhundert das Wesen der Stadt? Sie ist in Gärung, voller verdächtiger Aktivitäten, Kriminalität; ein Herd der Agitation. Der staatlichen Macht und den einflussreichen Wirtschaftsinteressen bleibt kaum etwas anderes übrig, als eine Strategie zu entwerfen: die städtische Gesellschaft zu entwerten, herabzustufen, zu zerstören. In den gerade stattfindenden Prozessen gibt es Determinismen und

Strategien, Spontaneitäten und konzertierte Handlungen. Die subjektiven und ideologischen Widersprüche, die »humanistischen« Anliegen stören diese strategischen Maßnahmen, bieten ihnen aber nicht Einhalt. Die Stadt hindert die Mächtigen daran, nach ihrem Gutdünken die Stadtbürger, Individuen, Gruppen, Körperschaften zu manipulieren. Folglich ist die Krise der Stadt nicht mit der Rationalität als solcher verknüpft, die von einer philosophischen Tradition ausgehend definierbar ist, sondern verbunden mit bestimmten Formen der Rationalität – der staatlichen, der bürokratischen, der ökonomischen oder besser der »ökonomistischen«, wobei Ökonomismus als eine mit einem Apparat ausgestattete Ideologie zu verstehen ist. Diese Krise der Stadt ist meist begleitet von einer Krise der städtischen (kommunalen) Institutionen, die einem doppelten Druck seitens des Staates und der Großindustrie geschuldet ist. Bald trachtet der Staat, bald das Unternehmen, bald trachten beide (rivalisierend, konkurrierend, oft aber vereint) die Funktionen, Attribute, Vorrechte der städtischen Gesellschaft an sich zu reißen. Überlässt das »private« Unternehmen in manchen kapitalistischen Ländern dem Staat, den Institutionen, den »öffentlichen« Organisationen etwas anderes als das, was es selbst zu übernehmen sich weigert, weil es zu kostenaufwändig ist?

Dennoch bestehen auf dieser ins Wanken geratenen Grundlage die städtische Gesellschaft und *das Urbane* fort und intensivieren sich sogar. Die gesellschaftlichen Verhältnisse werden durch schmerzhafteste Widersprüche nach wie vor komplexer, vielfältiger, intensiver. Die Form des Urbanen, seine oberste Vernunft, nämlich die Gleichzeitigkeit und die Begegnung, können nicht verschwinden. Die städtische Wirklichkeit besteht selbst noch in ihrem Zerfall fort und verdichtet sich in den Entscheidungs- und Informationszentren. Die Bewohner (welche? mögen Umfragen und Marktforscher sie doch finden) stellen die Zentren wieder her, verwenden

Orte, um wieder Begegnungen zu ermöglichen, und seien sie noch so läppisch. Der Gebrauch (der Gebrauchswert) der Orte, Monumente, der Unterschiede entzieht sich den Erfordernissen des Tauschs, des Tauschwertes. Es ist ein großes Spiel, das vor unseren Augen gespielt wird, mit verschiedenen Episoden, deren Sinn sich nicht immer erschließt. Die Befriedigung elementarer Bedürfnisse kann die Nicht-Befriedigung grundlegender Begierden (oder des grundlegenden Begehrens) nicht töten. Das Urbane, Ort der Begegnungen und des Zusammenlaufens von Kommunikationen und Informationen, wird gleichzeitig, was es immer schon war: Ort der Begierde, permanentes Ungleichgewicht, Sitz der Auflösung von Normalitäten und Beschränkungen, Augenblick des Spielerischen und Unvorhersehbaren. Dieser Augenblick geht bis zur Implosion/Explosion von Gewalttaten – verborgen unter den fürchterlichen Zwängen einer Rationalität, die selbst zusammenfällt mit der Absurdität. Aus dieser Situation entsteht der kritische Widerspruch: der Trend zur Zerstörung der Stadt, der Trend zur Intensivierung des Urbanen und der städtischen Problematik.

Diese kritische Analyse verlangt nach einem entscheidenden Zusatz. Die Krise der Stadt der bornierten Rationalität zuzuschreiben, dem Produktivismus, dem Ökonomismus, der vor allem um das Wachstum besorgten planerischen Zentralisierung, der Staats- und Unternehmensbürokratie, ist nicht falsch. Dennoch geht diese Sichtweise über die Perspektive des allerklassischsten philosophischen Rationalismus, jene des liberalen Humanismus, nicht hinaus. Sie muss weiter gehen, zu einer Perspektive, die die Form einer neuen städtischen Gesellschaft vorschlagen will, indem dieser Keim, das *Urbane*, der sich in den Rissen der geplanten und programmierten Ordnung erhält, gestärkt wird. Will man sich einen »städtischen Menschen« vorstellen, der nicht mehr dem Bild des klassischen Humanismus entspricht, muss die theoretische

Erarbeitung ihre Begriffe verfeinern. Bis heute ist der doppelte Prozess der Industrialisierung und der Urbanisierung weder in der Theorie noch in der Praxis gemeistert worden. Die Lehre von Marx und dem marxistischen Denken, in ihrer Unvollständigkeit, wurde verkannt. Für Marx selbst lag der Zweck, der Sinn der Industrialisierung in sich selbst. Was in der Folge zur Aufspaltung des marxistischen Denkens in Ökonomismus und Philosophismus führte. Marx hat nicht gezeigt (konnte es in seiner Zeit nicht), dass die Urbanisierung und *das Urbane* den *Sinn* der Industrialisierung enthalten. Er hat nicht gesehen, dass die industrielle Produktion die Urbanisierung der Gesellschaft bedingte und dass die Beherrschung der Möglichkeiten der Industrie besondere Kenntnisse bezüglich der Urbanisierung erforderten. Die industrielle Produktion bringt nach einem gewissen *Wachstum* die Urbanisierung hervor; sie liefert dafür die Bedingungen, eröffnet die Möglichkeiten. Die Problematik verlagert sich und wird zu jener der urbanen *Entwicklung*. Die Werke von Marx (namentlich *Das Kapital*) enthielten wertvolle Hinweise über die Stadt und insbesondere über die historischen Zusammenhänge zwischen Stadt und Land. Das städtische Problem stellen sie nicht. Zu Marx' Zeiten stellte sich nur das Problem des Wohnraums, das Engels untersuchte. Das Problem der Stadt reicht aber über jenes des Wohnraums weit hinaus. Die Grenzen des Marx'schen Denkens sind kaum verstanden worden. Anhänger wie Gegner haben Verwirrung gestiftet, weil sie die methodologischen und theoretischen Grundsätze dieses Denkens unzureichend herausgearbeitet haben. Weder die rechte Kritik noch die linke Kritik haben dessen Errungenschaften und Grenzen beachtet. Diese Grenzen sind noch nicht durch ein darüber hinausweisendes Denken, das die Errungenschaften nicht zurückweist, sondern vertieft, überwunden worden. Der implizite Sinn der Industrialisierung wurde also nicht deutlich genug herausgestellt. Im theoretischen Denken hat dieser Prozess seinen Sinn noch nicht erhalten. Schlimmer noch: Man hat den Sinn woanders gesucht oder aber die Bedeutung und die Suche nach dem Sinn aufgegeben.

Die von den Reformisten schlecht verstandene »Vergesellschaftung der Gesellschaft« hat dem städtischen Wandel (in der, durch die und für die Stadt) den Weg verbaut. Es wurde nicht verstanden, dass das Wesen dieser Vergesellschaftung die Verstädterung ist. Was wurde also »vergesellschaftet«? Zeichen, die dem Konsum ausgeliefert wurden: die Zeichen der Stadt, des Urbanen, des städtischen Lebens, wie auch die Zeichen der Natur und des Landes, wie jene der Freunde und des Glücks, ohne dass eine wirksame gesellschaftliche Praxis *das Urbane* zu einem Teil des Alltags gemacht hätte. Das städtische Leben geht in die Bedürfnisse nur über Rückschritte ein, über die Armseligkeit gesellschaftlicher Bedürfnisse der »vergesellschafteten Gesellschaft«, über den tagtäglichen Konsum und dessen eigene Zeichen in der Werbung, der Mode, dem Ästhetizismus. So lässt sich in diesem neuen Moment der Analyse die dialektische Bewegung vorstellen, die die Formen und Konturen, die Determinismen und Zwänge, die Dienstbarkeiten und Aneignungen hinwegfegt und eine verschwommene Perspektive eröffnet.

Das städtische Leben, die städtische Gesellschaft und das Urbane, die durch eine gewisse gesellschaftliche Praxis (deren Analyse weitergehen wird) von ihrer halb zerstörten morphologischen Basis abgetrennt sind und eine neue Grundlage suchen – so stellt sich die Umgebung des kritischen Punktes dar. Das Urbane lässt sich weder als verbunden mit einer materiellen Morphologie (vor Ort, im praktisch, sinnlich Erfahrbaren) definieren noch als davon trennbar. Es handelt sich weder um einen zeitlosen Wesenszug noch um ein System unter anderen oder oberhalb von anderen Systemen. Es ist eine geistige und soziale Form, die der Gleichzeitigkeit, der Versammlung, des Zusammenwirkens, der Begegnung (oder besser von Begegnungen). Es ist eine *Qualität*, die aus Quantitäten hervorgeht (Räume, Objekte, Produkte). Es ist eine *Verschiedenheit* oder besser eine Menge an Verschiedenheiten. *Das Urbane* enthält den Sinn der industriellen Produktion, wie *die Aneignung* den Sinn der *technischen Beherrschung der Natur* enthält, wobei die eine ohne die andere ins Absurde abgleitet. Es ist ein *Feld* an Zusammenhängen, das namentlich den Zusammenhang zwischen der Zeit (oder den Zeiten, zyklischen Rhythmen und linearen Zeiträumen) und dem Raum (oder den Räumen: Isotopien-Heterotopien) beinhaltet. Als Ort des Begehrens und Zusammenhang der Zeiten könnte das Urbane sich als Bezeichnendes darstellen, zu dem wir in diesem Augenblick das Bezeichnete suchen (das heißt die praktisch, sinnlich erfahrbaren »Wirklichkeiten«, die erlauben würden, es im Raum mit einer geeigneten morphologischen und materiellen Grundlage zu verwirklichen).

Aufgrund einer unzureichenden theoretischen Ausarbeitung wurde der doppelte Prozess (Industrialisierung/Urbanisierung) aufgespalten, seine Aspekte wurden getrennt, also dem Absurden geweiht. Dieser durch eine höhere (dialektische) Rationalität erfasste, in seiner Dualität und seinen Widersprüchen begriffene Prozess darf *das Urbane* nicht beiseitelassen. Ganz im Gegenteil: *Er schließt es ein.* Zu beanstanden ist also nicht die Vernunft, sondern ein gewisser Rationalismus, eine beschränkte Rationalität und die Grenzen dieser Rationalität. Die Welt der Ware hat die ihr innewohnende Logik, die des Geldes und des verallgemeinerten grenzenlosen Tauschwerts. Eine solche Form, die des Tauschs und der Gleichwertigkeit, kennt gegenüber der städtischen Form nur die Indifferenz; sie reduziert die Gleichzeitigkeit und die Begegnungen auf jene der Tauschenden und den Ort der Begegnung auf jenen Ort, wo der Vertrag oder Beinahe-Vertrag eines gleichwertigen Tauschs abgeschlossen wird, den Markt. Die städtische

Gesellschaft, eine Gesamtheit von Handlungen, die sich in der Zeit abspielen, einen Raum (Standort, Ort) privilegieren und durch diesen privilegiert werden, abwechselnd Bezeichnendes und Bezeichnetes, hat eine andere Logik als die der Ware. Es ist eine andere Welt. Das Urbane fußt auf dem Gebrauchswert. Der Konflikt ist unvermeidlich. Zudem gibt sich die ökonomistische und produktivistische Rationalität, die die Herstellung von Produkten (tauschbaren Objekten, Tauschwerten) unbeschränkt auszuweiten sucht und dabei das *Werk* abschafft, als Erkenntnis aus, während sie eine ideologische Komponente enthält, die mit ihrem Wesen selbst zusammenhängt. Vielleicht ist sie nur Ideologie, wertet die Zwänge auf, die von den bestehenden Determinismen, von der industriellen Produktion und dem Markt für Produkte kommen, die von ihrem Programmfetischismus ausgehen. Diese realen Zwänge lässt die Ideologie als vernünftig erscheinen. Eine solche Rationalität ist alles andere als harmlos. Die schlimmste Gefahr, die darin steckt, kommt daher, dass sie sich als *synthetisch* versteht und ausgibt. Sie gibt vor, in eine Synthese zu münden und »Synthesemenschen« hervorzubringen (sei es von der Philosophie, der Wissenschaft oder einer »interdisziplinären« Forschung aus). Das ist aber eine ideologische Illusion. Wer hat ein *Recht auf Synthese*? Gewiss nicht ein Beamter der Synthese, der diese Aufgabe in einer institutionell garantierten Art erfüllt. Gewiss nicht jemand, der von einer oder mehreren Analysen aus extrapoliert. Nur die praktische Fähigkeit zur Verwirklichung ist berechtigt, die theoretischen Elemente der Synthese zusammenzutragen, indem sie diese ausführt. Ist es die Rolle der politischen Macht? Vielleicht, aber nicht von irgendeiner beliebigen politischen Kraft: nicht vom politischen Staat als Institution oder Summe von Institutionen, nicht von den Staatsleuten als solchen. Nur die kritische Überprüfung von Strategien erlaubt, auf diese Frage zu antworten. Das Urbane kann sich nur einer Strategie anvertrauen, die die Problematik des Urbanen, die Intensivierung des städtischen Lebens, die tatsächliche Verwirklichung der urbanen Gesellschaft (also ihrer morphologischen, materiellen, praktisch, sinnlich erfahrbaren Grundlage) in den Vordergrund stellt.

Über die städtische Form

Auf die Ambiguität (oder genauer die *Polysemie*, die Bedeutungspluralität) dieses Begriffs »Form« wurde bereits hingewiesen. Das wäre nicht nötig gewesen. Sie springt ins Auge. Sie steht der Polysemie der Begriffe »Funktion«, »Struktur« etc. in nichts nach. Dennoch kann man sich damit nicht begnügen und diese Situation nicht hinnehmen. Wie viele Leute glauben doch, alles gesagt und gelöst zu haben, wenn sie eines dieser Fetischwörter verwenden! Die Pluralität und die Verworrenheit der Bedeutungen dienen dem fehlenden Denken und einer Armseligkeit, die sich für Reichtum hält.

Um die Bedeutung des Begriffs zu erhellen, gibt es nur einen Weg: von seiner abstraktesten Bedeutung auszugehen. Nur die wissenschaftliche Abstraktion, die sich von der verbalen, inhaltsleeren Abstraktion unterscheidet und im Gegensatz zur spekulativen Abstraktion steht, erlaubt transparente Definitionen. Um die Form zu definieren, muss also von der formalen Logik und von logisch-mathematischen Strukturen ausgegangen werden. Nicht, um sie abzusondern und zum Fetisch zu erheben, sondern im Gegenteil, um ihren Bezug zum »Wirklichen« aufzudecken. Das geht nicht ohne einige Schwierigkeiten und Beschwerlichkeiten. Die Transparenz und die Klarheit der »reinen« Abstraktion erschließen sich nicht allen. Die meisten verhalten sich gegenüber dieser Einsicht der Abstraktion als blind oder kurzsichtig. Um das Abstrakte zu erfassen, bedarf es einer »Kultur«, und erst recht, um an die beunruhigenden Grenzen zu kommen, die das Konkrete und das Abstrakte, die Erkenntnis und die Kunst, die Mathematik und die Dichtung voneinander unterscheiden und zugleich vereinen. Um die Bedeutung des Wortes »Form« zu erhellen, wird man also auf eine sehr allgemeine, sehr abstrakte Theorie, die Formentheorie, verwiesen werden, die einer philosophischen Theorie der Erkenntnis nahesteht, eine solche Theorie verlängert und sich trotzdem deutlich von ihr unterscheidet, da sie einerseits ihre eigenen historischen und »kulturellen« Bedingungen bezeichnet und sich andererseits auf schwierige logisch-mathematische Betrachtungen stützt.

Stufenweise vorgehend, soll hier zuerst eine gesellschaftlich anerkannte »Form« untersucht werden, beispielsweise der *Vertrag*. Es gibt eine Vielfalt an Verträgen: Heiratsvertrag, Arbeitsvertrag, Kauf- und Verkaufsvertrag etc. Die Inhalte gesellschaftlicher Handlungen, die als vertraglich festgelegt sind, unterscheiden sich also stark voneinander. Mal geht es darum, die Beziehungen zwischen zwei Individuen unterschiedlichen Geschlechts zu regeln (wobei das sexuelle Verhältnis in seiner gesellschaftlichen Regulierung, die sich mit Gütern und der Übertragung von Gütern auf Kinder und dem Erbe befasst, in den Hintergrund tritt). Mal geht es darum, die Beziehungen zwischen zwei ihrem gesellschaftlichen Status oder sogar der gesellschaftlichen Klasse nach unterschiedlichen Individuen zu regeln: Arbeitgeber und Beschäftigter, Chef und Arbeiter. Mal geht es darum, das Verhältnis zwischen Käufer und Verkäufer einer gesellschaftlichen Ordnungsmäßigkeit zu unterwerfen etc. Dennoch haben diese besonderen Situationen etwas gemeinsam: die gesellschaftlich konstituierte und etablierte *Gegenseitigkeit* der Verpflichtung. Jeder verpflichtet sich gegenüber dem anderen, eine gewisse Art von explizit oder implizit vereinbarter Handlung auszuführen. Im Übrigen weiß man, dass diese Gegenseitigkeit einen Anteil an

Fiktion enthält oder dass sie sich vielmehr, kaum vereinbart, als Schein erweist, sofern sie nicht der vertraglichen Vereinbarung oder einer gesetzlichen Regelung unterliegt. Die geschlechtliche Gegenseitigkeit zwischen Eheleuten wird zur gesellschaftlichen und moralischen Fiktion (die »eheliche Pflicht«). Die Gegenseitigkeit der Verpflichtungen zwischen Vorgesetztem und Arbeiter hebt sie nur zum Schein auf dieselbe Stufe. Und so weiter. Dennoch sind diese Fiktionen gesellschaftliche Realität und haben gesellschaftlichen Einfluss. Sie sind die mannigfaltigen Inhalte einer allgemeinen rechtlichen *Form*, auf deren Grundlage Juristen wirken und die in die *Kodifizierung* der gesellschaftlichen Verhältnisse eingeht, in das Bürgerliche Gesetzbuch.

Dasselbe gilt für das reflektierende Denken. Das Denken hat extrem vielfältige Inhalte: Objekte, Situationen, Tätigkeiten. Aus dieser Vielfalt ragen manche mehr oder weniger fiktive oder wirkliche Bereiche hervor: Wissenschaft, Philosophie, Kunst etc. Diese vielfältigen Objekte, diese zahlenmäßig relativ begrenzten Bereiche hängen ab von einer Formulierung, der Logik. Das Denken wird durch die allen Inhalten gemeinsame Form, die aus ihren Unterschieden hervorgeht, kodifiziert. Die Form wird aus dem Inhalt oder eher aus den Inhalten ersichtlich. Dergestalt befreit, zeigt sie sich rein und transparent – verständlich. Und ist umso verständlicher, als sie inhaltlich abgeklärter, »reiner« ist. Doch hier besteht ein Paradox. Denn nun, so in ihrer Reinheit, gibt es sie nicht mehr. Sie ist nicht wirklich, sie ist nicht. Sich vom Inhalt abhebend, hebt sich die Form vom Konkreten ab. Scheitel- und Gipfelpunkt des Wirklichen, Schlüssel des Wirklichen (seiner erkenntnismäßigen Durchdringung, der dieses verändernden Wirkung), liegt sie außerhalb von diesem. Seit zweitausend Jahren versuchen Philosophen zu verstehen.

Die Philosophie steuert jedoch die theoretischen Elemente dieser Erkenntnis bei. Das Vorgehen kennt mehrere Etappen, mit einem strategischen Ziel. Es geht darum, durch die Bewegung des Denkens, das die Formen und seine eigene Form reinigt, das kodifiziert und formalisiert, die inhärente, verborgene Bewegung des Zusammenhangs von Form und Inhalt zu erfassen. Keine Form ohne Inhalt. Kein Inhalt ohne Form. Was sich der Analyse darbietet, ist immer eine *Einheit* der Form und des Inhalts. Die Analyse bricht die Einheit auf. Sie lässt die Reinheit der Form erscheinen, und die Form verweist auf den Inhalt. Die unauflösbare und doch durch die Analyse zerbrochene Einheit ist konfliktgeladen (dialektisch). Nacheinander pendelt das Denken in einer pausenlosen Bewegung, die höchstens punktuell zur Ruhe kommt, von der durchsichtigen Form auf die Undurchsichtigkeit der Inhalte, von der Wesenhaftigkeit dieser Inhalte auf die Inexistenz der »reinen« Form. Indes neigt einerseits das Denken dazu, die Formen (und ihre eigene logische Form) von den Inhalten abzusondern, indem sie absolute »Essenzen«, Wesenheiten bildet, das Reich der Wesenheiten einführt. Und andererseits neigt die Praxis, der Empirismus, dazu, Inhalte festzustellen, sich mit der Feststellung zu begnügen, in der Intransparenz vielfältiger, in ihrer Unterschiedlichkeit akzeptierter Inhalte zu verweilen. Für die dialektische Vernunft gehen die Inhalte über die Form hinaus, und die Form bietet den Zugang zu den Inhalten. Die Form führt so eine doppelte »Existenz«. Sie ist und sie ist nicht. Sie ist nur in den Inhalten Wirklichkeit und setzt sich dennoch davon ab. Sie hat eine geistige Existenz und eine gesellschaftliche Existenz. Der Vertrag definiert sich geistig durch eine der Logik sehr nahe Form: die Gegenseitigkeit. Gesellschaftlich regelt diese Form unzählige Situationen und Tätigkeiten; sie verleiht ihnen eine Struktur, sie erhält sie aufrecht und wertet sie auf, wobei sie als Form eine Bewertung enthält und einen »Konsens« nach sich zieht. Was die logisch-mathematische Form betrifft, so ist ihre geistige Existenz offenkundig. Weniger offenkundig ist, dass sie eine Fiktion enthält: den theoretischen, rein geistigen, nachdenkenden Menschen. Was ihre gesellschaftliche Existenz betrifft, so wäre eine lange Darlegung angebracht. Mit dieser Form verbinden sich tatsächlich vielfältige gesellschaftliche Tätigkeiten: aufzählen, abgrenzen, einordnen (Objekte, Situationen, Tätigkeiten), *rationell* organisieren, vorhersehen und planen und sogar programmieren.

Aus dem Denken, das (in neuen Begriffen) das lange Nachsinnen und die Problematik der Philosophen weiterführt, lässt sie eine *Formentabelle* erstellen. Es ist eine Art von Raster, um die Zusammenhänge zwischen der Wirklichkeit und dem Denken zu entschlüsseln. Diese (vorläufige, überprüfbare) Tabelle verläuft vom Abstraktesten zum Konkretesten und folglich vom geringst Unmittelbaren zum Unmittelbarsten. Jede Form ist in ihrer doppelten – geistigen wie gesellschaftlichen – Existenz präsent.

I. Logische Form

Geistig: Es ist das Prinzip der Identität: A≡A. Es ist die leere, inhaltslose Wesenhaftigkeit. In der absoluten Reinheit ist es die höchste Transparenz (schwer zu fassen, denn das Denken kann sie weder halten noch sich darin halten, und dennoch hat sie in der *Tautologie* ihren Ausgangs- und Umkehrpunkt). Diese Tautologie ist tatsächlich das, was allen Vorschlägen gemeinsam ist, die untereinander übrigens im Bezug auf den Inhalt, das Bezeichnete (*designatum*, Denotat), nichts gemeinsam haben. Diese Tautologie A≡A ist die substanzentleerte Mitte aller Aussagen, aller Vorschläge, wie Wittgenstein gezeigt hat.

Gesellschaftlich: Die Verständigung und die Konventionen der Verständigung dies- und jenseits von Missverständnissen. Die unmögliche Möglichkeit, zu verwirklichen, dass man anhält, um alles zu definieren, alles zu sagen und sich über die Regeln der Verständigung zu verständigen. Doch auch die Wortklauberei, der Wortschwall, die Wiederholungen, das reine Gerede. Aber auch die Pleonasmen, die Zirkelschlüsse, die Drehtüren (einschließlich der großen gesellschaftlichen Pleonasmen, beispielsweise die Bürokratie, die Bürokratie hervorbringt, um die bürokratische Form aufrechtzuerhalten, die gesellschaftlichen Logiken, die auf ihren reinen Selbsterhalt abzielen, bis sie ihren Inhalt zerstören und sich damit selbst zerstören, indem sie ihre Leere aufzeigen).

II. Mathematische Form
Geistig: Die Identität und die Differenz, die Gleichheit in der Differenz. Die Aufzählung (der Elemente in einem Ganzen etc.). Die Ordnung und das Maß.
Gesellschaftlich: Die Aufteilungen und Zuordnungen (im Raum, der in dieser Eigenschaft generell privilegiert ist, aber auch in der Zeit). Die Ablaufplanung. Die Quantifizierung und die quantitative Rationalität. Die Ordnung und das Maß ordnen sich die Wünsche (*les désirs*) und das Begehren (*le désir*), die Qualität (*la qualité*) und die Eigenschaften (*les qualités*) unter.

III. Sprachliche Form
Geistig: Die Kohärenz, die Fähigkeit, unterschiedliche Elemente zu verbinden, ihnen Bedeutungen und Sinn beizumessen, Botschaften gemäß kodierten Konventionen auszusenden und zu entschlüsseln.
Gesellschaftlich: Die Kohäsion der Beziehungen, ihre Unterordnung unter die Erfordernisse und Beschränkungen der Kohäsion, die Ritualisierung von Beziehungen, ihre Formalisierung und Kodifizierung.

IV. Tauschform

Geistig: Die Konfrontation und die Diskussion, der Vergleich und der Ausgleich (von Tätigkeiten, Bedürfnissen, Arbeitserzeugnissen etc.), kurz die Gleichwertigkeit.

Gesellschaftlich: der Tauschwert, die Warenform (von Marx im 1. Kapitel von *Das Kapital* mit implizitem Bezug auf die formale Logik und den logisch-mathematischen Formalismus freigelegt, formuliert und formalisiert).

V. Vertragsform

Geistig: Die Gegenseitigkeit.

Gesellschaftlich: Die Kodifizierung der gesellschaftlichen Beziehungen auf der Grundlage einer wechselseitigen Verpflichtung.

VI. Objektform (praktisch, sinnlich erfahrbar)

Geistig: Das innere Gleichgewicht, erfasst und begriffen als »objektives« (oder »objektales«) Eigentum jeden Objekts von jedem. Die Symmetrie.

Gesellschaftlich: Die Erwartung dieses Gleichgewichts und dieser Symmetrie, die von Objekten gefordert oder von ihnen widerlegt wird (wobei zu diesen Objekten die lebenden, denkenden »Wesen«, aber auch gesellschaftlichen Objekte wie die Häuser, die Gebäude, Geräte, Werkzeuge etc. gehören).

VII. Schriftenform

Geistig: Die Wiederholung, die synchrone Fixierung dessen, was in der Zeit abläuft, der Rückschritt und der erneute Aufstieg entlang des festgelegten Werdens.

Gesellschaftlich: Die Akkumulation in der Zeit auf der »Grundlage« des Festhaltens und Bewahrens der Errungenschaft, die Einengung durch das Geschriebene und die Schriften, das Entsetzen angesichts des Geschriebenen und der Kampf des Geistes gegen den Buchstaben, des Wortes gegen das Ein- und Vorgeschriebene, des Werdens gegen das Unabänderliche und Erstarrte (das Verdinglichte).

VIII. Städtische Form
Geistig: Die Gleichzeitigkeit (von Ereignissen, Wahrnehmungen, Elementen eines Ganzen in der »Wirklichkeit«).
Gesellschaftlich: Die Begegnung und die Sammlung dessen, was in der Umgebung, in »der Umwelt« existiert (Güter und Erzeugnisse, Taten und Handlungen, Reichtümer) und folglich die städtische Gesellschaft als gesellschaftlich privilegierter Ort, als Sinn der (produzierenden und konsumierenden) Tätigkeiten, als Begegnung von Werk und Produkt.

Weggelassen wird die *Wiederholung*, die manche (darunter Nietzsche [der von Ewiger Wiederkunft spricht, A.d.Ü.]) als höchste Form, als existenzielle Form oder Form der Existenz angesehen haben.

Es liegt fast auf der Hand, dass sich in der sogenannten modernen Gesellschaft die Gleichzeitigkeit intensiviert, verdichtet und sich die Fähigkeiten zur Begegnung und Sammlung stärken. Die Kommunikationen beschleunigen sich bis zur Beinahe-*Gleichzeitigkeit.* Die Informationen strömen herein und werden von der *Zentralität* auf- oder absteigend verteilt. Hierin liegt ein bereits unterstrichener Aspekt der »Vergesellschaftung der Gesellschaft« (wobei auf das »Reformistische« dieser bekannten Formulierung hingewiesen sei).

Ebenso liegt es auf der Hand, dass unter denselben Bedingungen die Zerstreuung zunimmt: eine bis in die letzte Konsequenz getriebene Arbeitsteilung, eine Absonderung sozialer Gruppen, materielle und geistige Trennungen. Diese Zerstreuung lässt sich nur *mit Bezug auf* die Form der Gleichzeitigkeit begreifen und ermessen. Ohne diese Form werden die Zerstreuung und die Trennung schlicht und einfach als

Tatsachen wahrgenommen, angenommen, hingenommen. Die Form erlaubt also, den Inhalt oder vielmehr die Inhalte zu bezeichnen. Die Bewegung in ihrer Entstehung lässt eine verborgene Bewegung sichtbar werden, die dialektische (konfliktreiche) Bewegung von Inhalt und städtischer Form: die Problematik. Die Form, mit der sich diese Problematik einschreibt, wirft Fragen auf, die Teil davon sind. Vor wem und für wen stellt sich die Gleichzeitigkeit, die Sammlung von Inhalten des städtischen Lebens her?

Die Spektralanalyse

Die Rationalität, die wir in der Praxis (den angewandten Urbanismus inbegriffen) in Aktion sehen, diese begrenzte Rationalität wird eigentlich vor allem gemäß den Modalitäten einer weit vorangetriebenen, gut gerüsteten, mit umfassenden Druckmitteln ausgestatteten *analytischen* Intelligenz ausgeübt. Dieser analytische Intellekt umhüllt sich mit den Privilegien und dem Prestige der Synthese; er verbirgt damit, was er verdeckt: die Strategien. Man kann ihm die entschiedene Sorge um das Funktionale oder besser um das *Unifunktionale* sowie die Unterordnung von minutiös verbuchten Details unter die Repräsentation einer gesellschaftlichen Globalität zuschreiben. So verschwinden die *Vermittlungen* zwischen dem als (technisch oder ökonomisch) vernünftig ausgegebenen ideologischen Ganzen und den Detailmaßnahmen, Gegenständen der Taktik und Vorausplanung. Diese Ausklammerung theoretischer und praktischer, gesellschaftlicher und gedanklicher Vermittlungen entbehrt nicht eines Galgenhumors in einer Gesellschaft, wo die Mittelspersonen (Händler, Finanziers, Werbeagenten etc.) unendliche Privilegien genießen. Das eine deckt das andere! So vertieft sich ein Graben zwischen dem Globalen (das über der Leere schwebt) und dem manipulierten und unterdrückten Partiellen, auf dem die Institutionen lasten.

Was hier infrage gestellt wird, ist nicht eine unbestimmte »Globalität« oder Gesamtheit, sondern eine *Ideologie* und die Klassen*strategie*, die diese Ideologie benutzt und unterstützt. Mit dem erwähnten Einsatz der analytischen Intelligenz hängt sowohl die extreme Parzellierung der Arbeit und die bis ins Letzte vorangetriebene Spezialisierung (einschließlich der Fachstudien der Urbanisten) zusammen wie auch die Übertragung der Elemente der Gesellschaft auf das Terrain nach einer Art von »Spektral«-Analyse. Es gilt, auf die *Segregation* oder Absonderung mit ihren bald gleichzeitigen, bald aufeinander folgenden drei Aspekten hinzuweisen: *spontan* (einkommens- und ideologieabhängig) – *freiwillig* (Einrichtung getrennter Räume) – *programmiert* (unter dem Zeichen der Raumordnung und des Plans).

In allen Ländern widersetzen sich fraglos starke Strömungen den Absonderungstendenzen. Es lässt sich nicht behaupten, dass die Segregation gesellschaftlicher Gruppen, Ethnien, Schichten und Klassen auf eine konstante, einheitliche Strategie von Regierungen zurückgehe oder dass man darin die wirksame Übertragung von Institutionen, den Willen von Führern sehen müsse. Viel eher zielen Absichten und abgesprochene Handlungen darauf, sie zu bekämpfen. Dennoch lassen sich bei der Untersuchung gerade da, wo die Trennung nach gesellschaftlichen Gruppen nicht mit schreiender Offensichtlichkeit vor Ort erscheint, ein Druck in diese Richtung und Spuren von Segregation erkennen. Der Grenzfall, das Endergebnis, ist das Getto. Zu beachten ist, dass es mehrere Gettos und Gettotypen gibt: jene der Juden und jene der Schwarzen, aber auch jene der Intellektuellen oder der Arbeiter. Die Wohngegenden sind in ihrer Art Gettos; Menschen, die einkommens- oder machtbedingt einen hohen Lebensstandard genießen, haben sich gerade selbst in Reichengettos abgesondert. Die Freizeitaktivitäten haben ihre Gettos. Dort, wo durch eine konzertierte Handlung versucht wurde, die gesellschaftlichen Schichten und Klassen zu durchmischen, werden sie schnell in einer spontanen Klärung getrennt. Das Phänomen der Absonderung muss anhand von verschiedenen Indikatoren und Kriterien untersucht werden: *ökologische* (Vororte, Elendsquartiere, heruntergekommenes Stadtzentrum), *formale* (Abnutzung der Zeichen und Bedeutungen der Stadt, Verfall *des Urbanen* durch Zerfall seiner architektonischen Bestandteile), *soziologisch* (Lebensstandards und Lebensweisen, Ethnien, Kulturen und Subkulturen etc.).

Die sich gegen die Absonderung wehrenden Strömungen sind eher ideologisch. Sie halten zum Teil am liberalen Humanismus fest, zum Teil an der Philosophie der Stadt, die als »Subjekt« betrachtet wird (Gemeinschaft, gesellschaftlicher Organismus). Trotz der guten humanistischen Absichten und dem guten philosophischen Willen geht die *Praxis* in Richtung Segregation. Warum? Auf theoretischer Ebene trennt, unterteilt das analytische Denken. Es scheitert, wenn es eine Synthese bilden will. Sozial, politisch zielen die (unbewussten oder bewussten) Klassenstrategien auf die Absonderung.

Die Staatsgewalten können in einem demokratischen Land nicht öffentlich die Absonderung als solche verordnen. Sie übernehmen daher oft eine humanistische Ideologie, die sich in Utopie im obsoletesten Sinn, wenn nicht in Demagogie wandelt. Die Absonderung setzt sich bis in die Bereiche des gesellschaftlichen Lebens fort, die diese Staatsgewalten mehr oder weniger leicht, mehr oder weniger tiefgreifend, aber durchgängig regeln.

Der Staat und das Unternehmen bemühen sich, wie festgestellt, die Stadt aufzusaugen, sie als solche abzuschaffen. Der Staat handelt eher von oben herab (indem er die Wohnungen und die Funktion des Wohnens in den Arbeitersiedlungen und Blöcken, die von einer »Gesellschaft« abhängen, garantiert und dabei auch die Freizeitaktivitäten, ja die Kultur und die »soziale Förderung« gewährleistet). Der Staat und das Unternehmen laufen trotz ihrer Unterschiede und zeitweisen Konflikte beide auf die Absonderung hinaus.

Offen gelassen sei die Frage, ob die politischen Formen des Staates (kapitalistisch, sozialistisch, im Übergang etc.) unterschiedliche Strategien gegenüber der Stadt hervorbringen. Vorerst soll auch nicht versucht werden zu wissen, wo, wie, bei wem und mit wem diese Strategien ausgearbeitet werden. Festgestellt werden Strategien, die als bezeichnende Orientierungen beobachtet werden. Die Absonderungen, die morphologisch die Stadt zerstören und das städtische Leben bedrohen, können weder als Folge noch als Zufall noch als örtliche Gegebenheiten durchgehen. Beschränken wir uns auf den Hinweis, dass der demokratische Charakter eines Regimes an seiner Haltung gegenüber der Stadt, den städtischen »Freiheiten«, der städtischen Wirklichkeit erkennbar ist und folglich gegenüber der *Segregation*. Ist es unter den zu berücksichtigenden Kriterien nicht eines der wichtigsten? Was die Stadt und ihre Problematik betrifft, ist es unerlässlich. Wobei zwischen der politischen Macht und dem gesellschaftlichen Druck zu unterscheiden ist, der die Folgen der (guten oder schlechten) Absichten von Politikern zunichtemachen kann. Auch im Bezug auf die Unternehmen sei die Frage offengelassen. Welches Verhältnis besteht zwischen der Rationalität im Allgemeinen (ideologisch und praktisch), der Planung (allgemein und städtisch) einerseits und der rationellen Verwaltung von Großbetrieben andererseits? Dennoch sei eine Hypothese, eine Forschungsrichtung formuliert. Die Rationalität des Unternehmens bedingt immer eine bis ins Extreme vorangetriebene Analyse der Arbeiten, der Operationen, der Verkettungen. Zudem kommen die Gründe und Ursachen einer Klassenstrategie im kapitalistischen Unternehmen voll zum Tragen. Es besteht also eine sehr hohe Wahrscheinlichkeit, dass das Unternehmen als solches in Richtung einer extremen Absonderung geht, dass es in dieser Richtung handelt und in den gesellschaftlichen Druck eingreift, wenn nicht sogar in die Entscheidung.

Der Staat und das Unternehmen versuchen, die städtischen Funktionen an sich zu reißen, anzunehmen und wahrzunehmen, indem sie die Form *des Urbanen* zerstören. Können sie dies? Übersteigen diese objektiven Strategien nicht ihre Kräfte, ob vereint oder nicht? Untersuchungen zu diesem Punkt wären von größtem Interesse. Die Krise der Stadt, deren Bedingungen und Modalitäten nach und nach ans Licht kommen, ist nicht losgelöst von einer Krise der Institutionen auf der Ebene der Stadt, der Rechtsprechung und der städtischen Verwaltung. Da das, was zur stadteigenen Ebene gehörte (Stadtverwaltung, Ausgaben und lokale Investitionen, Schulen und Schulprogramme, Universitäten etc.), immer mehr in die Kontrolle des Staates übergeht und sich im globalen Rahmen institutionalisiert, verschwindet die Stadt tendenziell als besondere Institution. Was sie als Werk ursprünglicher gesellschaftlicher Gruppen abschafft, die ihrerseits besonders sind. Doch können (aber das bliebe durch soziologische, rechtliche, wirtschaftliche, administrative, kulturelle Recherchen zu beweisen) die übergeordneten Instanzen und Mächte ohne dieses Relais, diese Vermittlung, die Stadt auskommen? Können sie *das Urbane* abschaffen? Auf dieser Ebene bildet sich das Alltagsleben aus, bestimmt durch Institutionen, die es von oben regulieren, gefestigt und angeordnet durch vielfältige Zwänge. Die produktivistische Rationalität, die darauf zielt, die Stadt auf Ebene der allgemeinen Planung auszulöschen, trifft sie auf der Ebene des organisierten und kontrollierten Konsums, des überwachten Marktes wieder an. Nachdem sie die Regierungen auf der Ebene der umfassenden Entscheidungen zurückgedrängt haben, setzen sie sie auf der Ebene der Durchführungen, der Anwendungen wieder ein. Daraus ergibt sich – sofern man die Situation in Frankreich und anderswo verstehen kann – ein unwahrscheinliches Gewirr aus (jeweils vernünftigen) Maßnahmen, (jeweils gut ausgearbeiteten) Regulierungen und (jeweils begründeten) Beschränkungen. Die bürokratische Rationalität verstrickt sich in ihrem Funktionieren in ihren Voraussetzungen und Auswirkungen; diese übersteigen sie und entgleiten ihr. »Strukturierende« Aktivitäten und »konzertierte« Aktionen, die Widerstreite und Widersprüche beseitigen sollten, bringen diese im Gegenteil reichlich hervor. Hier, vor Ort, wird die Absurdität des begrenzten (beschränkten) Rationalismus der Bürokratie und der Technokratie offenkundig. Hier lässt sich die Falschheit und die illusorische Identifizierung von Rationalem und Realem im Staat erfassen, und die tatsächliche Identität von Absurdem und einem gewissen autoritären Rationalismus.

Die Stadt und das Urbane zeichnen sich uns am Horizont als virtuelle Objekte, als Entwürfe einer synthetischen Wiederherstellung ab. Die kritische Analyse stellt das Scheitern eines analytischen, unkritischen Denkens fest. Was behält diese analytische Praxis von der Stadt, vom Urbanen, dessen Ergebnisse vor Ort feststellbar wären? Aspekte, Elemente, Fragmente. Sie führt das Spektrum [*spectre*, frz. auch Gespenst, A.d.Ü.] vor Augen, die Spektralanalyse der Stadt. Wenn ich von *Spektralanalyse* spreche, sind die Worte in ihrer gleichsam wortwörtlichen Bedeutung zu nehmen und nicht als Metapher. Vor unseren Augen, unter unserem Blick haben wir das »Spektrum« (Gespenst) der Stadt, jenes der städtischen Gesellschaft und vielleicht jenes der Gesellschaft kurzum. Auch wenn das Gespenst des Kommunismus in Europa nicht mehr umgeht, so hat vielleicht der Schatten der Stadt, das Bedauern über das, was gestorben ist, weil man es getötet hat, die Reue vielleicht, das alte Gespenst ersetzt. Das Bild der sich anbahnenden städtischen Hölle übt nicht weniger Faszination aus, und die Menschen stürzen sich auf die Ruinen der alten Städte, um sie als Touristen zu konsumieren, und glauben damit ihre Sehnsucht zu heilen. Wie ein Spektakel, ein Schauspiel (für Zuschauer, die sich dessen nicht »bewusst« sind, was vor ihrem »Bewusstsein« steht), stehen vor uns die Bestandteile des gesellschaftlichen Lebens und *des Urbanen*, unverbunden, reglos. Hier »Komplexe« ohne Jugendliche, ohne alte Menschen. Hier schlaftrunkene Frauen, während die Männer weit weg arbeiten gehen und abgehetzt nach Hause kommen. Hier Eigenheimgegenden, die einen Mikrokosmos bilden und dennoch städtisch bleiben, weil sie von den Entscheidungszentren abhängen und weil jedes Heim seinen Fernseher hat. Hier ein klar in Teilabschnitte zerlegter Alltag: Arbeit, Transport, Privatleben, Freizeit. Die analytische Aufspaltung hat sie abgesondert wie Zutaten und chemische Bestandteile, wie Rohstoffe (während sie das Ergebnis einer langen Geschichte sind und eine Aneignung der Stofflichkeit bedingen). Damit nicht genug. Hier das zerstückelte, unverbundene Menschenwesen. Hier die Sinne: der Geruchssinn, der Geschmackssinn, der Sehsinn, der Tastsinn, der Gehörsinn, die einen verkümmert, die anderen überentwickelt. Hier getrennt funktionierend die Wahrnehmung, die Intelligenz, der Verstand. Hier das Wort und der Diskurs, die Schrift. Hier die Alltäglichkeit und das Fest, Letzteres im Sterben liegend. Ganz offensichtlich, ganz dringend, unmöglich, es dabei zu belassen. Die *Synthese* drängt sich also auf die Tagesordnung, auf die Ordnung des Jahrhunderts. Doch diese Synthese des analytischen Intellekts erscheint nur als *Kombinatorik* der getrennten Bestandteile. Die Kombination ist aber nicht, ist nie Synthese. Die Stadt und *das Urbane* lassen sich von den Zeichen der Stadt, den Semantemen *des Urbanen* aus nicht wiederaufbauen, und dies, obschon die Stadt ein bezeichnendes Ganzes ist. Die Stadt ist nicht nur eine Sprache, sondern eine Praxis. So ist niemand – und ich scheue nicht, mich zu wiederholen, wenn ich das betone – befugt, diese Synthese zu verkünden, sie anzukündigen. Weder der Soziologe oder der »Animateur« noch der Architekt, der Ökonom, der Demograf, der Linguist, der Semiologe. Niemand ist dazu ermächtigt und auch nicht berechtigt. Nur der Philosoph wäre vielleicht dazu berechtigt, wenn sich die Philosophie über die Jahrhunderte hinweg nicht als unfähig erwiesen hätte, konkrete Totalitäten zu erreichen (obschon sie immer auf die Totalität abgezielt und die umfassenden, allgemeinen Fragen gestellt hat). Nur eine *Praxis* unter Bedingungen, die zu bestimmen wären, kann Möglichkeit und Erfordernis einer Synthese, einer Orientierung auf dieses Ziel übernehmen, zu sammeln, was als verzettelt, abgesondert, abgespalten daherkommt, und dies in der Form von Gleichzeitigkeit und Begegnungen.

Vor unseren Augen finden sich also einzeln an Ort und Stelle geworfen Gruppen, Ethnien, Generationen und Geschlechter, Aktivitäten, Arbeiten, Funktionen, Kenntnisse. Alles, was es braucht, um eine Welt zu schaffen, die städtische Gesellschaft oder das entwickelte *Urbane.* Doch diese Welt ist abwesend, diese Gesellschaft ist vor uns nur im virtuellen Zustand. Sie droht im Keim zu ersticken. Unter den bestehenden Bedingungen stirbt sie, bevor sie geboren wird. Die Bedingungen, die die Möglichkeiten hervortreten lassen, können diese auch im virtuellen Zustand, in der Anwesenheit/Abwesenheit halten. Wäre das nicht der Ursprung des Dramas, der Punkt, an dem Sehnsüchte aufkommen? Wer unter Mangel, Armut, Frust über die Vereitelung des Möglichen lebte, das nur Mögliches bleibt, erlebte den Zwang des Urbanen. Desgleichen erlebten den Zwang der Einbindung und der Teilhabe die nicht Teilhabenden, die nicht Eingebundenen, jene, die mitten unter den Fragmenten der möglichen Gesellschaft und den Ruinen der Vergangenheit leben: ausgeschlossen aus der Stadt, vor den Toren *des Urbanen.*

Der zurückgelegte Weg ist gesäumt von Widersprüchen zwischen dem Totalen (der Gesamtheit) und dem Partiellen, zwischen Analyse und Synthese. Hier also ein weiterer, der sich überdeutlich abzeichnet. Er interessiert nicht mehr die Theorie, sondern die Praxis. Ein und dieselbe *gesellschaftliche Praxis*, jene der gegenwärtigen Gesellschaft (in Frankreich in der zweiten Hälfte des 20. Jahrhunderts) bietet sich der kritischen Analyse in zweifacher Gestalt dar, die nicht auf einen bezeichnenden Gegensatz reduziert werden kann, auch wenn sie bezeichnet.

Einerseits ist diese gesellschaftliche Praxis integrierend. Sie versucht, diese Elemente und Aspekte in ein kohärentes Ganzes einzubinden. Die Einbindung erfolgt auf mehreren Stufen gemäß unterschiedlichen Modalitäten: durch den Markt in die »Warenwelt«, anders gesagt durch den Konsum und durch die Konsumideologie – über die als einheitlich und allgemein gesetzte »Kultur« – durch »Werte« einschließlich der Kunst – durch die staatliche Tätigkeit einschließlich des Nationalbewusstseins, jene der landesweiten politischen Optionen und Strategien. Diese Integration zielt in erster Linie auf die Arbeiterklasse, aber auch auf die Intelligenz und die Intellektuellen, das kritische Denken (ohne den Marxismus auszuschließen). Der Urbanismus könnte für diese integrative Praxis gut unentbehrlich werden.

Gleichzeitig praktiziert diese Gesellschaft die *Segregation*. Die gleiche Rationalität, die sich als umfassend versteht (organisierend, planend, einheitlich und vereinigend), konkretisiert sich auf analytischer Ebene. Sie überträgt die Aufspaltung vor Ort. Sie tendiert wie in den Vereinigten Staaten dazu, sich aus Gettos oder Parkflächen zu bilden, dem der Arbeiter, der Intellektuellen, dem der Studenten (der Campus), dem oder denen der Ausländer und so weiter, nicht zu vergessen das Freizeitgetto oder das Getto der »Kreativität«, reduziert auf die Miniaturisierung und die Bastelei. Getto im Raum und Getto in der Zeit. In der urbanistischen Darstellung bedeutet »Zonierung« bereits Aufspaltung, Absonderung, Isolation in angelegten Gettos. Das Faktum wird im Projekt Rationalität.

Diese Gesellschaft versteht und sieht sich als *kohärent*. Sie verfolgt die mit der Rationalität verbundene Kohärenz gleichzeitig als Merkmal effizienten (organisierenden) Handelns, als Wert und als Kriterium. Die Ideologie der Kohärenz bringt bei genauerer Prüfung eine verdeckte, wenn auch schreiende Inkohärenz ans Licht. Ist die Kohärenz nicht die Obsession einer inkohärenten Gesellschaft, die ihren Weg zur Kohärenz sucht, indem sie in der Konfliktsituation verharren will, die als solche bestritten, verleugnet wird?

Es ist nicht die einzige Obsession. Die *Integration* oder Einbindung wird ebenfalls zum zwanghaften Thema, ein Streben ohne Ziel. Der Begriff »Integration« in seinen vielfältigen Bedeutungen erscheint in den Texten (Zeitungen, Bücher, auch Reden) so häufig, dass es entlarvend ist. Dieser Begriff bezeichnet einerseits ein *Konzept*, das sich auf eine gesellschaftliche Praxis bezieht und sie umkreist und dabei eine Strategie erkennen lässt. Andererseits ist er ein *gesellschaftliches Konnotat* ohne Konzept, ohne Zweck noch Zweckfreiheit, das eine Obsession enthüllt, nämlich sich *zu integrieren* (in dieses oder jenes: in eine Gruppe, ein Ganzes, ein Alles). Wie sollte es auch anders sein, in einer Gesellschaft, die das Ganze den Teilen, die Synthese der Analyse, die Kohärenz der Inkohärenz, die Gestaltung der Auflösung unterordnet? Diese grundlegende Dualität mit ihrem konfliktträchtigen Inhalt offenbart sich, wenn man von der Stadt und der städtischen Problematik ausgeht. Was ergibt sich daraus? Zweifellos paradoxe Phänomene *desintegrierender Integration*, die insbesondere die städtische Realität betreffen.

Das bedeutet nicht, dass die Gesellschaft sich spaltet, in Stücke zerfällt. Nein. Sie funktioniert. Wie? Warum? Hier gibt es ein Problem. Es bedeutet auch, dass das Funktionieren nicht ohne ein enormes Unbehagen auskommt: seine Zwangsvorstellung.

Ein anderes zwanghaftes Thema: *die Partizipation* oder Mitwirkung (mit der Integration zusammenhängend). Dabei handelt es sich nicht nur um eine simple Zwangsvorstellung. In der Praxis erlaubt die Ideologie der Partizipation, die Zustimmung der interessierten und betroffenen Menschen zum niedrigsten Preis zu erhalten. Nach einer mehr oder weniger ausgefeilten Scheininformation und gesellschaftlichen Scheinhandlung kehren sie in ihre ruhige Passivität, in ihren Ruhestand zurück. Ist nicht klar, dass die tatsächliche, aktive Mitwirkung bereits einen Namen trägt? Sie heißt *Selbstverwaltung*. Das wirft andere Probleme auf.

Sehr mächtige Kräfte versuchen die Stadt zu zerstören. Ein gewisser Urbanismus steht bevor, der die Ideologie einer Praxis, die auf die Zerstörung der Stadt abzielt, vor Ort überträgt. Diese gesellschaftlichen und politischen Kräfte richten das entstehende *Urbane* zugrunde. Kann dieser auf seine Art sehr mächtige Keim in den Ritzen entstehen, die zwischen diesen Größen fortbestehen: dem Staat, dem Unternehmen, der Kultur (die die Stadt untergehen lässt, indem sie ihr Bild und ihre Werke für den Konsum freigibt), der Wissenschaft oder eher der Wissenschaftlichkeit (die sich in den Dienst der bestehenden Rationalität stellt, sie legitimiert)? Könnte das städtische Leben die weitgehend verschwundenen Fähigkeiten der Stadt zur *Integration* und zur *Partizipation*, die weder über den autoritären Weg noch über administrative Vorschriften noch das Eingreifen von Fachpersonen angeregt werden können, wiedererlangen und verstärken? So lässt sich das theoretische Hauptproblem ausdrücken. Ob diese Analyse ein »Subjekt« ausmachen kann, dem es sich anlasten lässt, ob es das Gesamtergebnis einer Reihe nicht abgestimmter Handlungen oder die Folge eines Willens ist, der politische Sinn der Segregation als Klassenstrategie liegt auf der Hand. Für die *Arbeiterklasse*, die der Absonderung zum Opfer fällt, aus der traditionellen Stadt vertrieben und des gegenwärtigen oder möglichen städtischen Lebens beraubt ist, stellt sich ein praktisches, also *politisches* Problem. Selbst wenn es nicht politisch gestellt worden ist und die Frage des Wohnraums bislang für sie und ihre Vertreter die Problematik der Stadt und *des Urbanen* verdeckt hat.

Das Recht auf Stadt

Das theoretische Denken sieht sich gezwungen, die Formen, Funktionen, Strukturen der Stadt (wirtschaftlich, politisch, kulturell etc.) sowie die der städtischen Gesellschaft eigenen gesellschaftlichen Bedürfnisse neu zu definieren. Bislang wurden nur die individuellen Bedürfnisse mit ihren von der sogenannten Konsumgesellschaft (der bürokratischen Gesellschaft des gelenkten Konsums) geprägten Motivationen erkundet und im Übrigen mehr manipuliert als tatsächlich erkannt und anerkannt. Die gesellschaftlichen Bedürfnisse haben eine anthropologische Grundlage; dazu gehören, ob entgegengesetzt oder sich ergänzend, das Bedürfnis nach Sicherheit und jenes nach Offenheit, das Bedürfnis nach Gewissheit und das Bedürfnis nach Abenteuer, jenes nach Arbeitsplanung und jenes nach Spiel, das Bedürfnis nach Vorhersehbarkeit und nach dem Unvorhergesehenen, nach Einheit und nach Differenz, nach Abschottung und nach Begegnung, nach Handel und nach Investitionen, nach Unabhängigkeit (ja sogar Einsamkeit) und nach Kommunikation, nach Unmittelbarkeit und nach langfristigen Perspektiven. Das menschliche Wesen hat auch das Bedürfnis, Energien zu sammeln, und das, sie wieder zu verausgaben und sogar im Spiel zu verschwenden. Es muss sehen, hören, berühren, schmecken und hat das Bedürfnis, diese Wahrnehmungen in einer »Welt« zu vereinen. Zu diesen gesellschaftlich (d.h. manchmal getrennt, manchmal vereint, hier komprimiert und dort übergroß) aufbereiteten anthropologischen Bedürfnissen gesellen sich besondere Bedürfnisse, die von den mehr oder weniger kärglichen kommerziellen und kulturellen Einrichtungen, die die Urbanisten in Betracht ziehen, nicht befriedigt werden. Es geht um das Bedürfnis nach schöpferischer Tätigkeit, nach dem Werk (nicht nur nach konsumierbaren materiellen Erzeugnissen und Gütern), um das Bedürfnis nach Information, nach Symbolismus, nach Phantasie, nach spielerischer Tätigkeit. In diesen einzeln aufgeführten Bedürfnissen lebt und überlebt ein Grundbegehren, wovon das Spiel, die Sexualität, körperliche Betätigungen wie Sport, die schöpferische Tätigkeit, die Kunst und das Wissen besondere Bekundungen und *Augenblicke* sind, die die vereinzelte Arbeitsteilung mehr oder weniger überwinden. Kurz, das Bedürfnis nach der Stadt und dem städtischen Leben kann sich frei nur in den Perspektiven ausdrücken, die sich hier abzuzeichnen und den Horizont zu erweitern versuchen. Sind die besonderen städtischen Bedürfnisse etwa nicht Bedürfnisse nach geeigneten Orten, Orten der Gleichzeitigkeit und Begegnung, Orten, an denen der Tausch nicht über den Tauschwert, den Handel und den Profit erfolgt? Wäre es nicht auch das Bedürfnis nach einer Zeit für diese Begegnungen, diesen Austausch?

Eine *analytische Wissenschaft der Stadt* – die nötig ist –, besteht heute nur in Umrissen. Begriffe und Theorien können zu Beginn ihrer Erarbeitung nur mit der im Entstehen begriffenen städtischen Wirklichkeit, mit der (gesellschaftlichen) *Praxis* der urbanen Gesellschaft weiterkommen. Die Überwindung von Ideologien und Praktiken, die den Horizont beschränkten, die nur Engpässe des Wissens und Handels waren, die eine zu überwindende Schwelle markierten, findet zurzeit nur mühsam statt.

Die *Wissenschaft der Stadt* hat die Stadt zum Gegenstand. Diese Wissenschaft entlehnt ihre Methoden, Vorgehensweisen und Begriffe den Teilwissenschaften. Die Synthese entgeht ihr in doppelter Hinsicht. Erstens als Synthese, die total sein möchte und die vom Analytischen her nur in einer Systematisierung, einer strategischen Programmierung bestehen kann. Dann, weil sich die Stadt als vollendete Wirklichkeit zersetzt. Die Erkenntnis hat nur die bereits veränderte historische Stadt vor sich, um sie zu zerlegen und aus den Stücken neu zusammenzusetzen. Als gesellschaftlicher Text hat diese historische Stadt nichts mehr von einer zusammengewachsenen Folge aus Vorschriften, von einem an Symbole und einen Stil gebundenen Tagesablauf. Dieser Text entfernt sich. Er nimmt das Aussehen eines Dokuments, einer Ausstellung, eines Museums an. Die historisch geformte Stadt lebt nicht mehr, lässt sich praktisch nicht mehr erfassen. Sie ist nur noch ein Gegenstand kulturellen Konsums für die Touristen, für den Ästhetizismus, der nach Spektakel und Pittoreskem lechzt. Selbst für jene, die sie mit Wärme zu verstehen versuchen, ist die Stadt tot. Dennoch überdauert das Urbane, im Zustand zersplitterter und entfremdeter Aktualität, als Keim, als Virtualität. Was die Augen und die Analyse vor Ort wahrnehmen, kann bestenfalls als Schatten eines zukünftigen Gegenstands in der Klarheit eines Sonnenaufgangs durchgehen. Es ist unmöglich, sich die Wiederherstellung der alten Stadt vorzunehmen, es kann nur um den Aufbau einer neuen Stadt, auf neuen Grundlagen, in einem anderen Maßstab, unter anderen Bedingungen, in einer anderen Gesellschaft gehen. Weder Rückkehr (zur traditionellen Stadt) noch Flucht nach vorn in die riesige, eintönige Agglomeration – so lautet das Rezept. Mit anderen Worten, bezüglich der Stadt ist der Gegenstand der Wissenschaft nicht gegeben. Die Vergangenheit, die Gegenwart, das Mögliche lassen sich nicht voneinander trennen. Es ist ein *virtueller Gegenstand*, den das Denken untersucht. Was neue Methoden erfordert.

Der alte klassische Humanismus hat seine Karriere schon lange – und schlecht – beendet. Er ist tot. Sein mumifizierter, einbalsamierter Leichnam wiegt schwer und riecht nicht gut. Er belegt viele öffentliche oder nicht öffentliche Plätze, die so unter dem Anschein des Menschlichen in einen kulturellen Friedhof verwandelt werden: Museen, Universitäten, verschiedene Veröffentlichungen. Dazu die Neustädte und die Urbanismus-Zeitschriften. Trivialitäten und Plattitüden hüllen sich in diese Verpackung. »Im menschlichen Maßstab«, heißt es. Während wir die Maßlosigkeit übernehmen und »etwas« dem Universum Ebenbürtiges schaffen müssen.

Dieser alte Humanismus ist in den Weltkriegen, während des Bevölkerungsschubs, der auf große Gemetzel folgt, vor den brutalen Erfordernissen des Wachstums und der wirtschaftlichen Konkurrenz und unter dem Druck schlecht beherrschter Techniken gestorben. Er ist nicht einmal mehr eine Ideologie, und kaum noch ein Thema für eine offizielle Rede.

Als wäre der Tod des klassischen Humanismus mit dem des Menschen gleichzusetzen, wurde kürzlich ein Aufschrei laut. »Gott ist tot, der Mensch auch.« Diese in Bestsellern verbreiteten, von einer wenig verantwortungsvollen Werbung aufgegriffenen Floskeln sind nicht neu. Nietzsches Nachdenken begann vor nahezu einem Jahrhundert, während des Krieges 1870/71, einem schlechten Vorboten für Europa, seine Kultur und seine Zivilisation. Als Nietzsche den Tod Gottes und den des Menschen verkündete, hinterließ er keine gähnende Leere; er stopfte diese Leere nicht behelfsmäßig, mit der Sprache und der Linguistik. Er verkündete auch das Übermenschliche, das seiner Ansicht nach eintreffen würde. Er überwand den Nihilismus, den er diagnostizierte. Die Autoren, die mit dem Rückstand von einem Jahrhundert die theoretischen und poetischen Schätze zu Geld machen, tauchen uns wieder in den Nihilismus ein. Seit Nietzsche sind die Gefahren des Übermenschen in grausamer Augenfälligkeit erschienen. Andererseits hat der »neue Mensch«, den man aus der industriellen Produktion und der planerischen Rationalität hervorgehen sieht, nur allzu sehr enttäuscht. Ein Weg tut sich noch auf, jener der urbanen Gesellschaft und des Humanen als Werk in dieser Gesellschaft, die Werk und nicht Produkt wäre. Oder die gleichzeitige Überwindung des alten »Gesellschaftstiers« und des Menschen der alten Stadt, des Stadttiers, zum urbanen Menschen, vielseitig, polysensorisch, fähig zu komplexen und transparenten Beziehungen mit »der Welt« (der Umgebung und sich selbst); oder aber der Nihilismus. Wenn der Mensch stirbt, für wen werden wir bauen? Wie bauen? Ob die Stadt verschwunden ist oder nicht, ob sie neu zu denken, auf neuen Grundlagen wiederaufzubauen oder aber zu überwinden ist, ist nicht so wichtig. Ob der Terror herrscht, ob die Atombombe abgeworfen wird oder nicht, ob der Planet Erde explodiert oder nicht, ist nicht so wichtig. Worauf kommt es an? Wer denkt, handelt, spricht noch und für wen? Wenn die Bedeutung und der Zweck verschwinden, wenn wir sie nicht einmal mehr in einer Praxis erklären können, ist nichts mehr von Bedeutung und Interesse. Und wenn die Fähigkeiten des »menschlichen Wesens«, die Technik, die Wissenschaft, die Phantasie, die Kunst oder deren Abwesenheit sich als autonome Mächte aufspielen und das reflektierende Denken sich mit dieser Feststellung der Abwesenheit des »Subjekts« begnügt, was darauf antworten? Was tun?

Der alte Humanismus entfernt sich, er verschwindet. Die Sehnsucht verflüchtigt sich, und wir blicken immer seltener zurück, um auf dem Weg noch einmal seine Gestalt zu erblicken. Es war die Ideologie der liberalen Bourgeoisie. Sie beugte sich über das Volk, über die menschlichen Leiden. Sie umhüllte, sie stützte die Rhetorik der Schöngeister, der großen Gefühle, der guten Gewissen. Sie setzte sich aus griechisch-lateinischen Zitaten, gewürzt mit Judeo-Christentum, zusammen. Ein fürchterlicher Cocktail, ein Brechmittel. Nur einige Intellektuelle (»Linke« – aber gibt es noch Rechtsintellektuelle?) finden noch Geschmack an diesem traurigen

Gesöff – das weder revolutionär, offen reaktionär, noch dionysisch noch apollinisch ist.

Was es braucht, ist also ein neuer Humanismus, den wir versuchen und um den wir uns bemühen müssen, das heißt um eine neue Praxis und einen anderen Menschen, den der urbanen Gesellschaft. Und uns dabei vor den Mythen hüten, die diesen Willen bedrohen, und die Ideologien zerstören, die von diesem Plan ablenken, und die Strategien, die diesen Weg ablehnen. Das urbane Leben hat noch nicht begonnen. Wir beenden heute das Inventar der Trümmer einer jahrtausendealten Gesellschaft, in der das Land die Stadt beherrscht hat, deren Ideen und »Werte«, die Tabus und Vorschriften, zum großen Teil agrarischen Ursprungs, vorwiegend ländlich und »natürlich« waren. Nur wenige Städte hoben sich aus dem ländlichen Ozean ab. Die rurale Gesellschaft war (und ist nach wie vor) eine des mangelnden Überflusses, der Knappheit, der angenommenen oder zurückgewiesenen Entbehrung, der Verbote, die die Entbehrungen anordnen und regulieren. Es war übrigens die Gesellschaft des Festes, aber dieser Aspekt, der beste, ist nicht beibehalten worden, und diesen gilt es wieder auferstehen zu lassen, und nicht die Mythen und Beschränkungen. Eine entscheidende Anmerkung: Die Krise der traditionellen Stadt begleitet die weltweite Krise der ebenfalls traditionellen landwirtschaftlichen Zivilisation. Sie gehören zusammen und fallen sogar zusammen. Es liegt an »uns«, diese doppelte Krise zu lösen, indem wir insbesondere mit der neuen Stadt das neue Leben in der Stadt schaffen. Die revolutionären Länder (darunter die UdSSR zehn oder fünfzehn Jahre nach der Oktoberrevolution) haben die Entwicklung einer auf die Industrie gestützten Gesellschaft erahnt. Aber nur erahnt.

In den Sätzen weiter oben ist das »wir« nur bildlich zu verstehen. Es bezeichnet die Betroffenen. Weder der Architekt noch der Urbanist, der Soziologe, der Ökonom noch der

Philosoph oder der Politiker können aus dem Nichts über Verordnungen neue Formen und Verhältnisse hervorziehen. Wenn es zu präzisieren gilt, haben weder der Architekt noch der Soziologe die Vollmachten eines Wundertäters. Weder der eine noch der andere schaffen gesellschaftliche Verhältnisse. Unter gewissen günstigen Bedingungen helfen sie Strömungen, sich zu formulieren (Form anzunehmen). Nur das gesellschaftliche Leben (die Praxis) in seiner umfassenden Fähigkeit besitzt solche Vollmachten. Oder besitzt sie nicht. Die oben aufgezählten Personen können als Einzelne oder im Team den Weg freimachen; sie können auch Formen vorschlagen, versuchen, vorbereiten. Und auch (und vor allem) eine Bestandsaufnahme der erworbenen Erfahrungen machen, Lehren aus dem Scheitern ziehen, zur Niederkunft des Möglichen beitragen, aber nicht eine wissenschaftliche genährte Mäeutik.

An diesem Punkt angelangt, sei auf die Dringlichkeit eines Wandels der Methoden und der intellektuellen Werkzeuge hingewiesen. Unter Verweis auf anderenorts verwendete Formulierungen, scheinen einige noch wenig geläufige gedankliche Schritte unerlässlich.

a) *Die Transduktion*. Dabei handelt es sich um einen intellektuellen Vorgang, der methodisch verfolgt werden kann und sich von der Induktion und der klassischen Deduktion, aber auch von der Konstruktion von »Modellen«, der Simulation, der simplen Formulierung von Hypothesen unterscheidet. Die Transduktion *erarbeitet* und konstruiert einen theoretischen Gegenstand, einen möglichen Gegenstand, und zwar ausgehend von Informationen über die Wirklichkeit sowie eine Problematik, die durch diese Wirklichkeit aufgeworfen ist. Die Transduktion setzt ein unaufhörliches Feedback zwischen dem verwendeten begrifflichen Rahmen und den empirischen Beobachtungen voraus. Ihre Theorie (Methodologie) bringt einige spontane gedankliche Arbeitsgänge des Urbanisten, des Architekten, des Soziologen, des Politikers, des Philosophen in

Form. Sie bringt Strenge in den Einfall und Erkenntnis in die Utopie.

b) *Die experimentelle Utopie.* Wer ist heute schon nicht *Utopier*? Nur die hochspezialisierten Praktiker, die auf Befehl arbeiten, ohne die vorgeschriebenen Normen und Zwänge auch nur der geringsten Prüfung zu unterziehen, nur diese wenig interessanten Persönlichkeiten entkommen dem Utopismus. Alle Utopier einschließlich der Futurologen, der Planer, die das Paris des Jahres 2000 entwerfen, der Ingenieure, die Brasilia konstruiert haben, und so weiter! Doch es gibt mehrere Utopismen. Ist nicht der schlimmste davon jener, der sich nicht beim Namen nennt, der sich hinter einem Positivismus verbirgt, der als solcher die schlimmsten Zwänge und das lächerlichste Fehlen von Fachwissen durchsetzt?

Die Utopie muss experimentell betrachtet werden, indem ihre Auswirkungen und Folgen vor Ort untersucht werden. Sie können überraschen. Was sind die gesellschaftlich gelungenen Orte, was werden sie sein? Wie sie aufspüren? Nach welchen Kriterien? Welche Zeiten, welche Rhythmen des Alltagslebens werden in diesen »gelungenen«, das heißt das Glück begünstigenden Räumen eingeschrieben, geschrieben, vorgeschrieben? Das ist von Interesse.

Andere intellektuell unentbehrliche Schritte: die grundlegenden theoretischen Konzepte zu unterscheiden, ohne sie getrennt voneinander zu betrachten, nämlich die Struktur, die Funktion und die Form. Ihre Reichweite, ihr Gültigkeitsbereich, ihre Grenzen und wechselseitigen Beziehungen – zu wissen, dass sie ein Ganzes bilden, die Bestandteile dieses Ganzen aber eine gewisse Unabhängigkeit und eine relative Autonomie haben –, bedeutet nicht, etwas davon zu bevorzugen, was in eine Ideologie mündet, das heißt ein dogmatisches, geschlossenes Bedeutungssystem: den Strukturalismus, den Formalismus, den Funktionalismus. Sie nacheinander auf gleichberechtigter Basis für die Analyse der Wirklichkeit (eine nie erschöpfende, rückstandslose Analyse) sowie für ein Vorgehen zu nutzen, das »Transduktion« genannt wird. Gut zu verstehen, dass eine Funktion sich mittels unterschiedlicher Strukturen erfüllen kann und es keinen eindeutigen Zusammenhang zwischen diesen Begriffen gibt. Dass Funktion und Struktur Formen bekleiden, die sie enthüllen und verbergen – dass die Dreiheit dieser Aspekte ein »Ganzes« bildet, das mehr ist als diese Aspekte, Elemente und Teile.

Unter den intellektuellen Werkzeugen, die uns zur Verfügung stehen, gibt es eines, das weder Geringschätzung noch das Privileg des Absoluten verdient: jenes des *Systems* (oder eher der *Untersysteme*) von Bedeutungen.

Die Politik hat ihre Bedeutungssysteme – die Ideologien –, die erlauben, die von ihr beeinflussten gesellschaftlichen Taten und Ereignisse ihren Strategien unterzuordnen.

Der bescheidene Bewohner hat sein Bedeutungssystem (oder eher -untersystem) auf der Ebene der Ökologie. Die Tatsache, hier oder dort zu leben, beinhaltet den Empfang, die Annahme und die Weitergabe eines solchen Systems, beispielsweise jenem des Eigenheimgebiets. Das Bedeutungssystem des Bewohners erzählt dessen Passivitäten und Aktivitäten; es wird aufgenommen, aber durch die Praxis verändert. Es wird wahrgenommen.

Die Architekten scheinen eine Gesamtheit von Bedeutungen etabliert und dogmatisiert zu haben, die als solche nur unklar zum Ausdruck kommt und mit verschiedenen Wörtern bedacht wird. »Funktion«, »Form«, »Struktur« oder vielmehr Funktionalismus, Formalismus, Strukturalismus. Sie erarbeiten diese nicht anhand der wahrgenommenen und gelebten Bedeutungen derer, die wohnen, sondern anhand der durch sie interpretierten Tatsache des Wohnens. Sie ist verbal und diskursiv, auf die Metasprache zielend. Sie ist Handschrift und Visualisierung. Da diese Architekten einen Gesellschaftskörper bilden, sich an Institutionen binden, läuft ihr System darauf hinaus, sich zu schließen, sich durchzusetzen, jeder Kritik aus dem Weg zu gehen. Es bestünde Anlass, dieses System, das ohne weiteres Aufhebens und Vorsichtsmaßnahmen oft extrapolierend zum *Urbanismus* erhoben wird, in Worte zu fassen.

Die Theorie, die legitimerweise *Urbanismus* genannt werden könnte, die an die Bedeutungen der alten Praxis namens *Wohnen* (also dem Menschlichen) anknüpfen würde, die diesen Teilwirklichkeiten eine allgemeine Theorie der städtischen *Zeiten/Räume* hinzufügen würde, die eine neue Praxis anzeigen würde, die sich aus dieser Erarbeitung ableiten ließe, einen solchen Urbanismus gibt es virtuell. Er ist nur vorstellbar als praktische Auswirkung einer vollständigen Theorie der Stadt und des Urbanen, die gegenwärtige Spaltungen und Trennungen überwindet. Vor allem die Spaltung zwischen Philosophie der Stadt und Wissenschaft (oder Wissenschaften) der Stadt, zwischen partiell und global. Auf diesem Weg können die gegenwärtigen urbanistischen Projekte aufgeführt sein, aber nur durch eine einwandfreie Kritik ihrer ideologischen und strategischen Auswirkungen.

Sofern er definiert werden kann, wird unser Gegenstand – *das Urbane* – vor dem Denken, unserem eigenen, heutigen, nie vollständig präsent und völlig aktuell sein. Mehr als jeder andere Gegenstand ist er charakterisiert durch eine hoch komplexe Totalität, sowohl in der Tat wie potenziell, auf die die Forschung abzielt, die nach und nach entdeckt werden kann, die sich nur langsam und vielleicht nie erschöpfen wird. Diesen »Gegenstand« als wirklich, wahrhaftig gegeben zu nehmen, ist eine Ideologie, ein mythifizierender Vorgang. Die Erkenntnis muss eine beträchtliche Zahl an Methoden ins Auge fassen, um diesen Gegenstand zu fassen, ohne sich auf eine Vorgehensweise festzulegen. Die analytischen Einteilungen werden den inneren Verbindungen dieses »Gegenstandes«, der keine Sache ist, so nah wie möglich folgen: Darauf werden nie vollendete Rekonstruktionen folgen. Beschreibungen, Analysen, Syntheseversuche können nie als erschöpfend und definitiv gelten. Alle Begriffe, alle Begriffsreihen werden in Aktion treten: Form, Struktur, Funktion, Ebene, Dimension, abhängige und unabhängige Variablen, Korrelationen, Totalität, Gesamtheit, System etc. Hier wie anderenorts, aber mehr noch als anderenorts erweist sich das Residuum, der Rückstand, als ausgesprochen wertvoll. Jeder konstruierte »Gegenstand« wird seinerseits einer kritischen Prüfung unterzogen. Im Rahmen des Möglichen wird er verwirklicht und einer experimentellen Verifizierung unterzogen. Die Wissenschaft der Stadt erfordert eine historische Periode, um sich herauszubilden und die gesellschaftliche Praxis zu lenken.

So notwendig diese Wissenschaft ist, reicht sie doch nicht aus. Gleichzeitig mit ihrer Notwendigkeit nehmen wir ihre Grenzen wahr. Das urbanistische Denken schlägt die Errichtung oder Neubildung einzeln behandelter und zentralisierter gesellschaftlicher (lokalisierter) Einheiten mit deutlich ursprünglichem Charakter vor, deren Bindungen und Spannungen eine städtische Einheit wiederherstellen würden, ausgestattet mit einer komplexen inneren Ordnung, nicht strukturlos, aber mit einer geschmeidigen Struktur und einer Hierarchie. Präziser noch, zielt das soziologische Denken auf die Erkenntnis und Neubildung integrativer Fähigkeiten des Urbanen sowie die Bedingungen praktischer Mitwirkung. Warum nicht? Unter einer Bedingung: diese bruchstückhaften, somit partiellen Versuche nie der Kritik, der praktischen Verifizierung, dem Gesamtanliegen zu entziehen.

Die Erkenntnis kann also »Modelle« bauen und vorschlagen. Jeder »Gegenstand« ist in diesem Sinn nichts anderes als ein Modell der städtischen Wirklichkeit. Dennoch wird eine solche »Wirklichkeit« nie wie eine Sache handhabbar sein, wird nicht instrumentell werden. Selbst für die operativste Erkenntnis. Dass die Stadt werde, was sie war: Tat und Werk eines komplexen Denkens, wer wünschte das nicht? Doch verharrt man so auf der Ebene der Wünsche und Sehnsüchte und bestimmt keine *urbane Strategie*. Diese muss zwangsläufig den bestehenden Strategien einerseits und den erworbenen Kenntnissen andererseits Rechnung tragen: Wissenschaft der Stadt, Wissen, das in Richtung Planung des Wachstums und Beherrschung der Entwicklung geht. Wer »Strategie« sagt, sagt Hierarchie aus »Variablen«, die zu berücksichtigen sind und zum Teil eine strategische Fähigkeit besitzen, während andere auf taktischer Ebene bleiben – sagt auch Kraft, die geeignet wäre, diese Strategie vor Ort zu verwirklichen. Nur gesellschaftliche Gruppen, Klassen oder Klassenteile, die zur revolutionären Initiative fähig sind, können sich der Lösung der städtischen Probleme annehmen und sie zur vollen Ausführung bringen; die erneuerte Stadt wird das Werk dieser gesellschaftlichen und politischen Kräfte werden. Zuerst geht es darum, die in der gegenwärtigen Gesellschaft herrschenden Strategien und Ideologien auseinanderzunehmen. Dass es mehrere Gruppen und mehrere Strategien mit Unterschieden (zwischen dem Staatlichen und dem Privaten beispielsweise) sind, ändert nichts an der Lage. Von Fragen des Grundeigentums bis zu Problemen der Segregation stellt jedes Projekt von *Stadtreform* die Strukturen infrage, jene der bestehenden Gesellschaft, jene der unmittelbaren (individuellen) und täglichen Beziehungen, aber auch jene, die man dem, was von der städtischen Wirklichkeit bleibt, über den Weg des Zwangs und der Institutionen vorschreiben will. An sich *reformistisch*, wird die Strategie der Sanierung der Stadt »zwangsläufig« revolutionär, nicht durch die Kraft der Dinge, sondern gegen die etablierten Dinge. Die auf die Wissenschaft von der Stadt gestützte urbane Strategie braucht eine gesellschaftliche Trägerschaft und politische Kräfte, damit sie wirksam werden kann. Sie wirkt nicht von selbst. Sie muss sich zwangsläufig auf die Präsenz und das Wirken der Arbeiterklasse stützen, die allein in der Lage ist, eine im Wesentlichen gegen sie gelenkte Segregation zu beenden. Nur die Arbeiterklasse als solche kann entscheidend zur Erneuerung der durch die Strategie der Absonderung zerstörten und in der bedrohlichen Form von »Entscheidungszentren« wiedergefundenen Zentralität beitragen. Das soll nicht heißen, dass die Arbeiterklasse allein die städtische Gesellschaft ausmachen wird, sondern dass ohne sie nichts möglich ist. Die Eingliederung ergibt ohne sie keinen Sinn, und die Desintegration wird weitergehen, maskiert und verklärt als Integration. Hier liegt nicht nur eine Option vor, sondern es tut sich eine Perspektive auf oder schließt sich. Wenn die Arbeiterklasse schweigt, wenn sie nicht handelt und nicht erfüllen kann, was die Theorie als ihre »historische Mission« zuschreibt, dann fehlen das »Subjekt« und das »Objekt«. Das reflektierende Denken bestätigt diese Abwesenheit. Das bedeutet, dass es zwei Reihen von Vorschlägen auszuarbeiten gilt.

a) *Ein politisches Programm der Stadtreform*, einer Reform, die nicht durch die Rahmen und Möglichkeiten der gegenwärtigen Gesellschaft definiert, nicht einem »Realismus« unterworfen, wenn auch auf eine Studie der Realitäten gestützt ist (mit anderen Worten: Die so verstandene Reform beschränkt sich nicht auf den Reformismus). Dieses Programm wird folglich einen besonderen, ja sogar paradoxen Charakter aufweisen. Es wird aufgestellt werden, um den politischen Kräften, also den Parteien vorgeschlagen zu werden. Man kann sogar hinzufügen, dass es bevorzugt den »linken« Parteien vorgelegt werden wird, den politischen Gruppierungen, die die Arbeiterklasse vertreten oder vertreten wollen. Doch es wird nicht von diesen Kräften und Gruppierungen abhängen. Diesen gegenüber wird es sich durch eine Besonderheit auszeichnen, nämlich die, aus der Erkenntnis zu kommen. Es wird also eine wissenschaftliche Seite haben. Es wird *vorgeschlagen* werden (auf die Gefahr hin, dass es diejenigen, die sich seiner annehmen werden, verändern). Mögen die politischen Kräfte ihre Verantwortung übernehmen. In diesem Bereich, der die Zukunft der modernen Gesellschaft und diejenigen der Produzenten in ihren Dienst nimmt, ziehen Unwissen, Unkenntnis Verantwortung gegenüber der Geschichte nach sich, auf die man sich beruft.

b) Ausgeklügelte *urbanistische Projekte*, die »Modelle«, urbane Raum- und Zeitformen umfassen, ohne sich darum zu kümmern, ob sie gegenwärtig verwirklichbar sind oder nicht, realitätsfern sind oder nicht (das heißt hellsichtig »utopisch«). Diese Modelle scheinen entweder aus einer einfachen Untersuchung der Städte und der bestehenden Stadttypen oder aus einer einfachen Kombinatorik von Elementen nicht hervorgehen zu können. Vorbehaltlich gegenteiliger Erfahrungen werden die Zeit- und Raumformen in der Praxis erfunden und vorgeschlagen werden. Möge sich die Phantasie entfalten, nicht eine Phantasiewelt, die Flucht und Eskapismus erlaubt, die Ideologien transportiert, sondern eine Phantasiewelt, die sich für die *Aneignung* (von Zeit, von Raum, von physiologischem Leben, von Begehren) einsetzt. Warum nicht der ewigen Stadt vergängliche Städte und den stabilen Zentren bewegliche Zentralitäten gegenüberstellen? Alle Wagnisse sind erlaubt. Warum diese Vorschläge allein auf die Morphologie von Raum und Zeit beschränken? Es ist nicht ausgeschlossen, dass Vorschläge den Lebensstil, die Lebensweise in der Stadt, die Entwicklung des Urbanen auf dieser Ebene betreffen.

In beide Reihen werden kurz-, mittel- und langfristige Vorschläge eingehen, wobei Letztere die urbane Strategie im eigentlichen Sinn bilden werden.

Die Gesellschaft, in der wir leben, scheint auf die Fülle oder zumindest das Volle (dauerhafte Gegenstände und Güter, Quantität, Befriedigung, Rationalität) ausgerichtet. Tatsächlich lässt sie eine riesige Leere entstehen; in dieser Leere bewegen sich die Ideologien, breitet sich der Nebel von

Phrasendreschereien aus. Einer der größten Pläne, den sich das aktive Denken, das aus der Spekulation und der Kontemplation und auch aus lückenhaften Aufteilungen und Teilkenntnissen herausgetreten ist, vornehmen kann, ist, diese Lücke zu besetzen, und nicht nur sprachlich.

In einer Zeit, in der sich die Ideologen ausgiebig über die Strukturen auslassen, zeigt die Zerstörung der Stadt die Tiefe des Phänomens der (gesellschaftlichen, kulturellen) Desintegration. Diese gesamthaft betrachtete Gesellschaft entdeckt sich als *lückenhaft.* Zwischen den über verschiedene Mittel (Zwang, Terror, ideologische Überzeugung) gefestigten Strukturen gibt es Lücken, manchmal Abgründe. Diese Leerstellen sind kein Zufall. Es sind auch die Orte des Möglichen. Sie enthalten – schwebend oder verstreut – Elemente davon, nicht aber die Kraft, die sie zusammenfügen könnte. Mehr noch: Die strukturierenden Handlungen und die Macht der gesellschaftlichen Leere trachten danach, die Handlung und die schlichte Anwesenheit einer solchen Kraft zu untersagen. Die Instanzen des Möglichen können sich nur im Lauf einer radikalen Verwandlung verwirklichen.

In dieser Situation gibt die Ideologie vor, der »Wissenschaftlichkeit«, der sich mit der Wirklichkeit befassenden Wissenschaft etwas Absolutes zu verleihen, indem sie sie unterteilt, neu zusammensetzt und damit das Mögliche ablehnt und den Weg versperrt. Die Wissenschaft (also die Teilwissenschaften) hat in einer solchen Situation aber nur eine *programmatische* Tragweite. Sie trägt Elemente zu einem Programm bei. Wenn man davon ausgeht, dass diese Elemente bereits eine Totalität bilden, wenn man das Programm buchstäblich ausführen möchte, behandelt man den virtuellen Gegenstand als bereits vorhandenen technischen Gegenstand. Man erfüllt ein Projekt ohne Kritik und Selbstkritik, und dieses Projekt verwirklicht eine Ideologie, die auf das Terrain übertragen wird, jene der Technokraten. Das Programmatische, so nötig es ist, genügt nicht. Im Verlauf der Ausführung verändert es sich. Nur die gesellschaftliche Kraft, die fähig ist, sich im Lauf einer langen politischen Erfahrung selbst im Urbanen einzubringen, kann die Verwirklichung des Programms die urbane Gesellschaft betreffend übernehmen. Umgekehrt liefert die Wissenschaft von der Stadt dieser Perspektive eine theoretische und kritische Grundlage, eine positive Basis. Die durch dialektische Vernunft kontrollierte Utopie dient den vorgeblich wissenschaftlichen Fiktionen, der Phantasiewelt, die sich sonst verlieren würde, als Brüstung. Dieses Fundament und diese Basis verhindern andererseits, dass sich das Denken im Programmatischen verliert. Die dialektische Bewegung präsentiert sich hier als ein Verhältnis zwischen Wissenschaft und politischer Kraft, als ein Dialog, wodurch die Beziehungen zwischen »Theorie und Praxis« und »kritischer Positivität und Negativität« aktualisiert werden.

Nötig wie die Wissenschaft, aber ungenügend, trägt die *Kunst* zur Verwirklichung der urbanen Gesellschaft ihr langes Nachdenken über das Leben als Drama und Genuss bei. Zudem und vor allem erstattet die Kunst den Sinn für das Werk zurück; sie liefert zahlreiche *geeignete* Zeit- und Raumgestalten: nicht erduldet, nicht in passiver Resignation hingenommen, sondern in Werk verwandelt. Die Musik zeigt die Aneignung der Zeit, die Malerei und die Skulptur die des Raums. Wo die Wissenschaften die Teildeterminismen aufdecken, zeigt die Kunst (und auch die Philosophie), wie aus Teildeterminismen eine Totalität hervorgeht. Der gesellschaftlichen Kraft, die in der Lage ist, die urbane Gesellschaft zu verwirklichen, obliegt es, die Einheit (die »Synthese«) der Kunst, der Technik, des Wissens effektiv und effizient zu machen. Ebenso wie die Wissenschaft von der Stadt finden die Kunst und die Kunstgeschichte Eingang ins Nachsinnen über das Urbane, das die Bilder, die dieses ankündigen, wirksam machen will. Dieses in Richtung verwirklichender Handlung gehende Nachsinnen wäre damit realitätsfern und realitätsnah, diesen Gegensatz überwindend. Es kann sogar behauptet werden, dass das Maximum an Utopismus mit dem Optimum an Realismus zusammentreffen wird.

Unter den für die Zeit kennzeichnenden Widersprüchen gibt es die (besonders harten) zwischen den Realitäten der Gesellschaft und den zivilisatorischen Fakten, die sich darin einschreiben. Einerseits der Genozid und andererseits die (medizinischen und anderen) Leistungen, die erlauben, ein Kind zu retten oder den Todeskampf zu verlängern. Einer der letzten Widersprüche, wenn auch nicht der unbedeutendste, ist an dieser Stelle beleuchtet worden: der zwischen *Vergesellschaftung der Gesellschaft* und *verallgemeinerter Segregation*. Es gibt noch andere, zum Beispiel den zwischen dem Etikett *revolutionär* und der Anhänglichkeit an Kategorien eines überholten produktivistischen Rationalismus. Innerhalb der gesellschaftlichen Wirkungen, die auf den Druck der Massen zurückgehen, stirbt das Individuum nicht und behauptet sich. *Rechte* kommen zum Durchbruch; sie gehen in Gewohnheiten oder Vorschriften ein, denen mehr oder weniger Taten folgen, und man weiß, wie diese konkreten »Rechte« die abstrakten Menschen- und Bürgerrechte ergänzen, die von der Demokratie in ihren revolutionären Anfängen auf die Front von Gebäuden geschrieben wurden: Rechte der Altersgruppen und Geschlechter (die Frau, das Kind, die Alten), Rechte in Verbindung mit einer bestimmten Lage (der Proletarier, der Bauern), Recht auf Bildung und Erziehung, Recht auf Arbeit, auf Kultur, auf Erholung, auf Gesundheit und Wohnen. Trotz oder durch die gigantischen Zerstörungen, die Weltkriege, die Bedrohungen, die atomare Bedrohung. Der Druck der Arbeiterklasse war und ist nötig (aber nicht ausreichend) für die Anerkennung dieser Rechte, damit sie in die Gewohnheiten eingehen, in die Gesetze eingeschrieben werden, die noch ziemlich unvollständig sind.

Recht seltsam geht das *Recht auf Natur* (auf das Land und die »reine Natur«) seit einigen Jahren mittels *Freizeit* in die gesellschaftliche Praxis ein. Es hat sich über die banal gewordenen Proteste gegen Lärm, Müdigkeit, das »Konzentrations«-Universum der Städte entwickelt (während die Stadt verkommt oder aus den Nähten platzt). Eine seltsame Entwicklung, sage ich: Die Natur geht in den Tauschwert und die Ware ein, sie lässt sich kaufen und verkaufen. Die kommerzialisierten, industrialisierten, institutionell organisierten Freizeittätigkeiten zerstören diese »Natürlichkeit«, der man sich annimmt, um sie zu manipulieren und davon zu profitieren. Die »Natur« oder was als solche ausgegeben wird, was davon überlebt, wird zu einem Freizeitgetto, zum abgetrennten Ort des Vergnügens, zum Rückzugsgebiet der »Kreativität«. Die Städter übertragen das Urbane, selbst wenn sie nicht zur Urbanität beitragen. Das von ihnen kolonisierte Land hat seine Eigenschaften, Eigentümlichkeiten und die Reize des bäuerlichen Lebens verloren. Das Urbane sucht das Land heim; dieses verstädterte Land steht einer enteigneten Ruralität gegenüber, ein Extremfall des großen Elends des Bewohners, des Wohngebiets, des Wohnens. Zerstören sich das Recht auf Natur und das Recht auf das Land nicht selbst?

Gegenüber diesem Recht oder Pseudorecht kündigt sich das *Recht auf Stadt* wie ein Appell, wie eine Forderung an. Über erstaunliche Umwege – die Sehnsucht, den Tourismus, die Rückkehr ins Zentrum der traditionellen Stadt, die Aufforderung der bestehenden oder neu vorbereiteten Zentralitäten – bahnt sich dieses Recht langsam seinen Weg. Der Anspruch auf Natur, das Bedürfnis, diese zu genießen, lenken vom Recht auf Stadt ab. Letzterer Anspruch kündigt sich indirekt an, als Tendenz, aus der beschädigten, nicht erneuerten Stadt, dem entfremdeten statt »wirklich« existierenden Stadtleben zu entfliehen. Das Bedürfnis und das »Recht« auf die Natur behindern das Recht auf Stadt, ohne sich ihm entziehen zu können.

(Das bedeutet nicht, dass nicht ausgedehnte »natürliche« Räume vor den Wucherungen der aus allen Nähten geplatzten Stadt zu schützen wären.)

Das *Recht auf die Stadt* kann nicht als einfaches Recht auf Besuch oder Rückkehr in die traditionellen Städte verstanden werden. Es kann nur als *Recht auf das städtische Leben* in verwandelter, erneuerter Form ausgedrückt werden. Dass das städtische Gewebe das Land und das, was vom bäuerlichen Leben überdauert hat, einschnürt, spielt keine Rolle, sofern das »Urbane« als Ort der Begegnung, Vorrang des Gebrauchswerts, Eintrag einer in den Rang von höchstem Gut erhobenen Zeit in den Raum, seine morphologische Grundlage, seine praktisch, sinnlich erfahrbare Verwirklichung erfährt – was eine integrale Theorie der Stadt und der städtischen Gesellschaft voraussetzt, die die Mittel der Wissenschaft und der Kunst nutzt. Nur die Arbeiterklasse kann Akteur, Träger oder soziale Stütze dieser Verwirklichung werden. Auch hier verleugnet und bestreitet sie, wie vor einem Jahrhundert, durch ihr bloßes Dasein die gegen sie gerichtete Strategie der herrschenden Klasse. Wie vor einem Jahrhundert versammelt sie, wenn auch unter neuen Bedingungen, die (über das Unmittelbare und Oberflächliche hinausgehenden) Interessen der Gesamtgesellschaft, allen voran derer, die *wohnen*. Die Olympier und die neue bürgerliche Aristokratie (wer wüsste das nicht?) wohnen nicht mehr. Sie ziehen von einem Palast oder Schloss zum nächsten; sie befehlen eine Flotte oder ein Land von einer Yacht aus; sie sind überall und nirgends. Daher kommt, dass sie die in den Alltag getauchten Menschen faszinieren; sie transzendieren die Alltäglichkeit; sie besitzen die Natur und lassen die Handlanger die Kultur herstellen. Ist es unumgänglich, neben der Lage der Jungen und der Jugend, der Studenten und der Intellektuellen, der Arbeiterheere mit oder ohne weiße Kragen, der Provinzbewohner, der Kolonisierten und Halbkolonisierten jeder Art, neben all jenen, die eine gut arrangierte Alltäglichkeit erdulden – ist es nötig, an dieser Stelle auf das läppische, undramatische Elend des Bewohners, der Vorstädter, der Menschen, die sich in den Wohngettos, den vergammelnden Zentren der alten Städte und den fern der Stadtzentren verlaufenden Wucherungen aufhalten, ausführlich einzugehen, zur Schau zu stellen? Es reicht, die Augen zu öffnen, um den Alltag von jemandem zu verstehen, der von seiner Wohnung zum nahe oder entfernt gelegenen Bahnhof, zur überfüllten Metro, ins Büro oder in die Fabrik hetzt, der abends denselben Weg zurücklegt und nach Hause zurückkehrt, um wieder zu Kräften zu kommen und am nächsten Tag erneut von vorn anzufangen. Das Bild dieses verallgemeinerten Elends wäre unvollständig ohne das Bild der »Befriedigungen«, die es verbergen und Mittel werden, es zu vermeiden und ihm zu entfliehen.

Perspektive oder Prospektive?

Seit ihren Anfängen bemüht sich die klassische Philosophie, deren gesellschaftliche Basis und theoretische Grundlage die Polis ist und die die Polis denkt, das Bild der idealen Stadt festzulegen. Der *Kritias* von Platon sieht in der Stadt ein Bild der Welt oder eher des Kosmos, einen Mikrokosmos. Die städtische Zeit, der städtische Raum reproduzieren auf Erden die Konfiguration des Universums, die der Philosoph aufzeigt.

Will man heute eine »ideale« Darstellung der Stadt und ihres Verhältnisses zum Universum, muss man dieses Bild nicht bei den Philosophen suchen und erst recht nicht in der analytischen Vision, die die städtische Wirklichkeit in Teile, Sektoren, Beziehungen, Korrelationen unterteilt. Es sind die Verfasser von Science-Fiction, die es liefern. In Science-Fiction-Romanen sind alle möglichen und unmöglichen Varianten der zukünftigen städtischen Realität in Betracht gezogen worden. Manchmal liegen alte städtische Kerne – die Archipoloi – im Todeskampf, überdeckt vom wuchernden, sich über den Planeten ausdehnenden, mehr oder weniger undurchdringlichen, mehr oder weniger erstarrten oder fleckenweise zerfressenen städtischen Gewebe; in diesen nach langem Niedergang dem Verschwinden geweihten Kernen leben oder vegetieren Versager, Künstler, Intellektuelle, Gangster. Manchmal wiedererstehen kolossale Städte und heben die vorherigen Machtkämpfe auf eine höhere Stufe. Im Extremfall bedeckt in Azimovs Meisterwerk *Foundation* eine Riesenstadt einen ganzen Planeten, Trantor. Sie besitzt alle Mittel der Erkenntnis und der Macht. Es ist ein Entscheidungszentrum auf Ebene einer von ihr beherrschten Galaxie. Durch gigantische Zwischenfälle rettet Trantor das Universum und führt es seinem Zweck zu, das heißt der »Herrschaft des Zwecks«, Freude und Glück, deren Übermaß endlich gebändigt, deren kosmischer Raum und deren Weltzeit endlich angeeignet sind. Zwischen diesen zwei Extremen haben Science-Fiction-Visionäre Zwischenversionen angesiedelt: die von einem mächtigen Computer regierte Stadt, die auf eine unerlässliche Produktion hochspezialisierte Stadt, die sich zwischen planetarischen Systemen und Galaxien verschiebt etc.

Ist es nötig, so weit im Voraus zu sondieren, den Horizont der Horizonte zu sondieren? Die ideale Stadt, das Neue Athen, zeichnet sich vor unseren Augen ab. New York und Paris bieten bereits eine Vorstellung davon, ganz zu schweigen von einigen anderen Städten. Das Entscheidungszentrum und das Konsumzentrum fallen zusammen. Ihre Verbindung vor Ort, die sich auf ihr strategisches Zusammenwirken stützt, schafft eine übertriebene Zentralität. Dieses Entscheidungszentrum umfasst, wie man weiß, alle auf- und absteigenden Informationskanäle, alle Mittel der kulturellen und wissenschaftlichen Bildung. Zwang und Überzeugung fallen zusammen mit der Entscheidungsmacht und der Konsumfähigkeit. Dieses stark von den neuen Chefinstanzen genutzte und bewohnte Zentrum wird von diesen geführt. Sie besitzen diesen privilegierten Raum, eine Achse rigoroser räumlicher Programmierung, ohne dass er notwendigerweise ganz ihr Eigentum wäre. Vor allem genießen sie das Privileg, die Zeit zu besitzen. Um sie herum, nach formalisierten Grundsätzen im Raum verteilt, gibt es menschliche Gruppen, die nicht mehr als Sklaven und Leibeigene, Vasallen, ja nicht einmal als Proletarier bezeichnet werden können. Wie soll man sie bezeichnen? Unterjocht, führen sie vielfältige »Dienstleistungen« für die Chefinstanzen dieses solide auf der Stadt ruhenden Staates aus. Diesen Herren stehen rundum alle nur erdenklichen kulturellen und sonstigen Vergnügungen zur Verfügung, von Discos zu prächtigen Opern, nicht zu vergessen einige ferngesteuerte Feste. Ist das nicht wirklich das Neue Athen, mit einer Minderheit an freien Bürgern, den Besitzern der gesellschaftlichen Orte, die sich einer riesigen Masse an Unterjochten erfreuen, die grundsätzlich frei sind, authentisch und vielleicht freiwillig zu Diensten stehen, die sie beherrschen und die sie nach rationellen Methoden behandeln und manipulieren? Fallen nicht sogar die Gelehrten, allen voran die Soziologen, im Gegensatz zu den alten Philosophen, unter die Diener dieses Staates, der Ordnung, der unter dem Anstrich von Empirismus und Strenge, von Wissenschaftlichkeit geschaffenen Tatsachen? Man kann die Möglichkeiten sogar beziffern. Ein Prozent der aktiven Bevölkerung sind unter den Direktoren, Chefs, Vorsitzenden von diesem oder jenem, den Eliten, großen Schriftstellern und Künstlern, großen Spaßmachern oder Informanten. Also ein bisschen weniger als eine halbe Million neuer Notabeln im Frankreich des 21. Jahrhunderts. Mit ihrer Familie und ihrem Gefolge, die alle ihr »Haus« haben. Die Beherrschung der und durch die Zentralität steht dem Besitz von Zweitsitzen, dem Genießen der Natur, des Meers, der Berge, der alten Städte (die ihnen durch das Spiel der Preise, Reisen, Hotels etc. vorbehalten sein können) nicht im Wege. Dann gibt es rund vier Prozent »*Executive Men*«, Verwalter, Ingenieure, Gelehrte. Nach einer Selektion werden die berühmtesten von ihnen Zugang zum Zentrum der Stadt erhalten. Dieser Auswahl genügen vielleicht extravagante Einkommen und Riten, ohne dass es irgendwelcher Zwänge bedarf. Die anderen, untergeordneten Privilegierten haben ebenfalls Bereiche, die gemäß einem rationellen Plan verteilt sind. Bevor sich dieser Erfolg einstellt, ist er vom Staatskapitalismus sorgfältig vorbereitet worden. Ohne die Einrichtung verschiedener städtischer Gettos zu versäumen, hat er für die Gelehrten und die Wissenschaft einen streng wettbewerbsorientierten Bereich geschaffen; in den Laboratorien und Universitäten sind sich Gelehrte und Intellektuelle rein konkurrierend gegenübergetreten und haben dabei einen Eifer an den Tag gelegt, der einer besseren Stellung würdig wäre, für das höchste Wohl der Meister des Ökonomischen und Politischen, für Ruhm und Freude der Olympier. Diese untergeordneten Eliten werden übrigens in Wissenschaftsgeländen, auf dem Universitätscampus, in Intellektuellengettos unter Hausarrest gesetzt. Die unter vielfältigen Abhängigkeiten stehende Masse lässt sich ihrerseits in den Satellitenstädten, in den programmierten Vororten, in den Gettos mit mehr oder weniger »wohnlichem« Charakter nieder; für sie gibt es nur einen sorgsam bemessenen Raum; die Zeit entzieht sich ihr. Sie lebt ihr den Erfordernissen der Machtkonzentration unterworfenes Alltagsleben (vielleicht ohne es selbst zu wissen). Doch von einem Universum der Konzentration soll nicht die Rede sein. Unter dem Deckmantel der Rationalität, der Organisation, der Programmierung kommt all dies bestens ohne die Ideologie der Freiheit aus. Diese Massen, die den Namen Volk, volkstümlich oder auch Arbeiterklasse nicht verdienen, leben »relativ gut«, abgesehen von der Tatsache, dass ihr Alltag ferngesteuert ist und sie ständig von Arbeitslosigkeit bedroht sind, was zum allgemeinen unterschwelligen Schrecken beiträgt.

Sollte jemand über diese Utopie lachen, hat er sicher unrecht, doch was sagt man so jemandem? Wenn sich seine Augen endlich öffnen, wird es zu spät sein. Er verlangt Beweise. Wie einem Blinden das Licht beweisen, wie einem Kurzsichtigen den Horizont zeigen, selbst wenn er die Mengenlehre kennt, die Theorie der »Cluster«, die Finessen der Varianzanalyse oder den klaren Reiz der Linguistik?

Seit dem Mittelalter hatte in der europäischen Kultur jede Epoche ihr Bild des Möglichen, ihren Traum, ihre Vorstellung von Paradies und Hölle. Jede Zeit und vielleicht jede Generation hat ihre Vorstellung von der besten aller Welten oder von einem neuen Leben – ein wichtiger, wenn nicht wesentlicher Teil von Ideologien. Diesen Dienst erfüllte im 18. Jahrhundert, das als so reich gilt, nur das etwas mitleiderregende Bild des guten Wilden, der glücklichen Inseln. Diesen Exotismus ergänzten manche Männer des 18. Jahrhunderts um eine zweifellos näher liegende, wenn auch ziemlich beschönigte Vorstellung von England. Ihnen gegenüber sind *wir* (dieser Begriff bezeichnet eine ungenau definierte Menge, eine informelle, schwer zu versammelnde Gruppe von Menschen, die Anfang der zweiten Hälfte des 20. Jahrhunderts in Frankreich, in und außerhalb von Paris lebt und denkt, im Allgemeinen Intellektuelle) reich ausgestattet. Um uns die Zukunft auszumalen, stehen uns vielfältige Vorbilder, zahlreiche Horizonte und Zugänge zur Auswahl, die sich nicht überschneiden: die UdSSR und die Vereinigten Staaten, China, Jugoslawien, Kuba, Israel. Nicht außer Acht zu lassen Schweden und die Schweiz. Die Bororos nicht zu vergessen.

Und während sich die französische Gesellschaft urbanisiert, Paris sich verändert, während gewisse Mächte, wenn nicht die Macht das Frankreich des Jahres 2000 modelliert, denkt niemand an die ideale Stadt oder an das, was aus der tatsächlichen Stadt um ihn wird. Die Utopie befasst sich mit vielfältigen, mehr oder weniger fernen, mehr oder weniger bekannten, unbekannten, verkannten Realitäten. Sie befasst sich nicht mehr mit dem tatsächlichen, alltäglichen Leben. Sie entsteht nicht mehr aus Absenzen und Lücken, die die umgebende Wirklichkeit brutal durchlöchern. Der Blick wendet sich ab, wandert vom Horizont weg, verliert sich in der Menge, woanders. So groß ist die Ablenkungskraft von Ideologien, genau in dem Moment, wo man nicht mehr an die Ideologie glaubt, sondern an Realismus und Rationalismus!

In Abgrenzung zu den Ambitionen von Teildisziplinen und auch von interdisziplinären Versuchen haben wir weiter oben behauptet, *dass die Synthese Sache des Politischen ist* (das heißt das jede Synthese analytischer Daten zur städtischen Wirklichkeit unter einer Philosophie oder einer Ideologie eine *Strategie* verbirgt). Sollte es darum gehen, die Entscheidung in die Hände von Staatsmännern zu legen? Sicher nicht. Genauso wenig wie in die von Experten und Fachleuten. Der Begriff *Politisches* wurde nicht in dieser begrenzten Bedeutung bemüht. Ein solcher Vorschlag muss in einem umgekehrten Sinn des soeben Gesagten verstanden werden. Die Synthesefähigkeit ist Sache der politischen Kräfte, die in Wirklichkeit gesellschaftliche Kräfte sind (Klassen, Klassenteile, Klassenzusammenschlüsse oder -bündnisse). Es gibt sie, oder es gibt sie nicht, sie äußern sich und drücken sich aus oder auch nicht. Sie ergreifen das Wort oder auch nicht. An ihnen ist es, ihre gesellschaftlichen Bedürfnisse anzuzeigen, den bestehenden Institutionen eine andere Richtung zu geben, Horizonte zu eröffnen und eine Zukunft zu fordern, die ihr Werk sein wird. Wenn sich die Bewohner diverser Kategorien und »Schichten« unter dem Vorwand »sozialer Mobilität« manövrieren, manipulieren, hierhin oder dorthin umsiedeln lassen, wenn sie die Bedingungen einer Ausbeutung akzeptieren, die raffinierter und umfassender ist als je, sei's drum. Wenn die Arbeiterklasse schweigt, nicht handelt, sei es spontan oder vermittelt über ihre Vertreter und institutionellen Beauftragten, wird die Segregation weitergehen und in einen Teufelskreis münden (die Segregation läuft auf das Verbot von Protest, Widerspruch, Aktion hinaus, indem potenzielle Protestierende, Widersprechende, Agierende überallhin zerstreut werden). Das politische Leben wird in dieser Perspektive das politische Entscheidungszentrum anfechten oder es bestärken.

Diese Option wird, was die Parteien und Menschen betrifft, ein *Kriterium von Demokratie*.

Der Politiker braucht zur Bestimmung seines Weges unterstützend eine *Theorie*. Es scheint, dass man hier auf große Schwierigkeiten stößt. Wie kann es ohne Synthese eine Theorie der städtischen Gesellschaft, der Stadt und *des Urbanen*, der Wirklichkeit und der Möglichkeiten geben?

Zwei dogmatische Hypothesen habe ich ausgeschlossen: die philosophische Systematisierung; die (unter dem Deckmantel einer bestimmten »Disziplin« oder der sogenannten »interdisziplinären« Forschung) von Teilanalysen ausgehende Systematisierung. Ein Weg tut sich auf, der genau über die Öffnung verläuft. Von einer abgeschlossenen Synthese kann im Rahmen der Erkenntnis nicht die Rede sein. Die Einheit, die sich abzeichnet, ist definiert durch ein Zusammenwirken, das sich nur in der Praxis verwirklichen lässt, zwischen:

a) den über die Zeit und das politische Handeln verteilten Zielen, vom Möglichen zum Unmöglichen gehend, also von dem, was *hic et nunc* möglich ist, zu dem, was heute unmöglich ist, aber morgen im Lauf dieses Handelns selbst möglich wird;

b) den theoretischen Elementen, die beigesteuert werden durch die Analyse der städtischen Wirklichkeit, die Gesamtheit der im Lauf des politischen Handelns ins Spiel gebrachten Kenntnisse, die durch dieses Handeln geordnet, gebraucht, beherrscht werden;

c) den theoretischen Elementen, die die Philosophie beisteuert, die in einem neuen Licht erscheint, deren Geschichte in einer anderen Perspektive geschrieben wird, wobei das philosophische Nachdenken sich entsprechend der Wirklichkeit oder eher der umzusetzenden Verwirklichung verändert.

d) den theoretischen Elementen, die die Kunst beisteuert, begriffen als Fähigkeit, die Wirklichkeit zu verändern, die

Gegebenheiten des »Gelebten«, der Zeit, des Raums, des Körpers und des Begehrens auf höchster Stufe *anzueignen.*

Die Vorbedingungen dieser Übereinstimmung lassen sich vorab definieren. Wichtig ist, die Industrialisierung und die Urbanisierung nicht mehr getrennt zu betrachten, sondern in der Urbanisierung den Sinn, das Ziel, den Zweck der Industrialisierung zu erkennen. Mit anderen Worten, es ist wichtig, nicht mehr auf das Wirtschaftswachstum um des Wachstums willen abzuzielen, einer »ökonomistischen« Ideologie, die strategische Absichten verbirgt: der Überprofit und die kapitalistische Überproduktion, die Beherrschung der Wirtschaft (die übrigens allein deshalb verfehlt wird) zugunsten des Staates. Die Konzepte von wirtschaftlichem Gleichgewicht, harmonischem Wachstum, Strukturerhalt (wobei die strukturiert-strukturierenden Verhältnisse die bestehenden Produktions- und Eigentumsverhältnisse sind) müssen sich den virtuell mächtigeren Konzepten von Entwicklung und aus Konflikten hervorgehender konkreter Rationalität unterordnen.

Mit anderen Worten, es geht darum, *das Wachstum zu lenken.* Verbreitete Formulierungen, die als demokratisch gelten (Wachstum für den Wohlstand aller oder »im Allgemeininteresse«) verlieren ihre Bedeutung: im Liberalismus als ökonomistischer Ideologie ebenso wie in der zentralstaatlichen Planung. Eine solche Ideologie, die man als prospektivistisch bezeichnen kann oder auch nicht, beschränkt die Perspektive auf Lohnerhöhungen, eine bessere Verteilung des Sozialprodukts, wenn nicht sogar auf einen mehr oder weniger revidierten, korrigierten Zusammenschluss von Kapital und Arbeit.

Das Wachstum auf Entwicklung und folglich auf die *urbane Gesellschaft* zu lenken, heißt zuerst: die *neuen Bedürfnisse* erkunden, im Wissen, dass solche Bedürfnisse in dem Maß bemerkt werden, wie sie neu aufkommen, und im

Lauf der Erkundung enthüllt werden. Sie bestehen nicht wie Gegenstände bereits im Voraus. Sie kommen in der »Wirklichkeit«, die Studien zum Markt und (individuellen) Motivationen beschreiben, nicht vor. Das bedeutet folglich, die wirtschaftliche Planung durch eine soziale Planung zu ersetzen, deren Theorie noch nicht ausgearbeitet ist. Die gesellschaftlichen Bedürfnisse führen zur Herstellung neuer »Güter«, die nicht dieses oder jenes *Objekt* sind, sondern gesellschaftliche Objekte in Raum und Zeit. Der Mensch der urbanen Gesellschaft ist bereits ein an Bedürfnissen reicher Mensch: der Mensch reicher Bedürfnisse, die auf Objektivierung, Verwirklichung warten. Die urbane Gesellschaft geht über die alte wie neue Armut hinaus, sowohl das Elend der isolierten Subjektivität als auch der armselige Bedarf an Geld mit seinen späten Symbolen: dem »reinen« Blick, dem »reinen« Zeichen, dem »reinen« Spektakel.

Die Orientierung lässt sich also nicht durch eine tatsächliche Synthese, sondern durch ein Zusammenlaufen, durch eine sich abzeichnende, aber nur *im äußersten Fall* verwirklichende Virtualität definieren; dieser äußerste Fall liegt nicht im Unendlichen, wird aber durch schrittweises Vorrücken und Sprünge erreicht. Unmöglich, sich darin niederzulassen und es als vollendete Realität einzuführen. Das ist das wesentliche Merkmal der bereits in Betracht gezogenen, »Transduktion« genannten Methode, der Konstruktion eines virtuellen Gegenstands, dem man sich über Versuchsdaten her nähert. Die Aussicht hellt auf und ruft nach Verwirklichung.

Die Orientierung reagiert auf die Suche nach Daten. So verstanden ist die Suche nicht mehr länger unbestimmte Suche (Empirismus) oder reine Verifizierung einer These (Dogmatismus). Insbesondere die Philosophie und ihre Geschichte, die Kunst und ihre Metamorphosen erscheinen, verändert, in diesem Licht.

Was die Analytik der städtischen Wirklichkeit betrifft, so verändert sich diese, da die Suche bereits am Anfang »etwas« gefunden hat und die Orientierung die Hypothesen beeinflusst. Es geht nicht mehr darum, die Punkte des Raums und der Zeit zu isolieren, die Tätigkeiten und Funktionen getrennt zu betrachten, die Verhaltensweisen und Bilder, Verteilungen und Verhältnisse einzeln zu untersuchen. Diese verschiedenen Aspekte einer gesellschaftlichen Produktion, jener der Stadt und der urbanen Gesellschaft, stehen im Verhältnis zu einer *Perspektive* der Erklärung und Vorhersage. Die Methode besteht folglich darin, sowohl über die Beschreibung (ökologisch) als auch über die Analyse (funktionell, strukturell) hinauszugehen, ohne sie im Übrigen aufzuheben, und zu versuchen, das Konkrete – das städtische Drama – zu erfassen, wobei die formalen Angaben aus der allgemeinen Formentheorie kommen. Dieser Theorie zufolge hat die Stadt eine Form: Versammlung, Gleichzeitigkeit, Begegnung. Die mit diesem Vorgehen zusammenhängende intellektuelle Methode, die es kodifiziert oder methodologisch stützt, wurde benannt: Transduktion.

Wissenschaftlich gesprochen scheint die Unterscheidung zwischen *strategischen Variablen* und *taktischen Variablen* wichtig. Erstere sind, sobald man sie klar unterscheidet, Zweiteren untergeordnet. Lohnerhöhung? Bessere Verteilung des Volkseinkommens? Verstaatlichung von diesem oder jenem? Sehr gut. Aber das sind taktische Variablen. Desgleichen in Bezug auf die Zukunft der urbanen Gesellschaft die Streichung der Dienstbarkeiten für Bauland, ihre Übertragung auf die Gemeinde, ihre Verstaatlichung, Vergesellschaftung. Sehr gut. Einverstanden. Aber mit welchem Ziel? Die Steigerung der Wachstumsraten und -rhythmen geht in die variablen Strategien ein, denn die quantitative Zunahme wirft bereits qualitative Probleme auf, solche, die die Finalität, die Entwicklung betreffen. Es geht nicht nur um Wachstumsraten bei

Produktion und Einkommen, sondern um Verteilung. Welcher Anteil der erhöhten Produktion und des gesteigerten Sozialprodukts wird gesellschaftlichen Bedürfnissen, der »Kultur«, der städtischen Wirklichkeit zugewiesen? Gehört die Veränderung der Alltäglichkeit nicht zu den strategischen Variablen? Das ist anzunehmen. Um ein Beispiel zu nennen: Die Erfassung der (täglichen, jährlichen) Zeitpläne ist nicht uninteressant. Es handelt sich nur um einen winzigen taktischen Schritt. Die Schaffung neuer Organisationen zum Leben von Kindern und Jugendlichen (Krippen, Spiel- und Sportplätze etc.), die Bildung eines sehr einfachen sozialpädagogischen Apparats, der sowohl über das gesellschaftliche Leben selbst wie auch über das Geschlechtsleben und die Kunst zu leben und ganz einfach die Kunst informieren würde, eine solche Institution hätte wesentlich mehr Einfluss; sie würde in diesem Bereich den Übergang vom Taktischen zum Strategischen markieren.

Die Varianten des von Ökonomen erarbeiteten Projekts hängen so von Strategien ab, die im Allgemeinen schlecht erklärt werden. Es geht darum, gegenüber Klassenstrategien, die wissenschaftliche Instrumente der Wissenschaftlichkeit (ein von Härte und Zwang geprägter ideologischer Apparat) als Mittel der Überzeugung und Durchsetzung verwenden, die Erkenntnisse umzukehren und auf die Füße zu stellen.

Der Sozialismus? Natürlich, davon ist die Rede. Aber welcher Sozialismus? Gemäß welchem Konzept und welcher sozialistischen Gesellschaftstheorie? Genügt die Definition dieser Gesellschaft durch die geplante Organisation der Produktion? Nein. Der Sozialismus kann heute nur gedacht werden als an den gesellschaftlichen Bedürfnissen und damit an den Bedürfnissen der städtischen Gesellschaft orientierte Produktion. Die allein der Industrialisierung entlehnten Ziele sind dabei zunehmend überholt und verändern sich. So lautet die hier formulierte These oder Hypothese. Die Bedingungen, die Voraussetzungen? Sie sind bekannt: Ein hohes Produktions- und Produktivitätsniveau (das mit der verstärkten Ausbeutung einer relativ abnehmenden Minderheit an hoch produktiven Handarbeitern und Intellektuellen bricht) – ein hohes technisches und kulturelles Niveau. Dazu die Etablierung neuer gesellschaftlicher Verhältnisse, namentlich zwischen Regierenden und Regierten, zwischen »Subjekten« und »Objekten« der Entscheidung. Die Bedingungen sind in den großen Industrieländern virtuell verwirklicht. Ihre Formulierung bleibt im Bereich des *Möglichen*, selbst wenn dieses Mögliche weit vom Wirklichen entfernt scheint und wirklich weit entfernt ist.

Die Möglichkeiten hängen von einer doppelten Überprüfung ab: *wissenschaftlich* (Projekt und Projektion, Varianten von Projekten, Prognosen) und imaginär (im äußersten Fall Science-Fiction). Warum sollte das Imaginäre nur aus der Wirklichkeit hinausführen, anstatt diese zu befruchten? Wenn es im und durch das Imaginäre zu einem Verlust im Denken kommt, dann weil dieses Imaginäre manipuliert ist. Die Vorstellungswelt ist auch eine gesellschaftliche Tatsache. Fordern Fachleute denn nicht den Eingriff der Imagination und des Imaginären, wenn sie »dem synthetischen Menschen« zujubeln, wenn sie bereit sind, den »Nexialisten« oder den »Generalisten« zu empfangen?

Die Industrie hat seit zwei Jahrzehnten einen bedeutenden Aufschwung der Ware vollbracht (die es schon vor ihr gab, wenn auch durch landwirtschaftliche wie städtische Strukturen *begrenzt*). Sie hat eine virtuell unbegrenzte Ausweitung des Tauschwerts möglich gemacht. Über die Ware hat sie nicht nur aufgezeigt, wie Menschen in Verbindung gebracht werden, sondern auch eine Logik, eine Sprache, eine Welt. Die Ware hat Dämme eingerissen (und dieser Prozess ist noch nicht beendet; das Auto, das heutige Pilotobjekt in der Warenwelt, wird am Ende diesen letzten Damm einreißen: die Stadt).

Es war also eine Zeit der politischen Ökonomie und deren Herrschaft, mit zwei Varianten: liberaler Ökonomismus, Planökonomismus. Heute zeichnet sich die Überwindung des Ökonomismus ab. Wohin? Zu einer Ethik oder einer Ästhetik, einem Moralismus oder einem Ästhetizismus? Zu neuen »Werten«? Nein. Es geht um eine Überwindung durch und in der Praxis: *eine Veränderung der gesellschaftlichen Praxis.* Der dem Tauschwert jahrhundertelang untergeordnete Gebrauchswert kann wieder die Oberhand gewinnen. Wie? Durch und in der städtischen Gesellschaft, ausgehend von dieser Wirklichkeit, die noch standhält und für uns das Bild des Gebrauchswerts bewahrt: der Stadt. Dass die städtische Wirklichkeit für die »Benutzer« und nicht für die Spekulanten, die kapitalistischen Bauträger, die Pläne der Techniker bestimmt ist, ist eine richtige, wenn auch abgeschwächte Version dieser Wahrheit.

Hier kann eine wirkliche Strategie ins Auge gefasst werden: die Bedeutung der Automobilindustrie in der Ökonomie eines Landes und den Platz des Objekts »Auto« im Alltagsleben, im Verkehr, unter den Transportmitteln zu begrenzen. Das Auto durch andere Techniken, andere Gegenstände, andere Transportmittel (z. B. öffentliche) zu ersetzen. Das ist ein etwas simples, triviales Beispiel, aber ein Hinweis auf die Unterordnung der »Wirklichkeit« unter eine Strategie.

Das Problem der *Freizeitbeschäftigungen* zwingt dazu, noch klarer eine Strategie zu durchdenken. Um es in seinem ganzen Ausmaß aufzuwerfen, müssen zuerst einige ideologisch versetzte Wunschvorstellungen zerstört werden. Die gesellschaftlich (durch Ideologie, Werbung) angepasste Vorstellungswelt ebenso wie die traurige Realität von »Hobbys«, von miniaturisierter »Kreativität« verstopfen den Ausblick. Weder der Urlaubsbeginn noch die kulturindustrielle Produktion – weder die Freizeit im Alltagsleben noch die Freizeit außerhalb der Alltäglichkeit – lösen das Problem. Ihre Bilder verhindern, es zu stellen. Das Problem liegt darin, mit den Trennungen »Alltäglichkeit–Freizeit« oder »Alltag–Fest« aufzuhören. Das Fest zurückzugeben, indem man den Alltag verändert. Die Stadt war ein sowohl von der produktiven Arbeit als auch von Werken, von Festen belegter Raum. Möge sie diese Funktion jenseits von Funktionen, in einer verwandelten städtischen Gesellschaft wiederfinden. So lässt sich eines der Ziele formulieren, das übrigens nur zum Ausdruck bringt, was heute gnadenlos und glanzlos in den Städten passiert (wo Festlichkeiten und Festivals ungeschickt versuchen, das Fest neu zu erschaffen).

Jeder große Gesellschaftstyp, mit anderen Worten jede Produktionsweise, hatte ihren eigenen Stadttypus. Die (relative) Diskontinuität von Produktionsweisen markiert die Geschichte der städtischen Wirklichkeit, auch wenn diese Markierung nichts Ausschließliches hat und andere Periodisierungen möglich sind. Insbesondere jene, die genauer die Abfolge von Stadttypen zeigt, die nicht völlig mit der Grundperiodisierung zusammenfallen. Aber jeder Stadttypus hat eine spezifische *Zentralität* unterbreitet und verwirklicht.

Die orientalische Stadt, Grund und Ergebnis der asiatischen Produktionsweise, bietet den Versammlungen und Begegnungen ihre Triumphstraße an. Über diese Straße ziehen die Armeen aus und ein, die das von der Stadt verwaltete landwirtschaftliche Gebiet schützen und unterdrücken. Über die Triumphstraße ziehen Militärparaden und religiöse Prozessionen. Ausgangs- und Endpunkt; das Zentrum der Welt, im Fürstenpalast, dem Omphalos. Der heilige Bezirk fesselt und verdichtet die über das gesamte Gebiet verbreitete Heiligkeit; er bringt das herausragende Recht des Souveräns, Besitz und Verehrung in einem zum Ausdruck. Der Triumphzug dringt durch das Tor, das Monument schlechthin, in den Bezirk ein. Das Tor ist das wirkliche städtische Zentrum, das Versammlungen nicht offenstehende Zentrum der Welt. Rund um das

Tor versammeln sich die Wachen, die Karawanenführer, die Vagabunden, die Diebe. Hier tagt das städtische Gericht und finden sich die Bewohner für spontane Diskussionen ein. Es ist der Ort der städtischen Ordnung und Unordnung, der Aufstände und Niederschlagungen.

In der antiken griechischen und römischen Stadt macht sich die Zentralität an einem Leerraum fest: der Agora, dem Forum. Es ist ein Platz, ein für die Versammlung eingerichteter Ort. Wichtiger Unterschied zwischen Agora und Forum: Letzteres ist gekennzeichnet durch Verbote; es wird schon bald durch Gebäude überdeckt, die ihm den offenen Charakter nehmen; es löst sich nicht vom Zentrum der Welt ab: das Loch (der »mundus«), geheiligt-verdammt, der Ort, aus dem die Seelen kommen, in den man Verurteilte und überzählige Kinder hineinstößt. Die Griechen haben den Akzent nicht auf den Schrecken, auf den Zusammenhang von städtischer Zentralität und Unterwelt der Toten und der Seelen gelegt. Ihr Denken wie ihre Polis verbindet sich eher mit dem Kosmos, leuchtende Verteilung der Orte im Raum, als mit der Welt, Aufenthalt, Gang der Finsternis, unterirdische Irrfahrt. Auf dem Westen, der mehr romanisiert als hellenisiert ist, lastet das Gewicht dieses Schattens.

Die mittelalterliche Stadt ihrerseits hat die Händler und Waren schnell eingebunden. Sie siedelt sie schon bald in ihrem Zentrum an: dem Marktplatz, einem Handelszentrum, das einerseits durch die Nähe der Kirche und andererseits vermittels Stadtmauer durch Ausschluss geprägt ist (Heterotopie des Gebiets). Der Symbolismus und die Funktionen dieser Stadtmauer unterscheiden sich von dem, was die Analyse zur orientalischen oder antiken Stadt ergeben hat. Das Ackerland gehört den Lehensherren, den Bauern, den Herumirrenden, den Plünderern. Die städtische Zentralität nimmt die Erzeugnisse und die Menschen auf. Sie verbietet jenen den Zugang, die ihre wesentliche Funktion bedrohen, die ökonomisch wird und den Kapitalismus ankündigt und vorbereitet (das heißt die Produktionsweise, in der das Wirtschaftliche und der Tauschwert dominieren). Der so funktionalisierten und strukturierten Zentralität wird jedoch weiter viel Aufmerksamkeit gewidmet. Man schmückt sie aus. Die kleinste Ortschaft, die kleinste Festungsanlage hat Arkaden, eine monumentale Empfangshalle, möglichst prunkvolle kommunale Gebäude, Vergnügungsstätten. Die Kirche segnet die Geschäfte und verschafft den geschäftigen Bürgern ein gutes Gewissen. Zwischen der Kirche und dem Markt, auf dem Platz, finden Versammlungen statt, die bezeichnend sind für dieses doppelte Merkmal des Religiösen und des Vernunftmäßigen (in den Grenzen der kaufmännischen Vernunft). Wie verbinden sich diese beiden nicht zusammenpassenden Merkmale, sich kombinierend oder in Konflikt geratend? Das ist eine andere Geschichte.

Die kapitalistische Stadt hat das Konsumzentrum geschaffen. Die industrielle Produktion bildete keine eigene Zentralität, außer in den privilegierten Fällen – wenn man so will – des wichtigen Unternehmens, um das herum eine Arbeitersiedlung entsteht. Das doppelte Merkmal der kapitalistischen Zentralität ist bereits bekannt: Sie ist Ort des Konsums und Konsum des Ortes. Die Geschäfte verdichten sich im Zentrum, das ausgefallene Geschäfte, Luxusgüter und Luxusnahrungsmittel anzieht. Diese Zentralität lässt sich bevorzugt in den alten Zentren nieder, in Räumen, die man sich im Lauf der Vorgeschichte zu eigen machte. Ohne diese kommt sie nicht aus. An diesen privilegierten Orten konsumiert der Konsument auch den Raum; die Ansammlung von Gegenständen in Läden, Schaufenstern, Regalen wird zum Grund und Vorwand, weshalb sich Menschen versammeln; sie sehen, schauen, reden, reden miteinander. Und es ist der Begegnungsort, ausgehend von der Ansammlung von Dingen. Was gesagt und geschrieben wird, ist vor allem die Welt der Ware, die Sprache der Waren, der Ruhm und die Ausweitung des Tauschwerts. Sie trachtet den Gebrauchswert in Tausch und Tauschwert aufzulösen. Dennoch behaupten sich der Gebrauch und der Gebrauchswert hartnäckig – unreduzierbar. Diese Unreduzierbarkeit des städtischen Zentrums spielt in der Argumentation eine wichtige Rolle.

Der Neokapitalismus überlagert das Konsumzentrum (das er weder widerlegt noch zerstört) mit dem Entscheidungszentrum. Er versammelt nicht mehr Menschen oder Dinge, sondern Informationen, Kenntnisse. Er nimmt sie in einer Form der Gleichzeitigkeit auf: der Vorstellung der Einheit, verkörpert im elektronischen Gehirn, das die annähernde Gleichzeitigkeit der Kommunikation nutzt, Hindernisse überwindet (Informationsverluste, unsinnige Anhäufung von Elementen, Redundanzen etc.). Mit einem uneigennützigen Ziel? Sicherlich nicht. Jene, die die spezifische Zentralität bilden, zielen auf die Macht ab oder sind deren Instrumente. Das Problem stellt sich daher politisch. Es geht nicht mehr nur darum, allgemein »die Technik zu beherrschen«, sondern klar festgelegte Techniken mit ihren soziopolitischen Implikationen. Es geht darum, die potenziellen Herren zu beherrschen: jene, deren Macht sich aller Möglichkeiten bemächtigt.

Warum diese Argumentation, die erneut aufgegriffen und zu neuen Schlussfolgerungen geführt wird? Um eine andere Zentralität vorzuschlagen und zu rechtfertigen. Die städtische Gesellschaft, deren Möglichkeit hier dargelegt wird, kann sich nicht mit vergangenen Zentralitäten begnügen, selbst wenn sie diese nicht zerstört, sondern sie verändernd nutzt und aneignet. Was übertragen? Die kulturelle Zentralität hat etwas Undankbares an sich. Sie lässt sich leicht organisieren, institutionalisieren und in der Folge verbürokratisieren. In Sachen Lächerlichkeit kann nichts mit dem Kulturbürokraten mithalten. Das Erzieherische zieht an, aber verführt nicht und erfreut kaum. Die Pädagogik erfordert eine örtlich verankerte Praxis und nicht eine gesellschaftliche Zentralität. Im Übrigen ist keineswegs erwiesen, dass es »eine« oder »die« Kultur gibt. Das größte Spiel, das Theater, droht langweilig zu sein, wenn es dieser Einheit, »der Kultur«, und ihrer Ideologie, dem »Kulturalismus«, unterworfen wird. Die Elemente einer höheren Einheit, die Fragmente und Aspekte der »Kultur«, des Erzieherischen, des Formativen und Informativen, können sich ähnlich sein. Woher den Grundsatz der Versammlung und ihren Inhalt beziehen? Aus dem *Spielerischen*. Der Begriff ist hier in seinem umfassendsten Sinn und seiner »tiefsten« Bedeutung zu verstehen. Der Sport ist spielerisch; das Theater ebenso, in aktiverer und partizipativerer Form als das Kino. Die Kinderspiele sind nicht zu verachten, ebenso wenig die der Jugendlichen. Jahrmärkte, kollektive Spiele aller Art halten sich in den Ritzen der gelenkten Konsumgesellschaft, in den Schlupfwinkeln der ernsthaften Gesellschaft, die sich als strukturiert und systematisch versteht und vorgibt, technisch zu sein. Was die alten Versammlungsorte betrifft, so haben diese ihre Bedeutung größtenteils verloren: das Fest, das langsam ausstirbt oder sich fernhält. Selbst wenn sie erneut Bedeutung erlangen sollten, steht dies der Schaffung neuer Feststätten, die mit dem spielerischen Erfindungsreichtum grundlegend verbunden sind, nicht im Weg.

Dass die sogenannte Konsumgesellschaft eine solche Richtung andeutet, steht außer Zweifel. Freizeitzentren, »Freizeitgesellschaften«, Luxus- und Vergnügungsstädte, Ferienorte zeigen dies beredt (in einer charakteristischen Rhetorik, wie man sie in der Werbung lesen kann). Es geht folglich nur darum, diesem Trend, der noch immer der industriellen und kommerziellen Produktion von Kultur und Freizeit in dieser Gesellschaft unterworfen ist, Form zu verleihen. Zu sammeln und dem Spiel unterzuordnen, anstatt das Spiel der »Ernsthaftigkeit« der Kulturalität und der Wissenschaftlichkeit unterzuordnen, so lassen sich der Vorschlag und der Plan definieren. Dieses Sammeln schließt »kulturelle« Elemente in keiner Weise aus. Im Gegenteil. Sie führt diese zusammen und gibt ihnen ihre Wahrheit zurück. Erst mit Verzögerung und durch Institutionen wird das Theater »kulturell«, während das Spiel in der Gesellschaft seinen Platz und seinen Wert einbüßt. Ist die Kultur nicht die Versöhnung von Werk und Stil mit dem Tauschwert? Was ihre Kommerzialisierung erlaubt, mit der Produktion und dem Konsum dieses besonderen Produkts.

Die Zentralität des Spielerischen hat Folgen: den Sinn für das Werk wiederherzustellen, den Kunst und Philosophie beigetragen haben – der Zeit gegenüber dem Raum Vorrang einräumen und dabei berücksichtigen, dass sich die Zeit allmählich in den Raum einschreibt und darin schreibt – die Aneignung über die Beherrschung stellen.

Der spielerische Raum bestand und besteht noch neben Räumen des Handels und des Verkehrs, politischen Räumen, kulturellen Räumen. Die Projekte, die diese qualitativen, unterschiedlichen Räume innerhalb eines quantifizierten »gesellschaftlichen Raums« verlieren, der nur durch Erfassung und Buchung geregelt ist, beruhen auf einer Schizophrenie, die sich unter dem Deckmantel von Strenge, Wissenschaftlichkeit und Rationalität verbirgt. Weiter oben wurde am Beispiel solcher Projekte gezeigt, wohin ein analytisches Denken unvermeidlich führt, das sich unbedacht als global versteht. Die so wiedergefundene Globalität ist der formalisierte Raum einer gesellschaftlichen Pathologie. Wie der Weg vom Begriff des *Wohngebiets* zum schizophrenen Raum verläuft, der als gesellschaftliches Modell entworfen wird, ist bekannt. Die hier in Betracht gezogene Ausrichtung läuft nicht darauf hinaus, die bereits errichteten und eingerichteten historischen Unterschiede, die qualifizierten Räume aufzulösen. Im Gegenteil: Diese bereits komplexen Räume können sich, Unterschiede und Kontraste akzentuierend, verbinden und auf eine Qualität drängen, die die Quantitäten voraussetzt und überdeterminiert.

An diese Räume können die formalisierten Grundsätze von Unterschied und Verbindung, von Überlagerung des Gegensätzlichen angewandt werden. In einem solchen Verständnis hängen die gesellschaftlichen Räume mit gesellschaftlichen Zeiten und Rhythmen zusammen, die in den Vordergrund treten. Es wird verständlicher, wie und wie weit in der städtischen Wirklichkeit sich die Ereignisse in der Dauer verteilen und den Weg markieren. Diese Wahrheit der städtischen Zeit nimmt ihre Rolle hellsichtig wieder auf. Das Wohnen siedelt sich wieder überhalb des Wohngebiets an. Die beworbene Qualität repräsentiert und präsentiert sich als *spielerisch*. Mit Wörtern *spielend*, kann gesagt werden, dass es unter den Teilen des gesellschaftlichen Ganzen *Spiel* geben wird – Plastizität –, insofern das *Spiel* sich als höchster Wert verkündet, höchst ernst wenn nicht wichtig, den Gebrauch und den Tausch durch ihre Zusammenführung übertreffend. Und sollte jemand ausrufen, diese Utopie habe nichts mit dem Sozialismus zu tun, würde ich antworten, dass heute nur die Arbeiterklasse noch wirklich zu spielen versteht, Lust hat zu spielen, diesseits und jenseits von Forderungen und Programmen, jenen des Ökonomismus und jenen der politischen Philosophie. Woraus lässt sich das ablesen? Aus dem Sport, dem Interesse, das der Sport weckt, und aus vielfältigen Spielen einschließlich verkommener Formen des spielerischen Lebens, bis zum Fernsehen und anderem. Bereits heute bietet das Stadtzentrum den Menschen aus der Stadt Bewegung, Unvorhergesehenes, Mögliches und Begegnungen. Es ist ein »spontanes Theater« oder es ist gar nichts.

Die zukünftige Stadt ließe sich, insofern es gelingt, ihre Umrisse zu skizzieren, recht gut definieren, indem man sich den Umsturz der aktuellen Situation vorstellt und dieses umgekehrte Bild der verkehrten Welt bis ins Extrem treibt. Zurzeit versucht man, feste Strukturen zu etablieren, sogenannte »Ausgleichsstrukturen«, der Systematisierung und damit der bestehenden Ordnung unterworfene Stabilitäten. Gleichzeitig wird taktisch auf die beschleunigte Alterung (Obsoleszenz) und das rasche Verschwinden von ironischerweise »nachhaltig« genannten Konsumgütern gesetzt: Kleider (die durch den moralischen Verschleiß und die Mode verschwinden), Alltagsgegenstände (Möbel), Autos etc. Die ideale Stadt würde die Veralterung des Raums beinhalten: den raschen Wechsel von Behausungen, Standorten, gestalteten Räumen. Es wäre die *kurzlebige Stadt*, ein ewiges Werk der Einwohner, die selbst mobil und für/durch dieses Werk mobilisiert wären. Die Zeit nimmt dort wieder an vorderster Stelle ihren Platz ein. Dass die Technik die kurzlebige Stadt – Höhepunkt des Spielerischen, äußerstes Werk und größter Luxus – ermöglicht, steht außer Zweifel. Woraus lässt sich das ablesen? Zum Beispiel aus der letzten Weltausstellung in Montréal. Unter anderen Beispielen!

Die Stadt in den Dienst des Urbanen zu stellen, bedeutet überhaupt nicht, den städtischen Raum mit Kunstobjekten zu schmücken. Diese Parodie des Möglichen entlarvt sich selbst als Karikatur. Das bedeutet, dass die Zeiten-Räume Kunstwerke werden und die vergangene Kunst als Quelle überdacht wird, als Modell *der Aneignung* von Raum und Zeit. Die Kunst liefert Fälle und Beispiele geeigneter »Topiken«: in die Räume eingeschriebener zeitlicher Qualitäten. Die Musik zeigt, wie sich der Ausdruck der Zahl bemächtigt, wenn Ordnung und Maß die Stimmung vermitteln. Sie zeigt, dass der Takt als Zeitmaß, tragisch oder fröhlich, die Berechnung ein- und aufsaugen kann. Ebenso die Skulptur oder die Malerei, wenn auch weniger ausdrucksstark, dafür aber präziser als die Musik. Vergessen wir nicht, dass die Gärten, Parks, Landschaften genauso zum städtischen Leben gehörten wie die schönen Künste. Und dass die Landschaft um die Städte ein Werk dieser Städte war, unter anderem die toskanische Landschaft rund um Florenz, die, von der Architektur nicht trennbar, eine immense Rolle in den klassischen Künsten spielte. Die Kunst kann, wenn sie das Ornament, die Dekoration, die Repräsentation hinter sich lässt, auf gesellschaftlicher Ebene *praxis* und *poiesis* werden. Die Kunst zu leben, in einer Stadt als Kunstwerk. Auf den Stil, das Werk, das heißt den Sinn für das Monument und den im Fest (an)geeigneten Raum zurückkommend, kann die Kunst »Strukturen der Verzauberung« vorbereiten. Separat betrachtet könnte die Architektur die Möglichkeiten weder einschränken noch allein eröffnen. Es braucht mehr, besseres, anderes. Die Architektur als Kunst und Technik braucht ebenfalls eine Orientierung. Sie könnte, so unerlässlich sie ist, sich nicht selbst genügen und der Architekt könnte seine Ziele und seine Strategie nicht festlegen. Anders gesagt ist die Zukunft der Kunst nicht künstlerisch, sondern städtisch. Denn die Zukunft »des Menschen« lässt sich weder aus dem Kosmos noch im Volk oder der Produktion herauslesen, sondern aus der städtischen Gesellschaft. Ebenso wie die Kunst kann und soll die Philosophie sich entsprechend dieser Perspektive überdenken. Die Problematik des erneuerten Urbanen, die Problematik der Philosophie, ihre Kategorien und Methoden. Diese Kategorien müssen weder zerstört noch abgelehnt werden, *erhalten* aber etwas anderes und Neues: eine neue Bedeutung.

Das Recht auf Stadt offenbart sich als höhere Rechtsform: das Recht auf Freiheit, auf Individualisierung in der Vergesellschaftung, auf das Wohngebiet und das Wohnen. Das Recht auf das *Werk* (auf mitwirkende Tätigkeit) und das Recht auf *Aneignung* (klar zu unterscheiden vom Recht auf Eigentum) bringen sich in dieses Recht auf Stadt ein.

Was die Philosophie betrifft, lassen sich drei Abschnitte unterscheiden. Wobei es sich unter den Periodisierungen, die das Kontinuum des Werdens abstecken, um eine besondere Periodisierung handelt. In einer ersten Phase reflektiert die Philosophie über die Polis als Ganzes (Partielles) innerhalb der Totalität, also über Kosmos und Welt. In einer zweiten Phase reflektiert die Philosophie eine über die Stadt hinausragende Totalität: die Geschichte, »den Menschen«, die Gesellschaft, den Staat. Sie akzeptiert und billigt sogar im Namen der Totalität mehrere Trennungen. Sie verankert die analytische Erfassung, im Glauben, diese zurückzuweisen oder zu überwinden. In der dritten Phase trägt sie zur Förderung der Rationalität und der Praxis bei, die sich in urbane Rationalität und urbanistische Praxis verwandeln.

Die Verwirklichung der Philosophie

Greifen wir den roten Faden dieser Studie, der sie bis zu ihren Schlussfolgerungen geführt hat, wieder auf und zeigen seine Kontinuität. Die Erkenntnis befindet sich in einer unhaltbaren Lage. Die Philosophie wollte das Totale erreichen und zielte daran vorbei; sie konnte es nicht erfassen und noch weniger verwirklichen. Sie verstümmelte auf ihre Art die Totalität und bot davon nur eine systematisierte, spekulative, kontemplative Repräsentation. Dennoch hatte und hat nur der Philosoph noch einen Sinn für das Totale. Die partiellen und parzellierten Kenntnisse geben vor, Gewissheiten, Realitäten zu erreichen; sie liefern nur Fragmente. Sie können auf Synthese nicht verzichten, ihr Recht auf die Synthese aber nicht legitimieren.

Die griechische Philosophie hat sich seit ihren Anfängen mit der griechischen Polis, ihrer Großartigkeit und ihrer Armseligkeit, ihren Beschränkungen verbunden: der Sklaverei, der Unterordnung des Einzelnen unter die Polis. Zweitausend Jahre später verkündete Hegel die Verwirklichung der in Jahrhunderten des Denkens und Nachdenkens entwickelten philosophischen Rationalität, aber im und für den Staat.

Wie dieser Sackgasse entkommen? Wie diese Widersprüche lösen?

Die *industrielle Produktion* hat die Vorstellungen über die gesellschaftliche Fähigkeit erschüttert, zu handeln, Neues zu schaffen, die materielle Natur zu beherrschen. Die Philosophie konnte genauso wenig ihre traditionelle Aufgabe bewahren wie der Philosoph seine Bestimmung: den Menschen, das Menschliche, die Gesellschaft, die Welt zu definieren und sich gleichzeitig durch seine Anstrengung, seine Arbeit, seinen Willen, seinen Kampf gegen die Determinismen und Zufälle der Erschaffung des Menschen anzunehmen. Das Wissen und die Wissenschaften, die Technik, die Organisation und die Rationalisierung der Industrie hatten ihren Auftritt. Versanken zweitausend Jahre Philosophie im Grab? Nein. Die Industrie bringt neue Mittel. Sie hat ihren Zweck und ihren Sinn nicht in sich selbst. Sie wirft *Produkte* in die Welt. Die Philosophie, ein Werk schlechthin (neben der Kunst und den Kunstwerken), erzählt, was *Aneignung* ist und nicht technische Beherrschung der materiellen Natur, die Produkte und Tauschwerte erzeugt. Möge der Philosoph also sprechen, *den Sinn* der industriellen Produktion *ausdrücken*, unter der Bedingung, nicht darüber zu spekulieren, sie nicht zum Thema zu machen, indem er die alte Art zu philosophieren fortsetzt, sondern sie als *Mittel nimmt, um die Philosophie zu verwirklichen*, also den *philosophischen Plan* des Menschen in der Welt: Begehren und Vernunft, Spontaneität und Denken, Vitalität und Formgebung, Herrschaft und Aneignung, Determinismen und Freiheiten. Die Philosophie kann sich nicht verwirklichen, ohne dass die Kunst (als Modell der Aneignung von Zeit und Raum) sich in der gesellschaftlichen Praxis voll entfaltet und Technik und Wissenschaft als Mittel voll genutzt werden, ohne dass die Lage des Proletariats überwunden wird.

Diese von Marx begonnene theoretische Revolution verdüsterte sich in der Folge, die industrielle Produktion, das Wirtschaftswachstum, die organisatorische Rationalität, der Konsum von Produkten wurden zu Zwecken statt zu Mitteln, die einem höheren Zweck untergeordnet sind. Die *Verwirklichung der Philosophie* kann heute ihren Sinn wieder aufgreifen, das heißt der Geschichte wie der Aktualität Sinn verleihen. Der seit einem Jahrhundert unterbrochene Faden wird wieder aufgenommen. Die Lage der Theorie lockert sich und die Kluft zwischen Totalem und Partiellem oder Parzellärem, zwischen dem ungewissen Ganzen und den allzu gewissen Fragmenten schließt sich. Ab dem Moment, wo die städtische Gesellschaft den Sinn der Industrialisierung enthüllt, spielen diese Konzepte eine neue Rolle. Die Revolution der Theorie geht weiter und die städtische Revolution (die revolutionäre Seite der städtischen Reform, der urbanen Strategie) rückt in den Vordergrund. Die Revolution der Theorie und der politische Wandel sind nicht voneinander zu trennen.

Das theoretische Denken zielt auf die Verwirklichung einer anderen Humanität als jener der wenig produktiven Gesellschaft (jene der Zeitalter des fehlenden Überflusses oder eher der fehlenden Möglichkeit des Überflusses) und als jener der produktivistischen Gesellschaft. In einer Gesellschaft und einem städtischen Leben, die sich der alten Grenzen entledigt haben – jener der Knappheit und jener des Ökonomismus –, gehen die Techniken, die Kunst, die Kenntnisse in den Dienst der Allgemeinheit über, um diese zu verändern. So definiert sich die Verwirklichung der Philosophie. Es geht nicht mehr um eine Philosophie der Stadt und eine sozialhistorische Philosophie, die neben einer Stadtwissenschaft besteht. Die Verwirklichung der Philosophie verleiht den Wissenschaften der gesellschaftlichen Wirklichkeit Sinn. Damit wird von vornherein der Vorwurf des »Soziologismus« zurückgewiesen, der gegen die hier ausgeführten Hypothesen und Thesen unweigerlich erhoben werden wird. Weder Philosophismus noch Szientismus noch Pragmatismus. Noch Soziologismus noch Psychologismus noch Ökonomismus. Noch Historizismus. Etwas anderes kündigt sich an.

Thesen zur Stadt, zum Urbanen und zum Urbanismus

1. Zwei Gruppen von Fragen haben die Probleme der Stadt und der städtischen Gesellschaft maskiert, zwei Arten von Dringlichkeiten: die Wohnungsfrage und die Frage des »Wohngebiets« (*habitat*) (abhängig von einer Wohnungspolitik und architektonischen Techniken) – die Frage der industriellen Organisation und Gesamtplanung. Erstere haben von unten, Letztere von oben zum Auseinanderbrechen der traditionellen Morphologie der Stadt geführt und die Aufmerksamkeit davon abgelenkt, während die Verstädterung der Gesellschaft voranschritt. Daher ein weiterer Widerspruch, der sich zu den anderen nicht gelösten Widersprüchen der bestehenden Gesellschaft gesellt, sie verschärft, ihnen eine andere Bedeutung verleiht.

2. Diese beiden Gruppen von Problemen haben sich durch das Wirtschaftswachstum und die industrielle Produktion gestellt und sind weiter aktuell. Die praktische Erfahrung zeigt, dass es ein Wachstum ohne gesellschaftliche Entwicklung (quantitatives Wachstum ohne qualitative Entwicklung) gibt. Unter diesen Bedingungen sind die Veränderungen in der Gesellschaft eher Schein als Wirklichkeit. Der Fetischismus und die Ideologie des Wandels (mit anderen Worten: die Ideologie der Modernität) überdecken die Stagnation der wesentlichen gesellschaftlichen Verhältnisse. Die Entwicklung der Gesellschaft lässt sich nur im städtischen

Leben, in der Verwirklichung der städtischen Gesellschaft begreifen.

3. Der doppelte Prozess der Industrialisierung und der Verstädterung ist unverständlich, wenn man die urbane Gesellschaft nicht als Ziel und Finalität der Industrialisierung begreift, wenn man das städtische Leben dem industriellen Wachstum unterordnet. Dieses liefert die Bedingungen und Mittel der urbanen Gesellschaft. Erklärt man die industrielle Rationalität als nötig und ausreichend, zerstört man den Sinn (die Ausrichtung, das Ziel) des Prozesses. Die Industrialisierung bringt die Urbanisierung zuerst negativ hervor (Auseinanderbrechen der traditionellen Stadt, ihrer Morphologie, ihrer praktisch, sinnlich erfahrbaren Wirklichkeit). Danach ist man beteiligt. Die städtische Gesellschaft beginnt in den Ruinen der alten Stadt und dem sie umgebenden Agrarland. Im Lauf dieses Wandels verändert sich das Verhältnis zwischen Industrialisierung und Urbanisierung. Die Stadt hört auf, das Behältnis, die passive Lagerstätte für Produkte und Produktion zu sein. Was von der städtischen Wirklichkeit in ihrem Zerfall überdauert und sich festigt, das Entscheidungszentrum, geht fortan in die *Produktionsmittel und die Maßnahmen zur Ausbeutung der gesellschaftlichen Arbeit* durch jene ein, die selbst über Information, Kultur, Entscheidungsmacht verfügen. Nur mit einer Theorie können die praktischen Daten verwendet und kann die urbane Gesellschaft tatsächlich verwirklicht werden.

4. Für diese Verwirklichung sind weder die Unternehmensorganisation noch die Gesamtplanung, so nötig sie sind, ausreichend. Es vollzieht sich ein Sprung nach vorne in der Rationalität. Weder der Staat noch das Unternehmen liefern die erforderlichen Rationalitäts- und Wirklichkeitsmodelle.

5. Die Verwirklichung der städtischen Gesellschaft macht eine auf die gesellschaftlichen Bedürfnisse, die Bedürfnisse der städtischen Gesellschaft orientierte Planung nötig. Sie erfordert eine Wissenschaft der Stadt (der Beziehungen und Bezüge im städtischen Leben). Diese Bedingungen genügen nicht, so nötig sie sind. Eine gesellschaftliche und politische Kraft, die in der Lage ist, diese Mittel (die keine Mittel sind) umzusetzen, ist ebenfalls unerlässlich.

6. Die Arbeiterklasse muss die Folgen des Auseinanderbrechens alter Morphologien hinnehmen. Sie ist Opfer einer Segregation, einer durch dieses Auseinanderbrechen ermöglichten Klassenstrategie. So gestaltet sich gegenwärtig die negative Lage des Proletariats. Das alte proletarische Elend nimmt ab und verschwindet in den großen Industrieländern immer mehr. Ein neues breitet sich aus, das in erster Linie das Proletariat betrifft, ohne andere Schichten und Gesellschaftsklassen auszusparen: das Elend des Wohngebiets, des Bewohners, der einer organisierten Alltäglichkeit unterworfen ist (in der und durch die bürokratische Gesellschaft des gelenkten Konsums). Wer noch daran zweifeln sollte, dass es die Arbeiterklasse als Klasse gibt, für den sind die Segregation und das Elend ihres »Wohnens« ein Beweis vor Ort.

7. Unter schwierigen Bedingungen bahnen sich in dieser Gesellschaft, die sich ihnen nicht vollständig widersetzen kann und ihnen dennoch den Weg versperrt, Rechte den Weg, die die Zivilisation (*in der*, oft aber auch *gegen die* Gesellschaft – *durch*, oft aber auch *gegen* die »Kultur«) beschreiben. Diese unzureichend anerkannten Rechte setzen sich nach und nach als üblich durch, bevor sie Eingang finden in formalisierte Regeln. Das Recht auf Arbeit, auf Wissen, auf Bildung, auf Gesundheit, auf Wohnen, auf Freizeit,

auf Leben – sie würden die Realität ändern, wenn sie zur gesellschaftlichen Praxis würden. Zu den sich herausbildenden Rechten gehört das *Recht auf Stadt* (nicht auf die alte Stadt, sondern auf das städtische Leben, die erneuerte Zentralität, auf Orte der Begegnung und des (Aus)tauschs, auf Lebensrhythmen und Tagesabläufe, die den vollen und vollständigen *Gebrauch* dieser Augenblicke und Orte erlauben, etc.). Die Verkündigung und die Umsetzung des städtischen Lebens als Herrschaft des Gebrauchs (des Tauschs und der Begegnung, die vom Tauschwert losgelöst sind) erfordern die Beherrschung des Ökonomischen (des Tauschwerts, des Marktes und der Ware) und finden folglich Eingang in die Perspektiven der Revolution unter Hegemonie der Arbeiterklasse.

8. Für die Arbeiterklasse, die von den Zentren in die Peripherien abgeschoben, aus der Stadt vertrieben und damit der besten Ergebnisse ihrer Tätigkeit enteignet wurde, hat dieses Recht eine besondere Tragweite und Bedeutung. Es stellt für sie gleichzeitig ein Mittel und ein Ziel dar, weist einen Weg und eine Perspektive; doch diese virtuelle Tätigkeit der Arbeiterklasse repräsentiert auch die allgemeinen Interessen der Zivilisation und die besonderen Interessen aller gesellschaftlichen Schichten von »Bewohnern«, für die die Integration und die Partizipation zwanghaft werden, ohne dass sie diese Zwangsvorstellung wirksam werden lassen können.

9. Der revolutionäre Wandel der Gesellschaft beruht als Grundlage und Hebel auf der industriellen Produktion. Deshalb galt es zu zeigen, dass das städtische Entscheidungszentrum sich nicht mehr (in der aktuellen Gesellschaft: Neokapitalismus oder staatlich gebundener Monopolkapitalismus) außerhalb der Produktionsmittel, ihres Eigentums und ihrer Verwaltung verstehen kann. Nur eine Übernahme der Planung

durch die Arbeiterklasse und ihre politischen Vertreter kann das gesellschaftliche Leben tiefgreifend verändern und eine zweite Ära einleiten: die des Sozialismus in den neokapitalistischen Ländern. Bis dorthin bleibt der Wandel oberflächlich auf der Ebene von Zeichen und dem Konsum von Zeichen, Sprache und Metasprachen (Diskursen zweiten Grades, Diskursen über vorherige Diskurse). Man kann also nicht vorbehaltlos von städtischer Revolution sprechen. Gleichwohl ist die Ausrichtung der industriellen Produktion an den gesellschaftlichen Bedürfnissen nicht nebensächlich. Wird der Zweck in die Pläne mit aufgenommen, verändert er diese. Die städtische Reform hat also eine revolutionäre Tragweite. Wie im Verlauf des 20. Jahrhunderts die Landreform, die immer mehr aus dem Blickfeld verschwindet, so ist die urbane Reform eine revolutionäre Reform. Sie bietet Anlass zu einer Strategie, die sich der Strategie der heute herrschenden Klasse widersetzt.

10. Nur das Proletariat kann seine gesellschaftliche und politische Tätigkeit in die Umsetzung der urbanen Gesellschaft investieren. Nur es kann auch den Sinn der produktiven und schöpferischen Tätigkeit erneuern, indem es die Ideologie des Konsums zerstört. Es ist befähigt, einen neuen Humanismus hervorzubringen, der sich vom alten, zu Ende gehenden liberalen Humanismus unterscheidet: den des *Städters*, durch und für den die Stadt und sein eigenes Leben in der Stadt Werk, *Aneignung*, Gebrauchswert (und nicht Tauschwert) werden, der sich dafür aller Mittel der Wissenschaft, der Kunst, der Technik, der Beherrschung der materiellen Natur bedient.

11. Doch der Unterschied zwischen *Produkt* und *Werk* bleibt bestehen. Zum Sinn der Herstellung von Produkten (der wissenschaftlichen und technischen Beherrschung der materiellen Natur) muss noch der Sinn des *Werks*, der *Aneignung* (der Zeit,

des Raums, des Körpers, des Begehrens) hinzukommen, um in der Folge vorherrschend zu werden. Und das in der und durch die beginnende städtische Gesellschaft. Die Arbeiterklasse besitzt den Sinn für das Werk aber nicht spontan. Dieser ist verblasst, fast verschwunden, mit dem Handwerk und dem Beruf und der »Qualität«. Wo findet sich dieses wertvolle Depot, der Sinn des Werks? Woher kann die Arbeiterklasse ihn beziehen, um ihn auf eine höhere Stufe zu stellen und ihn mit produktiver Intelligenz und einer praktischen dialektischen Vernunft zu verbinden? Die Philosophie und die ganze philosophische Tradition einerseits, die gesamte Kunst andererseits (nicht ohne radikale Kritik ihrer Spenden und Geschenke) enthalten den Sinn für das Werk.

12. Das erfordert neben der wirtschaftlichen Revolution (auf die gesellschaftlichen Bedürfnisse orientierte Planung) und der politischen Revolution (demokratische Kontrolle des Staatsapparats, verallgemeinerte Selbstverwaltung) eine permanente Kulturrevolution.

Es gibt keine Unvereinbarkeit zwischen diesen Stufen der totalen Revolution, genauso wenig wie zwischen der urbanen Strategie (revolutionäre Reform, die auf die Verwirklichung einer urbanen Gesellschaft auf der Grundlage einer fortgeschrittenen, geplanten Industrialisierung zielt) und einer Strategie, die auf den Wandel des traditionellen bäuerlichen Lebens durch die Industrialisierung zielt. Mehr noch: In den meisten Ländern erfolgt die Umsetzung der städtischen Gesellschaft über die Agrarreform und die Industrialisierung. Dass eine weltweite Front möglich ist, ist unbestritten. Dass sie heute unmöglich ist, ist ebenfalls gewiss. Diese Utopie projiziert hier wie so oft ein »Mögliches-Unmögliches« auf die Zukunft. Unglücklicherweise oder glücklicherweise unterscheidet sich die Zeit, jene der Geschichte und der gesellschaftlichen Praxis, von der Zeit der Philosophen. Selbst wenn sie nichts Irreversibles hervorbringt, kann sie schwer Reparierbares hervorbringen. Die Menschheit stellt sich nur die Probleme, die sie lösen kann, schrieb Marx. Manche sind heute der Meinung, dass sich die Menschen nur unlösbare Probleme stellen. Sie bestreiten die Vernunft. Dennoch mag es leicht zu lösende Probleme geben, deren Lösung da ist, ganz nahe, und die die Menschen sich nicht stellen.

Paris, 1967 (*100. Jahrestag des* Kapitals)

Anstelle eines Nachworts*

Raum und Politik

Ein Text, der theoretische Tragweite haben will und vorgibt, sich selbst zu genügen, tut dies dann, wenn der Autor zuvor ein Verfahren des Zerschneidens und Montierens vollzogen und sich eine Parzelle eines »Feldes« zugewiesen hat, die er versucht abzudecken. Ein ziemlich grobes Vorgehen ausschließender Aneignung, immer suspekt, auch wenn es üblich ist und als legitim gilt, da sich das Privateigentum auf Ideen und Wissen erstreckt. Mehr als ein Wissenschaftler müsste sich dafür entschuldigen, einen Zaun um seinen Garten gezogen zu haben, um ihn nach eigenem Gutdünken zu hegen.

Meine Recherchen zur Stadt und dem Urbanen verweisen auf die Recherchen zum Raum, die Gegenstand eines anderen Werks sein werden [*La production de l'espace*, Paris 1974]. Diese Theorie des gesellschaftlichen Raums umfasst einerseits die kritische Analyse der städtischen Realität und andererseits die des Alltags; der Alltag und das Urbane, unlösbar miteinander verbunden, gleichzeitig Produkt und Produktion, nehmen in der Tat einen durch sie gesellschaftlich erzeugten Raum ein und umgekehrt. Die Analyse bezieht sich auf die Gesamtheit der praktisch-gesellschaftlichen Tätigkeiten, insofern sie in einem komplexen, städtischen wie alltäglichen Raum miteinander verwoben sind und bis zu einem gewissen Punkt die Reproduktion der Produktionsverhältnisse (der

* Einleitung des Autors zur Aufsatzsammlung *Espace et politique* (Raum und Politik) von 1972

gesellschaftlichen Verhältnisse) sicherstellen. Über diesen gegebenen Raum, seine Kritik und seine Kenntnis lässt sich das Gesamte, die »Synthese« erreichen.

So wird ein Gesamtwerk aufgebaut, in dem jeder »Artikel« eine Besonderheit hat, auf einem gewissen Stand einen gewissen Aspekt oder ein Element behandelt. Dieses Ganze hat nichts von einem System oder einer »Synthese« im klassischen Sinn, trotz der Verbundenheit seiner Elemente und Aspekte. Sein Sinn? Sein Ziel? Es geht nicht darum, Kohärenz oder Kohäsion zu zeigen, sondern tastend zu suchen, wo im Raum und in der Zeit sich auf der Ebene nicht der Einzelnen oder der Gruppen, sondern global *der Punkt* befindet, *an dem es kein Zurück* und keinen Ausweg mehr gibt. Dieser Moment hängt nicht mehr mit historisierendem Denken oder einer klassischen Krisentheorie zusammen; er ist deshalb nicht weniger entscheidend: Er ist Verwandlung oder Selbstzerstörung (das eine schließt das andere nicht aus). Es wäre der Augenblick, an dem die Reproduktion der bestehenden Produktionsverhältnisse aufhören würde, sei es, dass Verfall und Auflösung die Oberhand gewinnen, sei es, dass neue Verhältnisse entstehen und die alten ver- und ersetzen. Die Möglichkeit eines solchen Moments (eine Perspektive, die sich nicht ganz mit der üblichen Revolutionstheorie deckt) beschreibt eine strategische Hypothese. Sie ist keine gesicherte, positiv etablierte Gewissheit. Sie schließt andere Möglichkeiten (beispielsweise die Zerstörung der Erde) nicht aus.

Beherrscht vom Gedanken an diesen Augenblick, bemühen sich viele, ihn hinauszuzögern, abzuwenden, durch die ideologische Magie die geweckten Bilder auszutreiben. Räte versammeln sich, um sich über die Repräsentationen (Ideologien), die die wirklichen Herausforderungen überdecken, ernsthaft Gedanken zu machen und sie zu bewahren. Die Umweltverschmutzung, die Umwelt, die Ökologie und die Ökosysteme, das Wachstum und seine Zweckbestimmung, fragmentieren und maskieren die Probleme des Raums. Andere wünschen sich dagegen den Schicksalsmoment herbei; sie wollen das Schicksal beschleunigen, indem sie es zuspitzen, Nihilisten, die von dem getrieben sind, was sie den »Todestrieb« nennen. Die beste Wahl für ein Denken, das den Anspruch erhebt, Wissen und Tat zu sein, besteht vielleicht darin, nicht in Katastrophismus zu verfallen, einen begrenzten, aber genügend präzisen Angriffspunkt zu bestimmen, eine Taktik und eine Strategie des Denkens zu wählen.

Hier wird versucht, die Situation nicht zu dramatisieren und sie nicht zu entdramatisieren, indem man sie sterilisiert. Möglicherweise nähert sich der Punkt, an dem es kein Zurück mehr gibt, und man muss sich darauf vorbereiten. Die Destruktivkräfte sind bereits unbeschreiblich; wie Jean-Clarence Lambert in *Opus* schreibt (Juni 1972), haben sie mittlerweile weder Namen noch Gesicht. Sie sind *System*, das einzige, jenes der scheinbar positiven Negation und des Todes, das die Existenz selbst bis in ihr Innerstes angreift. Manchmal hat man im Wohlstand, den das kapitalistische Frankreich erlebt, Lust zu schreien: »Vorsicht! Revolution oder Tod …« Was nicht bedeutet: »Lasst uns für die Revolution sterben«, sondern im Gegenteil: »Wenn ihr nicht wollt, dass wir sterben, dann macht die Revolution, schnell, total.« Diese weltweite, totale Revolution müsste *die Macht* beenden, jene Macht, die die Menschenwesen und das Wesen des »Menschen« beherrscht, ohne irgendeine der Kräfte zu beherrschen, die von ihnen kommen und sich gegen sie kehren: weder die Technik noch die Demografie noch den Raum! Über wen wird sie ausgeübt? Über jene, die sich diese fremd gewordenen Kräfte, diese tödlichen Realitäten aneignen könnten. Es gibt keinen Machtmissbrauch, denn *die Macht* (*le Pouvoir*) wird immer und überall missbraucht. Die totale Revolution müsste diese sich überlebende *abstrakte Macht* beenden, um dort, wo sie zum Selbstzweck geworden ist, Mittel für einen unbekannten

Zweck einzusetzen. Diese Revolution würde die Macht (*pouvoir*) beenden, indem sie sie durch Fähigkeiten (*pouvoirs*) ersetzen würde, die Fähigkeit der Aneignung und der Wiederaneignung. Die Idee der völligen *Subversion* ergänzt die der *Revolution*. Sie zielt auf die Zerstörung der Politik, denn jede Staatsmacht ist zerstörerisch. Bei genauerer Betrachtung lässt sich das erste Ziel zuweisen, es ist zuallererst *Begrenzung* der Macht. Um diese zu erreichen, muss unbedingt mit ihrer völligen Zerstörung gedroht werden. So wird sich die Kirche ihre Ambitionen nur angesichts des drohenden Atheismus und durch diesen beschränken lassen. Wissenschafts- und Technikgläubigkeit weichen nicht vor der philosophischen Kritik zurück, sondern vor dem Okkultismus, der Magie. Die nötigen »Rechte«, vom *Habeas Corpus* bis zum Recht auf Stadt, reichen nicht. Das Urbane muss auch bedrohlich werden.

Diese totale wirtschaftliche, demografische, psychische, kulturelle etc. Weltrevolution ist heute das Unmögliche-Mögliche schlechthin (die Möglichkeit, die Notwendigkeit und die Unmöglichkeit!). Näher, dringender geht es nicht. Flüchtiger, ferner geht es nicht. Die Revolutionsvorstellung verweist vom Globalen auf die aktuelle Lage, vom Totalen auf die unmittelbare Praxis, das heißt auf das Vorhandensein einer riesigen schweigenden oder nicht schweigenden Mehrheit von Menschen, die der Gegenwart anhängen und so weit gehen, sich dem Millenarismus anzuschließen, da er die Möglichkeit einer Katastrophe auf später verschiebt. Nach uns das Nichts! So schwanken sogenannt »betroffene« Leute zwischen dem heiteren Ton eines gezwungenen Optimismus und dem die Fristen hinausschiebenden radikalen Nihilismus.

Im hier und an anderer Stelle bestimmten Zentrum steht die *Re-Produktion der Produktionsverhältnisse*, ein Prozess, der sich vor unser aller Augen abspielt, der in jeder gesellschaftlichen Tätigkeit einschließlich der scheinbar gleichgültigsten (Freizeitbeschäftigung, Alltag, Wohnen und Wohngebiet, Raumnutzung) ausgeführt wird und bislang noch nicht Gegenstand einer umfassenden Studie war. Er war der gesellschaftlichen Praxis inhärent und als solcher unbemerkt. Er behält (bis wann?) die Oberhand gegenüber den Gründen und Ursachen des Zerfalls. Die in diesem weitläufigen »Feld« nach Spezialbereichen unterteilten Parzellen – politische Ökonomie, Soziologie, Demografie etc. – setzten das Gesamte voraus und beließen es im Schatten – ein Blindfeld. Die kritische Analyse der so erzielten Gesamtheit (die sich nicht im üblichen Sinn »System« nennen kann) findet sich nicht hier. Die Aspekte, mit denen ich mich in anderen Aufsätzen zum Thema befasse, sind dennoch nicht unbedeutend, auch wenn sie nur Teilaspekte des Gesamtprozesses sind. Sie bilden Stufen der Erkenntnis. Sie fügen sich auf einer bestimmten Ebene mit einer bereits erwähnten Besonderheit in das theoretische Ganze und die kritisch erfasste Wirklichkeit ein.

Das Wohnen lässt sich auf eine zuordenbare, isolier- und lokalisierbare Funktion, das Wohngebiet (*habitat*), nur im Namen einer Praxis reduzieren, deren Gründe in *Das Recht auf Stadt* näher bestimmt wurden. Hier werden die Leser diese Gründe mit neuen, vielleicht vertieften Erwägungen wiederfinden: die Tätigkeit der staatlichen Bürokratie, die Raumplanung gemäß den Erfordernissen der (kapitalistischen) Produktionsweise, das heißt der Reproduktion der Produktionsverhältnisse. Ein wichtiger, vielleicht wesentlicher Aspekt dieser Praxis wird sichtbar werden: die Fragmentierung des Raums für den Verkauf und Kauf (den Tausch), in Widerspruch zur technischen und wissenschaftlichen Fähigkeit einer Produktion des gesellschaftlichen Raums auf globaler Ebene. Folglich wird man hier die kritische Analyse eines üblichen, zerstörerischen Verfahrens finden können. Man bringt punktuell (Punkt für Punkt) die Bedürfnisse, die Funktionen, die Orte, die gesellschaftlichen Objekte in einem als neutral, gleichgültig, objektiv (unschuldig) angenommenen

Raum in Übereinstimmung; danach stellt man die Bezüge her. Als Verfahren, das offensichtlich in Zusammenhang mit der Fragmentierung des gesellschaftlichen Raums steht und als solches nie klar dargestellt wird, führt die Theorie der punktuellen Übereinstimmung zwischen den Begriffen (Funktionen, Bedürfnisse, Objekte, Orte) zu *Projekten*, die klar und korrekt erscheinen, da sie visuelle Projektionen auf Papier und die *Ebene* eines von vornherein verfälschten Raums sind. Die Fragmentierung äußert sich in einer falschen, nicht kritischen Analyse der Orte und einer Lokalisierung, die sich als präzis versteht, weil sie *visuell* ist. Eine vertieftere und vor allem konkretere Analyse verändert Begriffe, die positiv, operativ scheinen; und die dies in einem gewissen »Rahmen« auch sind. Diese Analyse bringt tatsächlich eine besondere Methode hervor. Es geht nicht darum, im bereits bestehenden Raum ein Bedürfnis oder eine Funktion zu *lokalisieren*, sondern im Gegenteil darum, eine gesellschaftliche Tätigkeit *räumlich zu verorten*, die mit einer Praxis in ihrer Gesamtheit verbunden ist, indem ein geeigneter Raum *hergestellt* wird.

Was ist daher *die Architektur*? Darüber wird viel und seit langem diskutiert: Seit es Architekten, also die Architektur als Beruf innerhalb der Arbeitsteilung gibt. Ist es eine Kunst? Diese Definition reizt nur jene, die gern Fassaden zeichnen, die sich darauf versteifen, Simswerk zu pflegen, geschickt Materialien zu verteilen und angenehme Körper zu formen. Die gibt es. Ist es eine Technik? In diesem Fall verdrängt der Ingenieur den Architekten, Betoningenieur oder Verkehrswegexperten. Ist es eine Wissenschaft? In dieser Annahme müsste eine Methodologie erarbeitet werden, eine Epistemologie, eine »Lehrmeinung«. Die Sterilität dieser Annahme liegt jedoch auf der Hand. Angenommen, dieses Regelwerk würde errichtet, es würde sich selbst genügen, ohne irgendeine andere Wirksamkeit als die seiner Weitergabe. Die Architektur kann sich nur als eine gesellschaftliche Praxis neben anderen (zum Beispiel der Medizin) im praktischen Ganzen verstehen, das die gegenwärtige Gesellschaft (die Produktionsweise) trägt und von dem sie getragen wird, ein Zusammenhang, den es zu unterscheiden gilt. Der Arzt bezieht mehrere Wissenschaften, vielleicht alle, mit ein und bedient sich vielfältiger Techniken. Die Medizin kann folglich keine spezifische Sonderwissenschaft bilden, da sie Kenntnisse aus der Physik, der Biologie, der Physiologie, der Mathematik wie der Semiologie und der Soziologie entlehnt. Sie umfasst zahlreiche Spezialgebiete. Sie erstreckt sich einerseits auf die Diätlehre, auf die Hygiene, die Kontrolle höchst »normaler« Tätigkeiten wie Sport, auf die Vorsorgemedizin: und andererseits auf die sogenannte mentale Medizin, was die Sache nicht einfacher macht. Die Medizin verwendet bewusst oder unbewusst sehr allgemeine, aus der Philosophie hergeleitete Begriffe: das Normale und das Anormale, die Gesundheit und die Krankheit, das Gleichgewicht und das Ungleichgewicht, das System (Nerven, Drüsen etc.). Diese Begriffe rechtfertigen eine theoretische Reflexion, und dennoch scheint eine medizinische Epistemologie schwierig und wenig nützlich. Die Ärzte schwanken zwischen dem Einsatz von Computern, um Daten zu verarbeiten, und dem »Flair« des praktischen Arztes, der die Kranken persönlich kennt; wofür auch immer er sich entscheidet, der Arzt beschränkt das Wissen nicht leichtfertig auf ein enges Spezialgebiet; er spezialisiert sich aber fast immer und immer mehr; wo er sein Erfahrungs- und Anwendungs-»Feld« zerstückelt, muss er den Gesamtzusammenhang, den Körper, den Organismus, das Verhältnis zur »Umwelt«, die lebendige Einheit des menschlichen Wesens in der Gesellschaft wiederherstellen. Und umgekehrt. Doch wer sagt, dass die Medizin und die Ärzte völlig unbeeinflusst vom Kapitalismus wären? Dass es eine kapitalistische und eine nicht kapitalistische, eine »soziale« oder »sozialistische« medizinische Praxis gibt, steht außer Zweifel.

Als Praxis ist die Medizin dem Kapitalismus vorangegangen; sie wird über ihn hinaus Bestand haben, welchen Ausgang auch immer dieser nehmen wird. Es ist nicht sicher, dass die kapitalistischen Produktionsverhältnisse die medizinische Recherche und Effizienz fördern, diesen den passenden Impuls und die passende Ausrichtung verleihen; genauso wenig ist sicher, dass sie diese blockieren. Insbesondere die Biologie und die Biochemie machen anscheinend Riesenfortschritte, was nicht ohne weitere Risiken, Sorgen und Herausforderungen geht, die zu der bereits eindrücklichen Liste an Bedrohungen hinzukommen. Wie kann sich die Medizin diesem Einfluss entziehen und neue Forschungs- und Aktionsformen finden? Die Frage stellt sich mit mehr oder weniger großer Dringlichkeit. Die Antwort steht nicht fest, die Lösungen liegen nicht auf der Hand.

Desgleichen die Architektur und der Architekt. Die architektonische Praxis geht selbstverständlich schon auf die Zeit vor dem Kapitalismus zurück. Sie ordnete sich damals (wie der Städtebau, von dem sie sich nicht unterschied) den Befehlen der (mehr oder weniger) aufgeklärten Despoten unter. Der Architekt war mehr Künstler als Gelehrter und akzeptierte eine wichtige Gegebenheit: die Monumentalität, die Bedeutung des religiösen oder politischen Gebäudes und dessen Vorrangstellung gegenüber »dem Wohnen«. Mit der Ära der Industrie löst sich die Architektur mühsam aus diesen religiösen und politischen Zwängen. Sie fällt in die Ideologie, jene der verarmten Funktionen; jene der homogenen Strukturen, der erstarrten Formen. Heute, nach den Revolutionen der industriellen Ära, tut sich die Architektur schwer, sich auf die urbane Ära einzulassen. Auch der Architekt bezieht alle Wissenschaften ein: Mathematik, Informatik, Physik, Chemie, politische Ökonomie, ja sogar Semiologie, Psychologie, Soziologie. Wie der Arzt wendet er ein enzyklopädisches Wissen an; und trotzdem bleibt seine Praxis rundum bestimmt, begrenzt. Er ordnet sich mühsam zwischen Ingenieur und Zeichner ein; er findet mühevoll seinen Platz zwischen Bauträgern, Nutzern, Kreditgebern, Behörden. Auch wenn er eine spezifische Tätigkeit in der (gesellschaftlichen) Arbeitsteilung ausübt, erscheint das Ergebnis dieser Arbeit nicht als sehr spezifisch. Auch er verfügt über einige sehr allgemeine Begriffe (sorgfältig inventarisiert, wie den Maßstab, die Proportionen, den »Vorteil« etc.), die ein der Philosophie nahestehendes Denken rechtfertigen, aber sich nicht genügen und nicht genügen, um eine Lehrmeinung zu begründen. Schließlich unterscheidet sich die Architektur von der Malerei, der Bildhauerei, den Künsten insofern, als diese sich nur indirekt und über Vermittlung mit der gesellschaftlichen Praxis verbinden, während der Architekt und die Architektur mit dem Bauen als Praxis einen unmittelbaren Bezug zum Wohnen als gesellschaftlichem Akt haben.

Der Architekt als Erzeuger von Raum operiert (wenn auch nie allein) in einem besonderen Raum. Zuerst hat er vor sich, vor seinen Augen, sein Zeichenbrett, sein weißes Blatt. Die schwarze Tafel hat selbstredend keinen grundlegend anderen Effekt. Wer nimmt dieses Blatt Zeichenpapier nicht als einen einfachen Spiegel, als treuen Spiegel? Während doch jeder Spiegel täuscht und im Übrigen dieses weiße Blatt mehr und anderes ist als ein Spiegel. Der Architekt nutzt es für seine *Pläne* – ein in seiner ganzen Aussagekraft zu nehmendes Wort: eine plane, eine ebene Oberfläche, auf der er mehr oder weniger flink und geschickt Spuren hinterlässt, die der Urheber für die Reproduktion der Dinge, der erfahrbaren Welt hält, während diese Oberfläche in Wirklichkeit zur Dekodierung/Rekodierung der »Wirklichkeit« zwingt. Der Architekt kann sein Denken und seine Wahrnehmungen nicht, wie er gerne glaubt, auf einem Zeichenbrett *lokalisieren* und dort die Dinge (Bedürfnisse, Funktionen, Objekte) *visualisieren*, indem er sie *projiziert*. Er verwechselt *Projektion* und *Projekt* in einer konfusen Idealität, die er für »wahr« und sogar streng erfasst hält, weil die Kodierungs-/Dekodierungsverfahren durch die Zeichnung üblich und herkömmlich sind; und ihm daher entgehen. Das Blatt unter der Hand, vor den Augen des Zeichners, ist weiß, so weiß wie eben. Er hält es für neutral. Er glaubt, dass dieser neutrale Raum, der seine Bleistiftspuren passiv empfängt, dem neutralen Außenraum entspricht, der die Dinge empfängt, Punkt für Punkt, Ort für Ort. Was den »Plan« betrifft, so bleibt dieser nicht unschuldig auf dem Papier. Vor Ort realisiert der Bulldozer »Pläne«.

So also, auf diese Weise und aus diesem Grund ist Zeichnung (*dessin*) (worunter auch das Design zu verstehen ist) nicht nur Geschicklichkeit, Technik. Es ist eine Repräsentationsart, ein festgelegtes, kodifiziertes *Können*. Also ein *Filter*, selektiv gegenüber Inhalten, diesen oder jenen Teil der »Wirklichkeit« beseitigend, die Lücken des Textes auf seine Art füllend. Erschwerend kommt hinzu: Diese Filterung geht weiter als eine ideologische Spezialisierung oder die Ideologie eines Spezialgebiets. Sie droht die gesellschaftliche Nachfrage zu verbergen.

Was ist ein Kode [*code* steht im Französischen auch für Richtlinie, Gesetzbuch, Verordnung, A.d.Ü.]? Was ist Kodierung/Dekodierung? Kurz gesagt besteht, von einigen gewöhnlichen Fällen (der Verkehrsordnung) abgesehen, ein Kode nicht aus einem System vorgefertigter Regeln. Jeder Kode beschreibt einen zentrierten Raum, indem er rund um einen Text (Botschaft) einen Ausblick eröffnet, entfaltet und folglich umreißt, ihn schließt. Dieser Text kann praktisch, sinnlich erfahrbar und gesellschaftlich sein, ist also nicht immer zwangsläufig schriftlich festgehalten. Auch Bilder werden kodiert und dekodiert! Die Komplexität der Schritte, die sie erfüllen, entgeht den Lesern, genau wie die der Sprache und ihrer Erzeugung den Sprechern. Der »Handelnde« (hier der Zeichner) glaubt sich nur in der Praxis. Er glaubt zu reproduzieren, während er produziert! Er überspringt die Vermittler, geht von einem Ergebnis zum nächsten. Jede Kodierung setzt etwas in Perspektive und bedeutet »Erzeugung« eines gewissen Sinns, der den vorgegebenen Text ersetzt und diesen entweder verarmen oder aufwerten, bereichern kann. Daher die Ambiguität. Die Kodierung/Dekodierung enthält einen oder mehrere Spiegeleffekte, denn die formale Struktur eines Kodes erscheint nur in dem Augenblick, in dem die Produktion aufhört, die Herausbildung von Sinn verblasst. Der formulierte Kode ist nur noch dessen Schatten! Ein Kode, sagen heute die spitzfindigsten Semiologen, ist eine Stimme (*voix*) und ein Kanal (*voie*). Vom »Text« ausgehend – der Botschaft – bestehen mehrere Möglichkeiten, Optionen, Worte, eine Pluralität, eher ein Gewebe als eine Linie. Also eine gewisse »Arbeit« am Text (Botschaft), die von Entwürfen, Fragmenten ausgehend Sinn erzeugt, was eine komplexe Bewegung nach sich zieht: Aufwertungen und Abwertungen, ein Vorrücken, das auf Hindernisse stößt, Fading. Jede Kodierung wäre ein Schema, das vorgeschlagen, wieder aufgenommen, fallen gelassen wird, immer im Zustand des Entwurfs, der einen Sinn unter vielen hervorbringt. Die Hand sucht, der Stift zögert. Die Hand glaubt zu reproduzieren und ersetzt. Sie gehorcht einer Stimme, die spricht, die die Sache sagt und interpretiert und zu erfassen glaubt. Die Stimme bzw. die Hand, das Instrument, glauben »auszudrücken« (zu reproduzieren), während sie agieren, »produzieren«, doch das Produkt dieser Arbeit hat nicht die Qualitäten und Eigenschaften, die der Urheber ihnen zuschreibt. Er macht etwas anderes, als er zu machen sagt und glaubt.

So mancher gute Zeichner wird sich kaum in diesem ironischen Bild seines beruflichen »Erlebens« wiedererkennen. Dennoch birgt das Zeichnen ganz offensichtlich ein Risiko, nämlich das, sich an die Stelle der Gegenstände und vor allem der Menschen, der Körper, ihrer Gesten und Taten zu stellen, das der individuellen Handschrift. Es ist *vereinfachend*, selbst wenn es dies für den Zeichner im Verlauf seiner Tätigkeit nicht ist. Mit dem »Design« bezeichnet die Form die Funktion, und die Struktur muss dieses Verhältnis von »Bezeichnendem zu Bezeichnetem« nur noch in ein rentabel verarbeitetes Material einbauen. Der Abstand zwischen diesen drei Begriffen Funktion, Form und Struktur, der einst ermöglichte, sie in einer organischen, als solche nicht sichtbaren Einheit zusammenzuführen, dieser Abstand hat sich verringert. Die Zeichen der Objekte geben Anlass zu Zeichen der Zeichen, zu einer immer ausgefeilteren *Visualisierung*, bei der die Grenze erreicht ist, wenn die unvermeidlichen Figürchen ihren Auftritt haben, die den Raum »beleben« sollen. Diese Unbeweglichen, die Beweglichkeit, Aktivität bezeichnen, bringen symbolisch deren Ermordung zum Ausdruck. Sie führen das Verfahren der Kodierung/Dekodierung vor, indem sie es verschleiern. Sie müssen dazu dienen, es zu kritisieren und zwei Mythen zu begraben: den Ausdruck Re-Produktion und das wunderbare Schaffen.

Die Lesbarkeit gilt als große Qualität, und das ist nicht falsch, doch man vergisst, dass jede Qualität ihr Gegenstück und ihre Fehler hat. Wie auch immer die Kodierung aussieht, die Lesbarkeit wird um einen sehr hohen Preis erkauft: um den Verlust eines Teils der Botschaft, der Information oder des Inhalts. Dieser Verlust ist der Bewegung inhärent, die aus dem Chaos der sinnlich erfahrbaren Tatsachen einen Sinn zieht – einen einzigen. Indem dieser Sinn sichtbar wird, zerreißt das oft feinmaschige, reichlich unordentliche Netz, von dem die Ausarbeitung ausgegangen ist. Sie löscht es endgültig aus, indem sie *etwas anderes herstellt*. Die Lesbarkeit ist voller Tücken, vor allem, wenn der »Urheber«, hier der Architekt, glaubt, das Ding, dessen Teil er ist, nämlich das Wohnen, vor sich stehen zu haben und in der Hand zu halten – während er es ersetzt hat durch das Wohngebiet! Die visuelle Lesbarkeit ist noch betrügerischer und fallenreicher (man müsste sagen: verfänglicher) als die grafische Lesbarkeit, die der Schrift. Jede Lesbarkeit kommt von einer Armut: der Redundanz. Der Reichtum des Textes und des Raums geht nie mit Lesbarkeit einher. Keine Dichtung, keine Kunst gehorcht diesem einfachen Kriterium. Das Lesbare ist allenfalls das Weiße, der ärmste aller Texte!

Die Lesbarkeit – fallenreich/verfänglich – verbirgt, was sie weglässt und was ein aufmerksamerer, analytischerer und kritischerer Leser entdeckt. Ist die Homologie (Homogenität) aller repräsentierten und auf die Oberflächen übertragenen Räume nicht die effizienteste aller vereinfachenden Ideologien? Eine ausgesprochen nützliche Ideologie für die Reproduktion der bestehenden gesellschaftlichen Verhältnisse, die in den Raum befördert werden, und für die Re-Produzierbarkeit von Räumen! …

Selbstredend bleibt ein solcher Kode nicht auf die engen Grenzen des individuellen Geschicks beschränkt. Er wird zur Berufssache. Als solcher wird er zum Teil der gesellschaftlichen Arbeit und Arbeitsteilung. Er wird also weitergegeben und gelehrt und dabei perfektioniert. Er verwandelt sich in Tradition und Pädagogik. Der visuelle Kode, als solcher wenig oder schlecht ausformuliert, war über lange Zeit die Informationsgrundlage der Zeichnung, der bildenden Künste, der Architektur. Er ist umstritten, aber nach wie vor einflussreich; er besteht als pädagogisches Geschick fort, als einzig solides (nicht nur in Frankreich; dasselbe gilt für Italien und zweifellos auch anderswo).

Der Architekt kann sich nicht mit Zeichnen begnügen und nicht darauf verzichten, mündlich (durch *das* Wort) die anderen Vertreter dieser Produktion, des Raums, zu Rate zu ziehen. Zuallererst den Nutzer; aber auch den Bürokraten, den Politiker, den Financier etc. So sehr, dass eine Tendenz zum

Vorschein kommt, die den Architekten als »Mann des Wortes« darstellt und nicht mehr als Mann der Zeichnung, wie es üblich war. Eine interessante und anfechtbare These, denn sie vergisst die allgemeine Problematik des Raums (seiner Produktion), um von einer Einzelproblematik, jener der Architektur, nur die Sorge um Legitimierung des Berufs zurückzubehalten. Zudem ist allgemein bekannt, dass sich für den Nutzer wie für den Architekten weder die »Bezeichnenden« noch die »Bezeichneten« noch ihre Verkettung decken.

Die allgemeine Problematik des Raums erfordert, dass man die Einzelfragen, beispielsweise des Berufs, anders angeht. Sie ordnet diese den allgemeinen Fragen unter. Sie verwirft die Trennung zwischen Architekt und Stadtplaner. Indem sie den Raum aufteilen, ihn mit den anderen »Vertretern« einschließlich der Eigentümer teilen, zerlegen und zerstückeln sie ihn – jeder auf seine Art. Und die Fragmentierung erscheint daher theoretisch gerechtfertigt. Jedem seine Stufe, seine Interventionsebene. Das Gesamte entschwindet und verflüchtigt sich. Jeder interveniert in einem abstrakten Raum, auf seiner Stufe, seiner Ebene, der Architekt im Mikro- und der Stadtplaner im Makrobereich, während das Problem heute ist, diese Spaltungen angesichts ihrer kläglichen Ergebnisse überwinden zu können und folglich die Schnittstelle, die Verbindung dieser beiden »Stufen«, des Mikro- und des Makrobereichs, der nahen Ordnung und der fernen Ordnung, der Nachbarschaft und der Kommunikation zu bestimmen.

Ist es nicht genau auf dieser Ebene, wo heute das Denken eingreifen und die Erfindung stattfinden kann? Auf unterer Ebene, der des Gebäudes, ist alles gesagt, bekräftigt, durchgeknetet worden. Die höhere Ebene gehört momentan den Autobahnbauern, den Ingenieuren von Straßen und Verkehrswegen. Die Erkundung des allzu komplexen städtischen Raums setzt gerade ein; es ist noch zu früh, um die Konzepte operativ zu machen. Viele Forschungen verlieren sich im

Gigantismus, die Gebäude werden größer oder höher (Soleri, Aldo Rossi etc.). Die meisten heute berühmten Architekten haben mit der Monumentalität nicht gebrochen. Sie versuchen einen Kompromiss zwischen dem Monument und dem Gebäude. Manche verteilen dagegen den gesellschaftlichen Raum in kurzlebige Einheiten, in Wohnatome oder -ströme. Auf der Zwischenstufe liegt das, was gedacht und projiziert werden kann. Davon zeugen die Projekte und Recherchen von Constant, Ricardo Bofill, die Studien von Mario Gaviria in Spanien etc. Die untere Stufe ist die des Dorfs, des Stadtteils. Die »Makro«-Ebene ist die des Städtischen. Am Angriffspunkt zwischen beiden würde die Bevölkerung, für die man heute die Herstellung eines *geeigneten* Raums versuchen könnte, bei zehn- bis zwanzigtausend Einwohnern liegen – momentan, als Etappe! Auf dieser Ebene kann das »Recht auf Stadt« operativ eingreifen und die Forschung stimulieren.

Wen wundert es noch, dass die Stadtplanung sich weder als Wissenschaft noch als Praxis konstituieren und sich nur unter Verbreitung dicker ideologischer Schwaden etablieren (institutionalisieren) konnte? Der Städtebau konnte sich von der herrschenden und einschränkenden Ideologie nur durch ein ausgesprochen waches kritisches Denken befreien; dieses kritische Denken musste sich nach ein paar schnell enttäuschten Hoffnungsschimmern zwangsläufig gegen den Städtebau kehren.

Wenn es stimmt, dass die Begriffe »Stadt«, »städtisch«, »Raum« einer umfassenden Wirklichkeit entsprechen (die mit keiner der weiter oben definierten Ebenen zu verwechseln ist) und nicht einen nebensächlichen Aspekt der gesellschaftlichen Wirklichkeit bezeichnen, so bezieht sich das *Recht auf Stadt* auf die so anvisierte Gesamtheit. Zwar geht es nicht um ein Naturrecht oder ein vertragliches Recht. In möglichst »positiven« Begriffen bezeichnet es das Recht der Bürger/Städter und der Gruppen, die sie (auf der Grundlage gesellschaftlicher

Verhältnisse) bilden, in allen Kommunikations-, Informations- sowie Tauschnetzen und -kreisläufen berücksichtigt zu sein. Was weder von einer städtebaulichen Ideologie noch von einem architektonischen Eingriff abhängt, sondern von einer wesentlichen Qualität oder Eigenschaft des städtischen Raums: der Zentralität. Keine städtische Realität ohne ein Zentrum, wie ich hier und an anderer Stelle betont habe; ohne eine Versammlung all dessen, was im Raum entstehen und dort geschehen kann, ohne gegebene oder mögliche Begegnung aller »Objekte« und »Subjekte«.

Gruppen, Klassen, Einzelpersonen aus dem »Städtischen« auszuschließen, heißt auch, sie aus der Zivilisation, wenn nicht aus der Gesellschaft auszuschließen. Das *Recht auf Stadt* legitimiert die Weigerung, sich durch eine diskriminierende, segregierende Organisation aus der städtischen Wirklichkeit verdrängen zu lassen. Dieses Recht des Bürgers (oder wenn man so will des »Menschen«) kündigt die unausweichliche Krise der auf Segregation gestützten und diese stützenden Zentren an: der Entscheidungs-, Reichtums-, Macht-, Informationszentren, die all jene in Vorstadträume abdrängen, die nicht an den politischen Privilegien teilhaben. Es bedingt auch das Recht auf Begegnung und Versammlung; Orte und Objekte müssen gewissen allgemein verkannten »Bedürfnissen«, gewissen geringgeschätzten, im Übrigen aber transfunktionellen »Funktionen« genügen: dem »Bedürfnis« nach gesellschaftlichem Leben und einem Zentrum, dem Spielbedürfnis und der Spielfunktion, der symbolischen Funktion des Raums (nahe an dem, was es dies- und jenseits klassifizierter Funktionen und Bedürfnisse gibt, was nicht als solches objektivierbar, weil zeitliche Figur ist, was folglich Anlass zu Rhetorik bietet und nur Dichter beim Namen nennen können: *das* Begehren).

Das Recht auf Stadt bedeutet also die Herstellung oder Wiederherstellung einer räumlich-zeitlichen Einheit, einer Sammlung statt Fragmentierung. Es schafft weder Konfrontationen noch Kämpfe ab. Im Gegenteil! Diese Einheit ließ sich je nach Ideologie bezeichnen als das (individuelle oder kollektive) »Subjekt« in einer externen Morphologie, das diesem erlaubt, seine Innerlichkeit zu behaupten – die Erfüllung (des Selbst, des »Seins«) – das Leben – das Paar »Sicherheit/Glück«, das schon Aristoteles als Zweckbestimmung und Sinn der »Polis« bezeichnete. In all diesen Fällen und unter all diesen Namen haben die Philosophen angekündigt und von ferne wahrgenommen, dass wiederhergestellt würde, was im Lauf der Sozialgeschichte fragmentiert, abgesondert, verstreut wurde. Sie haben zwar das Ziel definiert, aber die *Bedingungen* schlecht bestimmt, die teilweise politisch sind (wobei in diesem Begriff die Kritik jeder Politik enthalten ist) und teilweise morphologisch, raumzeitlich.

Im so formulierten Recht auf Stadt wird eine Kenntnis vorausgesetzt und angewandt, die nicht als »Raumwissenschaft« definiert ist (Ökologie, Geopolitik, Ökistik, Raumplanung etc.), sondern als Kenntnis einer *Produktion*, jener des Raums.

Zu Marx' Zeiten verlor sich die Wirtschaftswissenschaft in der Aufzählung, Beschreibung und Verbuchung erzeugter Objekte. Marx ersetzte die Erforschung der Dinge durch die kritische Analyse der produktiven Tätigkeit der Dinge. Die Initiative der großen Ökonomen (Smith, Ricardo) aufgreifend und sie um die kritische Analyse der (kapitalistischen) Produktionsweise ergänzend, hob er die Kenntnis auf eine höhere Stufe. Ein analoges Vorgehen steht heute an, was den Raum betrifft.

Die Wissenschaft des Raums wird seit Jahren vergeblich gesucht. Sie ist nicht zu finden. Sie verzettelt und verliert sich in vielfältigen Betrachtungen über das, was es im Raum gibt (Objekte, Dinge) oder über den abstrakten Raum (objektentleert, geometrisch). Im besten Fall beschreibt diese

Forschung Raumfragmente, die mehr oder weniger gefüllt sind. Diese Beschreibungen von Fragmenten sind ihrerseits fragmentarisch, entsprechend den Abgrenzungen der Einzelwissenschaften (Geografie, Geschichte, Demografie, Soziologie, Anthropologie etc.). Eine solche »Wissenschaft« verzettelt sich also in Einteilungen und Repräsentationen des Raums, ohne je einen Gedanken hervorzubringen, der, wie Hegel im Bezug auf die politische Ökonomie sagt (siehe Rechtsphil. § 189), »aus der unendlichen Menge von Einzelheiten … die einfachen Prinzipien der Sache, den in ihr wirksamen und sie regierenden Verstand herausfindet«.

Auf die Tragweite und den Sinn dieser Unterscheidung zwischen »Wissenschaft des Raums« und der Kenntnis der Produktion von Raum wird auf anderer Stelle hingewiesen.

Das Recht auf Stadt in seiner ganzen Bedeutung erscheint heute als *utopisch* (um nicht abwertend utopistisch zu sagen). Doch gilt es nicht, in die Imperative, wie man so sagt, Pläne, Projekte, Programme einzubeziehen? Der Preis dafür mag übermäßig erscheinen, vor allem, wenn man diese Kosten im gegebenen administrativen und bürokratischen Rahmen berechnet, beispielsweise indem man sie den Budgets »lokaler Gemeinschaften« aufbürdet. Klar ist, dass nur ein bedeutendes Wachstum des gesellschaftlichen Wohlstands bei gleichzeitiger tiefgreifender Veränderung der gesellschaftlichen Verhältnisse selbst (der Produktionsverhältnisse) erlaubt, dass das Recht auf Stadt und einige andere Bürger- und Menschenrechte in die Praxis eingehen. Eine solche Entwicklung setzt eine andere Ausrichtung des Wirtschaftswachstums voraus, das nicht mehr seinen »Zweck« in sich tragen und auf die (exponentielle) Akkumulation um ihrer selbst willen zielen würde, sondern höheren »Zielen« diente.

Bis es so weit ist, kann angenommen werden, dass die gesellschaftlichen Kosten der Negation des »Rechts auf Stadt« (und einiger anderer), angenommen sie ließen sich beziffern, wesentlich höher wären als die seiner Verwirklichung. Die Verkündung des »Rechts auf Stadt« als »realistischer« einzuschätzen als dessen Aufgabe, ist kein Paradox.

Es versteht sich von selbst (implizit), dass dieses Büchlein [*Espace et Politique*] und diejenigen, die es begleiten oder ihm folgen werden, vorherige nicht außer Kraft setzen, es sei denn dialektisch: Es greift sie wieder auf und versucht, sie auf eine höhere Stufe zu heben. Eine gewisse Art von (analytischen) Diskursen verändert sich hier in Diskurse eines anderen, höher eingestuften Diskurses. Die früher in *abstrakten*, weil *geistigen* Räumen angesiedelten Begriffe siedeln sich heute in *gesellschaftlichen* Räumen und gegenüber *Strategien* an, die sich weltweit entfalten und konfrontieren. Das Geistige lässt sich vom Gesellschaftlichen nicht trennen, und das war auch bislang so, außer in den (ideologischen) Repräsentationen. In der klassischen Philosophie blieben das »Subjekt« und das »Objekt« sich jeweils äußerlich, gegenüberstehend. Sie trafen im Abgrund des Absoluten, der ursprünglichen und letztlichen Übereinstimmung zusammen. Heute begegnen sich das Geistige und das Gesellschaftliche wieder in der Praxis: im entworfenen und gelebten Raum.

INHALT